权威·前沿·原创

皮书系列为
"十二五""十三五"国家重点图书出版规划项目

叙利亚蓝皮书

BLUE BOOK OF SYRIA

叙利亚发展报告（2018）

ANNUAL REPORT ON DEVELOPMENT OF SYRIA (2018)

西北大学叙利亚研究中心
主　编／王新刚
副主编／田文林　王　晋

社会科学文献出版社
SOCIAL SCIENCES ACADEMIC PRESS (CHINA)

图书在版编目(CIP)数据

叙利亚发展报告.2018/王新刚主编.--北京:社会科学文献出版社,2018.11
(叙利亚蓝皮书)
ISBN 978-7-5201-3838-3

Ⅰ.①叙… Ⅱ.①王… Ⅲ.①经济发展-研究报告-叙利亚-2018 ②社会发展-研究报告-叙利亚-2018 Ⅳ.①F137.64

中国版本图书馆 CIP 数据核字(2018)第257209号

叙利亚蓝皮书
叙利亚发展报告(2018)

主　　编/王新刚
副 主 编/田文林　王　晋

出 版 人/谢寿光
项目统筹/张晓莉　叶　娟
责任编辑/叶　娟

出　　版/社会科学文献出版社·国别区域与全球治理出版中心(010)59367200
　　　　　地址:北京市北三环中路甲29号院华龙大厦　邮编:100029
　　　　　网址:www.ssap.com.cn

发　　行/市场营销中心(010)59367081　59367083
印　　装/三河市龙林印务有限公司

规　　格/开　本:787mm×1092mm　1/16
　　　　　印　张:14.5　字　数:216千字

版　　次/2018年11月第1版　2018年11月第1次印刷

书　　号/ISBN 978-7-5201-3838-3
定　　价/89.00元

皮书序列号/PSN B-2018-774-1/1

本书如有印装质量问题,请与读者服务中心(010-59367028)联系

▲ 版权所有 翻印必究

叙利亚蓝皮书编委会

荣誉主编　吴思科

主　　编　王新刚

副 主 编　田文林　王　晋

编　　委　（按姓氏音序排列）

丁　隆　韩志斌　何志龙　黄民兴　李伟建
刘中民　马晓霖　牛新春　孙德刚　唐志超
田文林　王林聪　王　泰　王新刚　闫　伟
姚大学　昝　涛　〔英国〕Aled Jones
〔奥地利〕Rüdiger Lohlrer

课题组成员　（按姓氏音序排列）

陈利宽　郝红梅　胡耀辉　李福泉　李伟建
李艳枝　李云鹏　吕高锁　马　帅　钮　松
邵　平　孙德刚　唐志超　田文林　王　霏
王　晋　闫　伟　杨玉龙　赵　娜　朱传忠

主要编撰者简介

王新刚 博士,西北大学历史学院教授,博士生导师,现任教育部国别和区域研究中心西北大学叙利亚研究中心主任。美国南半球研究会终身会员、中国中东学会常务理事等。

长期从事世界史、国际关系史、中东政治与国际关系及国际政治学理论研究、教学工作。先后主持、参与国家社科基金重大、专项、重点、一般课题等18项,发表学术论文100余篇。先后在人民出版社等出版《现代叙利亚国家与政治》等专著三部,合著著作5部。参与编撰的著作获教育部人文社科优秀成果二等奖、陕西省哲学社会科学优秀成果二等奖及陕西省高等学校人文社会科学研究优秀成果一等奖等。

先后在巴基斯坦真纳大学、叙利亚大马士革大学、以色列特拉维夫大学、英国威尔士大学、伦敦大学亚非学院、日本福冈大学、美国印第安纳大学等留学访学。

田文林 中国现代国际关系研究院副研究员,法学博士,中国中东学会常务理事,担任北京语言大学中东学院客座教授、西北大学叙利亚研究中心学术委员会委员、客座教授等,主要研究中东政治、民族宗教和国际战略问题,曾在《世界经济与政治》、《国际问题研究》、《西亚非洲》、《求是》等核心期刊发表学术论文百余篇,著有《困顿与突围:变化世界中的中东政治》(社会科学文献出版社2016年)、《走出依附性陷阱:第三世界的发展困境与道路选择》(社会科学文献出版社2018年)等著作,主持、参与多项国家社科基金课题,担任多家媒体特约评论员,在《人民日报》、《环球时报》等时政媒体发表评论数百篇。

王　晋　西北大学叙利亚研究中心特约研究员、亚太智库特约研究员、察哈尔学会研究员，The Diplomat（日本）、中国网、CGTN（中国中央电视台国际频道）Opinion、《联合早报》（新加坡）观察者专栏作者，现为以色列海法大学政治科学学院博士研究生。主要研究领域：中东政治与国际关系、中东民族与宗教、恐怖主义及国别区域问题等。在《中国社会科学－内部文稿》、《中国社会科学报》、《外交评论》、《阿拉伯世界研究》、*Middle East Review of International Affairs* 等中外文学术期刊发表学术论文30余篇，在 CGTN Opinion、《联合早报》（新加坡）等发表中英文评论文章300余篇；主持、参与国家社科基金课题三项。参编学术著作三部。

摘 要

《叙利亚发展报告》由西北大学叙利亚研究中心主办,是我国首部叙利亚国家发展报告。该报告由序言、摘要、总报告、分报告、专题报告、中叙关系篇、附录等构成,较为系统地介绍了近年来叙利亚问题的发展。序言由中国政府前中东问题特使吴思科大使撰写。总报告由王新刚和田文林撰写。总报告全面阐述了2017年叙利亚局势、大国博弈及叙利亚社会、经济等的新变化。分报告由三篇文章组成,论及叙利亚政治发展、经济状况、外交形势。专题报告含五篇文章,论述了叙利亚内战爆发的原因、进程及影响;论述和比较了美国、俄罗斯、沙特阿拉伯、伊朗、土耳其等域外域内国家对叙政策;分析了欧盟对叙利亚外交政策的演变,重点探讨了叙利亚危机后的欧盟对叙政策;梳理了库尔德问题的历史渊源,以及2017年的发展;分析了叙利亚难民问题的演变、原因及各国应对举措等。中叙关系篇共两篇文章。通过对叙利亚内战的发展形势及域外大国政策调整的论述,分析了近年来中国在叙利亚问题上的立场及政策调整,探讨了"一带一路"倡议与叙利亚问题的关联性。附录对2017年国内叙利亚研究主要成果和议题进行了分析,对2017年叙利亚问题的相关重大事件进行了整理。

2017年是叙利亚政治局势发生重要变化的一年,持续七年的战乱明显降温,叙政府军重掌战场主动权,"伊斯兰国"基本被剿灭,巴沙尔政权转危为安,和谈进程加快;总体困难重重的经济由停滞向渐进式复苏转变;伴随着逐步取得战场主动权,叙利亚政府的外交政策也趋于强硬,不断以强硬姿态表达收复全部国土的愿望。但是,随着形势的逆转,叙利亚局势也出现了新的焦点,"后危机时代"争夺加剧,美俄在叙利亚的博弈由"暗斗"转

向"明争",域内大国的角逐呈现新态势,社会仍然危机四伏,经济百废待兴。

在叙利亚问题出现转圜的契机下,中国继续坚持尊重叙利亚主权和领土完整的原则,反对外部力量的武力干涉,积极劝谈促和,为叙利亚问题的政治解决和未来重建提供帮助。

序　言

吴思科*

阿拉伯书籍中曾有对叙利亚首都大马士革这样的描述："人间若有天堂，大马士革必在其中。"大马士革曾被赋予"园林之城"、"诗歌之城"等美誉，那里曾是人们向往的地方。然而，如今人们提及叙利亚，眼前浮现的是持续多年的战乱，一座座城市在硝烟弥漫中变为瓦砾，在战火纷飞中逃生的难民潮，酿成21世纪最严重的人道主义危机。

2010年末，源于突尼斯的阿拉伯国家政治动荡波及叙利亚，叙利亚南部重镇德拉市的民众抗议游行迅速演变为政治危机。此后，叙利亚陷入了旷日持久的战乱。叙利亚复兴党政权与反对派武装、库尔德武装相持不下，土耳其、沙特阿拉伯、伊朗、俄罗斯和美国等域内外势力乘机介入，使得叙利亚问题成为当前中东地缘政治格局博弈的焦点。2014年"伊斯兰国"的异军突起，对于叙利亚乃至中东政治格局都产生严重冲击。

2014、2015年，美俄相继出兵叙利亚，对"伊斯兰国"等极端组织进行直接的军事打击。2017年末，在叙利亚各派和美俄等外部力量打击下，"伊斯兰国"逐渐败亡，叙利亚问题也迎来转圜的契机。联合国主导的日内瓦和谈进程和俄罗斯主导的阿斯塔纳和谈进程纷纷抛出各自的叙利亚重建方案。阿斯塔纳进程在叙利亚建立的四个"冲突降级区"，客观上有助于缓和叙利亚国内冲突，为叙利亚各派和解营造有利的条件。叙利亚问题不仅植根于其国内政治、经济与社会发展的困境，还与外部势力的干涉和介入密不可分。

近年来，中东地区格局发生重大变化。美国在中东持续收缩其力量，促

---

* 中国政府前中东问题特使。

使中东地区的各种力量分化重组。以伊朗为首的中东什叶派力量明显壮大，形成了东到巴基斯坦、西至黎巴嫩的什叶派弧形地带。沙特阿拉伯等逊尼派国家则加大了对伊朗的遏制。叙利亚在某种意义上成为中东两大势力博弈的主战场。伊朗地区影响的扩大被以色列视为对其安全的最大威胁，特别是伊朗在叙利亚的军事存在成为以色列的严重关切，也使以色列涉入叙利亚问题。不难看出，在国际形势进入百年未有之大变局之际，中东地区正经历冷战结束以来最为复杂的变化，各种矛盾盘根错节。叙利亚处于中东地缘政治的核心地区，也是中东逊尼派与什叶派交错的地区。正如叙利亚前总统哈菲兹·阿萨德所言，没有叙利亚就没有和平。这使叙利亚问题成为中东地区格局演变的缩影。

从国际格局来看，美国在中东的战略收缩与俄罗斯的突进形成鲜明对比。冷战期间，叙利亚就是苏联在中东地区最重要的盟友之一，苏联解体后这种盟友关系得以延续。俄罗斯仍然租借叙利亚的塔尔图斯港，该港是冷战后俄罗斯在海外的唯一军港，战略地位极其重要。叙利亚复兴党政权的存亡关涉俄罗斯在中东地区的影响力。通过介入叙利亚问题，俄罗斯不仅扩大了在中东地区的影响力，而且也有助于和美国在克里米亚、北约东扩等问题上博弈。域外大国和区域力量的互动，进而作用于叙利亚问题，使之成为当前国际社会极为棘手的热点问题。

在叙利亚问题上，中国从危机一开始就主张政治解决纷争，在不干涉叙内政的前提下积极作为，支持、配合联合国秘书长特使的各项斡旋努力，敦促叙危机各方接受停火监督机制、开启政治对话。笔者在出任中国政府中东问题特使期间曾多次在叙政府和反对派之间斡旋，积极推动政治解决进程，促进包容性和解，反复强调政治解决叙危机虽道路会艰难曲折，但它是代价最低、后遗症最少、唯一切实可行的路径。在"一带一路"倡议加速推进的背景下，中东地区的和平与稳定对于我国的现代化建设乃至构建"人类命运共同体"、实现共同繁荣都具有更加重要的现实意义。故此，深入研究叙利亚乃至中东问题在当前十分紧迫。西北大学叙利亚研究中心编撰出版《叙利亚发展报告》可谓恰逢其时。西北大学是我国中东问题研究的重镇。

序 言

2017年，西北大学成立了叙利亚研究中心，并获批教育部国别和区域研究中心。王新刚教授在叙利亚问题领域耕耘多年，撰写了《中东国家通史·叙利亚和黎巴嫩卷》《20世纪叙利亚——政治经济对外关系嬗变》《现代叙利亚国家与政治》等一系列著作。以王新刚教授为带头人的研究团队在该领域颇有建树。希望西北大学叙利亚研究中心继续发挥学术优势，推进智库建设，服务我国的外交活动，为我国的中东问题研究贡献更多的优秀成果。

目录

Ⅰ 总报告

B.1 2017年叙利亚政治局势、大国博弈及经济、社会形势
　　……………………………………………… 王新刚　田文林 / 001

Ⅱ 分报告

B.2 叙利亚政治演变与内战中的政治形势………… 马　帅　王新刚 / 012
B.3 2017年叙利亚经济形势…………………………………… 胡耀辉 / 024
B.4 2017年叙利亚外交形势分析……………………………… 田文林 / 042

Ⅲ 专题报告

B.5 叙利亚内战爆发的原因、进程及影响研究……………… 李云鹏 / 057
B.6 大国在叙利亚内战中的博弈与影响
　　……………………………… 孙德刚　李艳枝　钮　松 / 080
B.7 黑暗中的探索
　　——论欧盟对叙利亚政策
　　…… 〔奥地利〕鲁迪格·洛克（Rüdiger Lohlker）　赵　娜 / 097

B.8 叙利亚库尔德问题的历史演变与当前发展 …………… 闫　伟 / 108

B.9 叙利亚战乱中的难民问题及现状 ………………………… 王　晋 / 119

Ⅳ 中叙关系篇

B.10 叙利亚战争进入新阶段与中国的对叙政策

　　　…………………………………………… 唐志超　王利莘 / 134

B.11 "一带一路"与中国的叙利亚政策

　　　…………………………………………… 李伟建　赵　婧 / 148

Ⅴ 附录

B.12 2016~2017年国内叙利亚研究述评 ………………… 杨玉龙 / 163

B.13 2017年叙利亚大事记 ………… 杨玉龙　吕高锁　郝红梅 / 184

B.14 后　记 …………………………………………………… 王新刚 / 202

Abstract ……………………………………………………………… / 204

Contents ……………………………………………………………… / 206

皮书数据库阅读**使用指南**

总 报 告
General Report

B.1
2017年叙利亚政治局势、大国博弈及经济、社会形势

王新刚 田文林*

摘　要： 2017年，叙利亚持续七年的危机降温，叙政府军重掌战场主动权，"伊斯兰国"覆灭，和谈进程加快。随着局势逆转，"后危机时代"争夺加剧，美俄博弈由"暗斗"转向"明争"，域内大国角逐呈现新态势。叙利亚依然满目疮痍、经济百废待兴，人口结构发生显著变化，人道主义灾难持续。但是，总体上叙利亚经济渐进复苏。

关键词： 叙利亚　"后危机时代"　大国博弈　经济形势

---

* 王新刚，博士，西北大学历史学院教授，叙利亚研究中心主任，主要从事叙利亚史、中东史、中东政治与国际关系、国际关系史等研究；田文林，博士，中国现代国际关系研究院副研究员，主要从事中东政治、民族宗教和国际战略问题研究。

2017年是叙利亚政治局势发生重要变化的一年，持续七年的危机明显降温，叙利亚政府军重掌战场主动权，"伊斯兰国"覆灭，巴沙尔政权转危为安，和谈进程加快。另一方面，随着内战形势的逆转和主要矛盾转移，叙利亚内战出现了新的焦点，"后危机时代"争夺加剧。同时，美俄在叙利亚的博弈由"暗斗"转向"明争"，域内大国在叙利亚的角逐呈现新态势。遭受严重破坏的国家依然满目疮痍、废墟一片，经济百废待兴。战乱中的叙利亚，民众颠沛流离，难民四处漂泊，人口结构发生了显著变化，人道主义灾难依然持续。但是，总体上而言，困难重重的叙利亚经济2017年由停滞向渐进式复苏转变，经济态势呈正向增长，各行业均有一定的起色和恢复。

一 政治局势

2017年叙利亚政治局势的显著变化是危机明显降温，"后危机时代"争夺加剧。具体表现在以下方面。

第一，2015年9月俄罗斯武力介入叙利亚内战后，在俄罗斯等外部力量的支持鼓舞下，叙利亚政府军恢复元气，在各条战线上不断发起攻势，收复了大片国土。2017年战场形势变化尤为显著。2017年5月，叙政府军发起代号"伟大黎明"的军事行动，在哈马省、霍姆斯省和拉卡省取得阶段性胜利，收复9000平方公里土地，首次打通了通往叙伊边境的通道。

第二，"伊斯兰国"被剿灭。2017年10月17日，叙利亚库尔德武装"叙利亚民主军"攻占"伊斯兰国"老巢拉卡。11月8日，叙政府军及其盟友武力攻陷"伊斯兰国"在叙利亚境内的最后一个主要据点——阿布卡迈勒。2017年12月6日，俄罗斯总统普京宣布，叙利亚境内已经没有任何"伊斯兰国"控制区。此举标志着"伊斯兰国"作为一个实体在叙利亚的覆灭。至2018年初，叙政府军已经控制叙利亚全国80%的人口和70%的领土，5大主要城市全部收复。

第三，随着内战显著降温，叙利亚和谈进程加快。此前围绕政治解决叙利亚问题，已经形成两大谈判机制：一是自 2012 年 6 月起联合国主导建立的日内瓦和谈机制；二是 2017 年 1 月 23 日起由俄罗斯、土耳其、伊朗主导的阿斯塔纳和谈机制。联合国主导、叙利亚政府与反对派参与的日内瓦和谈机制，核心议题是组建民族联合政府、修改宪法、重新选举、反恐等。2017 年该机制和谈因分歧严重，不欢而散。俄罗斯、土耳其、伊朗主导的在哈萨克斯坦首都阿斯塔纳举行的会谈即阿斯塔纳和谈机制在 2017 年取得显著进展，其主要成果是共同签署备忘录，在叙利亚西北部伊德利卜省、中部霍姆斯省、大马士革郊区东古塔和叙南部地区分别设立"冲突降级区"。"冲突降级区"的设立促成了内战的降温。

第四，随着内战的降温，各派别争夺"势力范围"的斗争加剧。经过数年内战，叙利亚境内出现了诸多不同外部势力支持的武装力量与派别。如土耳其支持的"叙利亚自由军"、美国支持的叙利亚库尔德武装等。在此背景下，叙利亚出现了"形式独立，实质分裂"的迹象。其中库尔德人动向，特别是 2017 年在打击"伊斯兰国"的军事行动中表现抢眼的库尔德人政党及其武装力量"民主联盟党"（PYD）和军事分支"人民保卫军"（YPG）的动向令人关注。"民主联盟党"及其军事分支"人民保卫军"同时得到美国和俄罗斯的军事支持，在 2017 年年末占据了幼发拉底河以东的代尔祖尔省东部地区。同时，从国际上看，美国一直支持库尔德武装"人民保卫军"，将其视为制衡和削弱巴沙尔政权的代理人。在这种氛围下，叙利亚库尔德人日益成为影响叙利亚政局稳定的新变量。2017 年围剿"伊斯兰国"的斗争接近尾声，叙政府军与库尔德武装的矛盾日趋凸显。2017 年 10 月 20 日，"叙利亚民主军"攻占"伊斯兰国"老巢拉卡后，夺取代尔祖尔东南部奥马尔油田，其地盘进一步扩大，令叙利亚政府心存忌惮。

二 大国博弈

2017 年，随着叙利亚局势的逆转，美俄在叙利亚的博弈日趋由"暗斗"转向"明争"。同时，域内大国在叙利亚的角逐与争夺也呈现出新态势。

（一）美俄在叙利亚的博弈日趋由"暗斗"转向"明争"

叙利亚危机爆发以来，美国与俄罗斯在叙利亚问题上既斗争又合作，但斗争面始终是主导。合作面是美俄都力主打击"伊斯兰国"；斗争面是双方对巴沙尔的去留持截然相反的立场：美国力主推翻巴沙尔政府，甚至借"伊斯兰国"等极端组织消耗叙利亚政府军；俄罗斯则力保巴沙尔政权，将叙利亚军队作为打击"伊斯兰国"的依靠力量。俄罗斯武力介入叙利亚内战后，巴沙尔政权转危为安。同时，俄罗斯与叙利亚、伊朗、伊拉克组成四国情报中心，极大地增强了什叶派阵营的力量和士气，避免了中东地缘秩序继续崩塌，也使俄罗斯在中东的影响力大增。在军事层面，2017年俄罗斯继续帮助叙利亚政府军收复失地，全力配合叙政府军痛击"伊斯兰国"，直至将其剿灭。2017年12月11日，普京宣布从叙利亚撤走参与打击极端主义的驻叙部队，但塔尔图斯海军基地和赫梅尼姆空军基地仍然保留，为叙利亚政府培训军队"顾问"的工作继续进行。因此俄罗斯宣布撤军，并不意味着俄罗斯在叙军事行动的结束，俄罗斯甚至称俄军要在叙利亚留驻70年，在叙利亚的军事设施也以永久性标准打造。在外交层面，2017年俄罗斯多次主持、参与"阿斯塔纳叙利亚问题和平会议"，多次召开叙利亚问题索契峰会。通过"阿斯塔纳和平进程"，俄罗斯与伊朗和土耳其一道，推出了四个"冲突降级区"，缓和了叙利亚的国内局势，给叙利亚政治和解带来了机遇。

叙利亚危机升级后，美国干涉力度不断加大。然而，2015年9月俄罗斯军事介入叙利亚，巴沙尔政权逐渐站稳脚跟。新形势下，美国被迫接受现实，不再强推巴沙尔下台。特朗普在竞选期间曾明确表示，不信任叙利亚反对派，认为美国不应介入叙利亚内战。2017年1月上台后，特朗普终止了中情局持续4年的武装叙利亚反对派的方案，并于2017年底停止向其支付酬金。同时，美国向打击"伊斯兰国"的反对派武装提供支援，但禁止其与叙政府军作战。2017年"伊斯兰国"覆灭，标志着美国通过"代理人战争"颠覆叙利亚政权的图谋落空。2017年10月，美国时任国务卿蒂勒森公开表示，美国不相信巴沙尔政权及其家庭有未来，但美国不要求以巴沙尔下台作为谈判的前提条件。2017年11月22日，普京与特朗普举行会谈，双方同意保证叙利亚主权独立和领土完整，并开启由俄罗斯主导的叙利亚和平进程。换言之，美国默认叙利亚政局朝着俄罗斯期待的方向发展。美国在叙利亚扩大军事影响的重要举措是扶植库尔德武装。库尔德武装控制着叙利亚20%的领土，并拥有3万多名武装人员，是美国在叙利亚扩大影响乃至推翻巴沙尔政权的王牌。2017年11月，特朗普曾答应土耳其不再向库尔德武装提供武器援助，但一个月后，美国又向库尔德武装资助了价值3.93亿美元的武器。2017年11月，以库尔德武装为主的"叙利亚民主军"收复拉卡后，西方为其提供大量的资助。

美国在叙利亚加大军事影响与存在，与俄罗斯的矛盾日趋由"暗斗"转向"明争"。自进军叙利亚以来，美国共建立了13个军事基地，在拉卡省艾因伊萨部署200名美国士兵和75名法国特种兵，还在达比克西部地区空投部队。2017年12月，美国国防部承认，在叙利亚驻有2000多名美国士兵。[①] 2017年4月4日，美国联合英、法两国以叙政府军在东古塔使用化武为由空中打击叙政府目标。2017年10月24日，在负责调查叙利亚境内化武袭击责任方的国际联合调查机制行将到期（11月）之际，当美国提出继续延长联合调查机制的任务期限时，遭到俄罗斯的否决。2018年1月6日，俄在叙境内的两大军事基地遭无人机袭击后，俄国防部9日发表声明暗示，美军与俄军基地遇袭有关。《美国国防新闻周刊》2018年1月16日发表文章称，美国与俄罗斯正在叙利亚进行"军事基地竞赛"。2018年1月14日，美国主导的多国联盟宣称，准备与"叙利亚民主军"共同打造一支约3万人的"边境安全部队"，部署在叙东北部地区。总之，美国2017年在叙利亚的各项举措，显示出与俄罗斯在叙利亚的博弈明显转向"明争"。

---

① Paul McLeary, "Pentagon Acknowledges 2000 Troops in Syria", *Foreign Policy*, 6 December 2017, http://foreignpolicy.com/2017/12/06/pentagon-acknowledges-2000-troops-in-syria/, accessed 10 December 2017.

（二）域内大国在叙利亚的角逐与争夺出现新态势

第一，地区大国伊朗自2011年叙利亚内战爆发以来，在经济上大力援助叙政府，军事上派出战斗人员参战，并组织和协调来自黎巴嫩、伊拉克和阿富汗等地的什叶派武装团体帮助叙政府军打击反对派武装。伊朗是巴沙尔政权得以扭转内战局势、在危机中转危为安的另一个重要外部力量。据统计，2017年伊朗仍有2000～3000名军事人员，以及从阿富汗、伊拉克、巴基斯坦招募的什叶派武装在叙利亚与叙政府军协同作战，并且继续在经济上向叙政府提供援助。外交上，2017年伊朗积极参与阿斯塔纳和谈机制及索契峰会，与俄罗斯、土耳其、叙利亚内战相关当事方达成协议，在叙境内设立四个"冲突降级区"，帮助稳定叙利亚国内局势，推动叙战后政治和经济重建。

然而，伊朗对叙利亚的支持，也付出了代价。2017年10月，伊朗伊斯兰革命卫队高级将领阿卜杜拉·霍斯拉维在叙利亚阵亡，伊朗军事人员在叙利亚阵亡的消息也时有报道。同时，介入叙利亚事务，也使伊朗背负了较大的经济负担。2017年年底伊朗国内爆发的大规模游行示威中，就有不少民众高呼"离开叙利亚""想想我们"的口号，显示出伊朗国内部分民众对介入叙利亚内战的不满和担忧。伊朗和黎巴嫩真主党在叙利亚特别是在戈兰高地增加军事存在，也令美国和以色列备感焦虑。以色列高官多次表示，不能容忍伊朗在叙利亚扩大军事存在。美国时任国务卿蒂勒森2017年10月22日访问沙特阿拉伯和卡塔尔时称，那些在叙利亚作战的伊朗人应"回家去"。同时，伊朗在叙利亚的存在还引发沙特阿拉伯、约旦等周边阿拉伯国家对伊朗所代表的"什叶派扩张"的忧虑。

第二，2017年土耳其在叙利亚问题上的立场、举动引人瞩目。叙利亚危机爆发后，土耳其积极支持叙利亚反对派武装和政治团体，并与美国和欧洲合作，力主推翻叙利亚巴沙尔政府。2016年7月15日发生未遂政变后，土耳其对叙政策发生重大变化。继2016年8月24日发起"幼发拉底盾牌"军事行动，依靠"叙利亚自由军"在叙北部开辟"安全区"后，2017年2

月12日,埃尔多安总统又宣布,土军事行动的最终目标是在叙北部建立面积5000平方公里的"无恐怖区域",同时在该区域内建立"安全区"。①2017年3月军事行动结束时,土耳其及其附属武装已控制叙北部西起阿扎兹、东到杰拉布鲁斯、南到巴卜的至少3000平方公里的叙利亚领土。2017年10月8日,土耳其陆军进入叙利亚伊德利卜省执行侦察任务,并建立监视点。另一方面,土耳其与俄罗斯、伊朗协调立场,共同主导阿斯塔纳和谈,谋求在叙战后重建中抢占话语权。2017年9月举行的阿斯塔纳会谈中,土耳其与俄罗斯、伊朗达成一致,在叙利亚设立包括伊德利卜省部分地区在内的4个"冲突降级区"。但是,土耳其在叙军事存在并未得到叙政府认可。2017年9月,叙利亚外交部公开表示,阿斯塔纳和谈机制并不能使土耳其在叙军事存在合法化。

第三,2011年叙利亚内战爆发后,沙特阿拉伯强势介入叙利亚危机,力主推翻巴沙尔政府。一方面,在外交层面,沙特阿拉伯通过阿盟、海湾合作委员会等,并配合美国等西方国家向叙利亚政府施压;另一方面,沙特阿拉伯通过支持叙利亚反对派武装直接干预叙利亚内战进程。同时,在地缘政治层面,沙特阿拉伯与伊朗激烈博弈,叙利亚内战演变成沙特阿拉伯与伊朗地缘争夺的主战场。随着2017年叙利亚内战形势的逆转,沙特阿拉伯支持的叙利亚政权更替的图谋落空。在此背景下,沙特阿拉伯先是加大针对美国的斡旋力度,希望促成美国直接出兵叙利亚。2017年特朗普政府上台后,沙特阿拉伯曾加大游说力度,力促美国出兵叙利亚。2017年4月化武事件后,沙特阿拉伯极力游说美国直接对叙利亚政府军展开大规模军事打击。此后,2017年11月沙特阿拉伯围绕黎巴嫩总理哈里里辞职事件,开辟新战场与伊朗进行博弈。

---

① South Front, "Turkey's Euphrates Shield Military Intervention. Towards the Division of Northern Syria?", *Global Research*, 4 March 2017, https://www.globalresearch.ca/turkeys-euphrates-shield-military-intervention-towards-the-division-of-northern-syria/5577736, accessed 20 June 2017.

叙利亚蓝皮书

三 经济社会形势

2017年叙利亚经济百废待兴,人口结构发生显著变化,总体上困难重重的叙利亚经济由停滞向渐进式复苏转变。

根据世界银行的数据,2011~2016年内战中叙利亚经济损失高达2260亿美元。国内生产总值从2010年的近600亿美元骤降至2016年的209.74亿美元,跌幅达65%。2016年,叙利亚经济陷入低谷,收入水平下降至撒哈拉以南非洲经济体的水平。国际货币基金组织研究指出:"对叙利亚而言,如果从2018年开始冲突后重建,经济以约4.5%的速度增长,大约需要20年才能达到战前的国内生产总值的水平。"① 2017年叙利亚经济、社会等呈现出以下特点。

(一)战争经济导致经济萎靡停滞,基础设施濒临全面瘫痪,人道主义灾难依然持续。所谓"战争经济",即经济完全服从于战争的需要,政府军费开支逐年增加,各武装派别掌控经济资源,国家经济出现碎片化和分割化,并处于进一步恶化的趋势中。叙利亚经济完全是一个战争经济体,不再是一个正常的经济体,而是一个经济的"马赛克",它展示了一个冲突中国家的所有特征:日益增多的非正常、黑市经济的犯罪活动,以及政权和反对派控制区域之间"资源、商品和人民的流动的受阻"。② 另一方面,叙利亚基础设施濒临全面瘫痪。内战严重破坏了公共和私人资产,包括卫生、教育、住房、供水、能源、交通等基础设施。据联合国难民事务高级专员公署(UNHCR,简称联合国难民署)统计,截至2017年7月,叙利亚境内需要人道主义援助的人数达1350万人,其中460万人生活在救援难以抵达和被

---

① Matt Phillips, "The collapse of the Syrian economy is worse than Germany after World War II", 26 July 2016, https: //qz. com/741432/the – collapse – of – the – syrian – economy – is – worse – than – germany – after – world – war – ii/, accessed 7 March 2017.
② Catherine Cheney, "Syria Now Fully a War Economy", WPR Trend Lines, 1/30/2013, p. 1. https: //www. worldpoliticsreview. com/trend – lines/12677/syria – now – fully – a – war – economy, accessed 7 July 2017.

围困的地区。①

（二）战乱导致人口结构发生明显变化，人力资源严重匮乏。内战以来，叙利亚人口持续呈负增长态势。根据联合国统计数据，2010年叙利亚总人口为20643737人，2017年总人口减少至17803825人。2011年3月叙利亚危机爆发以来，叙利亚人口年生育率下降逾一半，从2011年前的每年出生50万人左右降至2017年的20万人左右。② 内战前，叙利亚人平均寿命为75.9岁（男性为72.3岁，女性为77.2岁），高于全球人口平均寿命71岁的水平；2017年叙利亚人的平均寿命下降到了55.7岁。③ 2011年以来的内战，给叙利亚造成严重的人员伤亡和人口流失，酿成了中东地区数量惊人的难民群体。截至2017年4月，叙利亚战争已造成40多万人死亡，1200万人流离失所，并引发了一波从中东到西欧的罕见的难民潮。④ 截至2018年2月，在联合国难民署登记的有据可查的叙利亚难民超过550万人，估计叙利亚境内有650万名难民。⑤ 联合国难民署报告称，在邻国的叙利亚难民只有8%被安置在难民营中。进入2017年，尽管叙利亚内战战火显著降温，但是难民人数仍然持续增长。叙利亚面临巨大的战乱造成的人口灾难。人口锐减，劳动力和人力资源严重不足。但是另一方面，根据2017年世界粮食计划署统计数据，叙利亚53%的劳动力处于失业状态，其中78%为年轻人，

---

① Australian Government, *Dfat Thematic Report on Conditions in Syria*, Department of Foreign Affairs and Trade, 23 October 2017, p. 5. https://dfat.gov.au/about-us/publications/Documents/country-information-report-syria.pdf, accessed 26 July 2018.
② http://countrymeters.info/en/Syria, accessed 28 July 2018.
③ 参见维基百科《叙利亚人口》，https://en.wikipedia.org/wiki/Demographics_of_Syria, accessed 27 July 2018。
④ "The Current Situation in Syria. A USIP Fact Sheet", *United States Institute of Peace*, 25 April 2017. https://www.usip.org/publications/2017/04/current-situation-syria, accessed 26 July 2018.
⑤ "Syria's civil war explained from the beginning", *Al Jazeera*, 14 April 2018. https://www.aljazeera.com/news/2016/05/syria-civil-war-explained-160505084119966.html, accessed 26 July 2018.

女性比例甚至更高。① 值得注意的是，2017年叙利亚难民回归潮开始出现。据报道，2017年大约66000名难民返回叙利亚。② 联合国难民署估计，截至2017年6月30日，超过44万名难民返回了他们的家园。③

（三）总体困难重重的叙利亚经济由停滞向渐进式复苏转变。具体表现如下。

第一，2017年叙国内生产总值略有回升，总值约244.72亿美元（126490亿叙镑），相比2016年增长16.68%。④

第二，工农业生产复苏艰难，但生产得以持续。特别是能源工业和其他工业生产逐步复苏，为经济的稳定提供了重要条件。2017年6月，叙利亚政府控制下的油田原油日产量约为3万桶。2017年第一季度，叙政府管辖的两家炼油厂原油日加工量5万桶。⑤

第三，对外贸易有所恢复，进出口总量有所增长，但仍处于逆差状态。2017年叙利亚国际收支仍处于赤字状态，仍严重依赖外部援助以缓解贸易逆差和外汇储备枯竭的压力。

第四，通货膨胀率居高不下，政府实施新的货币政策后，汇率有所降低，叙镑的购买力略有回升。自2017年10月中旬以来，叙利亚中央银行逐渐提高叙镑的官方汇率。相比2016年459叙镑兑换1美元的汇率，2017年

---

① Australian Government, *Dfat Thematic Report on Conditions in Syria*, Department of Foreign Affairs and Trade, 23 October 2017, p. 5. https：//dfat. gov. au/about－us/publications/Documents/country－information－report－syria. pdf, accessed 26 July 2018.

② "Syria's civil war explained from the beginning", *Al Jazeera*, 14 April 2018. https：//www. aljazeera. com/news/2016/05/syria－civil－war－explained－160505084119966. html, accessed 26 July 2018.

③ Australian Government, *Dfat Thematic Report on Conditions in Syria*, Department of Foreign Affairs and Trade, 23 October 2017, p. 26. https：//dfat. gov. au/about－us/publications/Documents/country－information－report－syria. pdf, accessed 26 July 2018.

④ Economist Intelligence Unit, *Country Report*：*Syria*, updating in 18 October 2017, p. 8. www. eiu. com, accessed 7 March 2018.

⑤ Economist Intelligence Unit, *Country Risk Service*：*Syria*, updating in 7 June 2017, p. 15. https：//store. eiu. com/product/country－risk－service/syria, accessed 7 March 2018.

11月底,叙利亚央行将汇率定为434叙镑兑换1美元。①

第五,政府财政预算有所提升,但财政收支不平衡依然严峻。2017年叙利亚政府预算只有51亿美元——这是过去10年来的最低水平。② 为满足财政支出,政府严重依赖来自伊朗和俄罗斯的优惠贷款,这增加了叙利亚的外债存量。

---

① Economist Intelligence Unit, *Country Risk Service: Syria*, updating in 7 June 2017, p. 16. https://store.eiu.com/product/country-risk-service/syria, accessed 29 January 2018.
② "Syria's 2017 Budget… The Largest in Pounds and Smallest in Dollars", 6 November 2016, http://english.enabbaladi.net/archives/2016/11/syrias-2017-budget-largest-pounds-smallest-dollars/, accessed 6 October 2016.

分 报 告
Topical Reports

B.2
叙利亚政治演变与内战中的政治形势

马 帅 王新刚*

摘 要： 现代叙利亚国家政治发展，经历了议会民主、军人干政、叙埃联合、一党制总统威权体制、有限政治自由化道路的演变过程。这一演变过程具有浓重的军人夺权、个人专权、家族统治、教派纷争等色彩。当前叙利亚内战从深层次看，可以说是现代叙利亚政治发展道路演变进程中多种矛盾的总爆发。2017年，叙利亚境内的战场形势趋于稳定，国内局势朝着有利于叙政权的方向发展，政治解决叙利亚问题的曙光开始显现。同时，新的地缘政治格局尚不稳定，各

---

* 马帅，长江师范学院助教，主要从事叙利亚史研究；王新刚，西北大学历史学院教授，叙利亚研究中心主任，主要从事叙利亚史、中东史、中东政治与国际关系、国际关系史等研究。

方政治合作的基础依然脆弱，政治重建前景存在许多的不确定性。

关键词： 政治演变　政治生态　政治形势　叙利亚内战

自2011年至2017年，持续7年多的内战使叙利亚政治生态遭到严重破坏，以总统巴沙尔·阿萨德为首的复兴党政权与反对派以及宗教极端组织展开激烈争夺，政权面临严峻挑战。叙利亚成为阿拉伯世界政治动荡的重灾区。回顾历史，现代叙利亚政治发展道路的演变，长期以来存在着政治不稳定的因素。"叙利亚是一个政党繁多，派系复杂的国家，政局长期不稳，政权多次更迭。从1946年独立到1970年阿萨德执政的24年中，发生了大小21次政变。"[1] 1970年哈菲兹·阿萨德上台后，重构叙利亚政治体制，逐步确立了具有家长制色彩的一党制总统威权主义政体，牢牢控制着党政军的全部权力，将叙利亚从一个动荡不安的弱小国家改造为政治相对稳定的地区强国。其子巴沙尔依靠老阿萨德的精心安排，实现政权过渡，但执政十年后在所谓"阿拉伯之春"中遭遇政权危机，内乱至今未能平息。叙利亚国家政治发展进程中矛盾重重，从深层次看，当前叙利亚危机可以说正是重重矛盾的总爆发。2017年，经过7年多的战争，叙利亚战场态势趋于稳定，解决叙利亚问题的重心将从战场上的军事较量转向政治和谈。

一　现代叙利亚政治演变进程

现代叙利亚肇始于一战后的法国委任统治，独立于二战后西方殖民体系崩溃之际。1963年复兴党执政前，其政治发展先后历经了法国委任统治、

---

[1] 时延春：《中东风云中的叙利亚》，《世界知识》1984年第7期，第8页。

议会民主制两个历史阶段。① 从现代化理论视角来看，叙利亚在这两个阶段构建民族国家以及实现政治现代化的进程中，面临着选择何种政治发展道路来推进现代化的问题。

（一）殖民地衍生型的议会民主制

1920 年 4 月，国际联盟将叙利亚交给法国进行委任统治。1946 年，法国的委任统治结束，叙利亚实现独立。独立初期，叙利亚延续委任统治时期的一院制议会制和民主共和制政体。但叙利亚政治制度是西方民主政治的生硬嫁接，具有浓厚的殖民色彩。这与叙利亚的社会经济结构、政治文化格格不入。"叙利亚是一个在西方宪政体制掩盖下的分裂的传统社会。"② 叙利亚国内政治生态十分复杂，政治活动中充斥着盘根错节的宗派与地域矛盾。叙利亚独立后的议会民主制造就了一个软弱的中央政府，各派力量相互倾轧，内阁更迭频繁，政令难行，效率低下。叙利亚政府无力应对现代化的要求，而且在错综复杂的地缘博弈和大国政治角力中难以自保。内外交困无疑严重削弱政治合法性，叙利亚陷入权威衰朽的状态，国家发展深陷派系斗争与军人干政的历史泥潭。

（二）军人干政的"普力夺社会"

叙利亚独立后动荡的政局宣告西方式议会民主制的失败，军人适时地填补权力真空。1949 年，叙利亚军人集团三次发动政变，议会民主制开始走向崩溃，也开启了军人干政的"普力夺社会"③。此后，从 1949 年到 1970 年阿萨德政变上台，叙利亚共发生了 21 次军事政变。这些政变彻底改变了

---

① 王新刚：《叙利亚现代政治发展影响因素分析》，《西北大学学报》（哲学社会科学版）2009 年第 6 期，第 153 页。
② Patrick Seale, *The Struggle for Syria: A Study of Post-War Arab Politics, 1945 – 1958*, Yale: Yale University Press, 1987, p. 45.
③ 普力夺社会，是政治制度化程度低的社会。亨廷顿指出，在这种社会里，它不仅指军人干政，而且指各种社会势力都干政。详见〔美〕塞缪尔·P. 亨廷顿《变化社会中的政治秩序》，王冠华等译，生活·读书·新知三联书店，1989，第 175 ~ 181 页。

国家发展轨迹。① 叙利亚独立后仍属于典型的缺乏凝聚力的传统社会。② 国内各种矛盾和国外力量相互博弈。虚弱的议会民主制无法解决这些问题，军人也就走上了政治前台。长期的军人干政和短期的议会制、半议会制交替主导叙利亚政局，其间政府始终处于军人干政的阴影之下。③ 但是，军人政权终究无法解决叙利亚政治发展的根本性问题，即如何在多元社会中构建民族国家的问题。

（三）阿拉伯民族主义下的阿拉伯联合共和国

叙利亚独立之初崇尚阿拉伯民族主义，认同阿拉伯民族，并希望与其他阿拉伯国家实现政治联合。但就如何实现阿拉伯国家的联合，叙国内存在两种截然不同的主张：一种主张是叙利亚先与伊拉克合并，主要倡导者是以叙利亚北部为据点的人民党；另一种主张是叙利亚先与埃及合并，其主要倡导者是叙利亚复兴党。1956年6月15日，复兴党参与叙利亚民族联合政府的组建，启动与埃及的政治合并谈判。1957年，埃及代表团访问叙利亚并与叙利亚共同呼吁两国政府在联邦制基础上实现统一。1958年2月5日至21日，叙埃两国完成政治统一的所有法定程序，正式建立阿拉伯联合共和国。叙利亚政治由此进入一个特殊的发展阶段。阿拉伯联合共和国建立后，以埃及总统纳赛尔为中心的埃及官员主宰联合共和国。纳赛尔政府颁布联合共和国《临时宪法》，取消叙利亚议会民主制，并在联合共和国确立由埃及控制的总统制。

此外，埃及拒绝赋予叙利亚平等的地位，禁止叙党派活动，排挤叙利亚政治家。叙利亚实际上沦为埃及的一个省。叙国内各阶层对此感到失望与不满。1961年9月28日，叙利亚逊尼派军官发动政变，驱逐埃及驻叙官员，脱离阿拉伯联合共和国。20世纪50年代，阿拉伯民族主义作为阿拉伯

---

① 王京烈：《面向二十一世纪的中东》，社会科学文献出版社，1999，第48~53页。
② 王彤：《当代中东政治制度》，中国社会科学出版社，2005，第44页。
③ Amos Perlmutter, "From Obscurity to Rule: The Syrian Army and the Ba'th Party", *The Western Political Quarterly*, Vol. 22, No. 4, December 1969, pp. 827–845.

世界重要的社会政治思潮，促成了"阿联"的产生。然而，"阿联"的失败表明这股思潮在阿拉伯社会中根基并不稳固。它在一定情况下是精英阶层为实现某种政治企图的工具。一旦阿拉伯民族主义不能满足这些精英的诉求，就将被弃之一旁。当前的叙利亚危机中，阿拉伯民族主义完全失去了昔日的感召力，国家重回逊尼派和什叶派等宗派主义对峙的状态。在此条件下极端组织"伊斯兰国"高举宗教激进主义旗帜，得以在今天的叙利亚国家内乱中坐大。

（四）复兴党崛起与登台执政

20世纪30年代中期，叙利亚出现了以米歇尔·阿弗拉克和萨拉赫丁·比塔尔领导的"阿拉伯复兴运动"。1947年4月，两人创立阿拉伯复兴党。复兴党社会主义具有阿拉伯民族主义色彩，强调阿拉伯属性和阿拉伯统一。该党也主张将社会主义和伊斯兰教相结合进行社会改革。1953年，阿拉伯复兴党与阿拉伯社会党合并，形成了"阿拉伯复兴社会党"（简称复兴党）。该党成立后投身于反帝和反犹太复国主义的运动中，党组织和影响力也迅速发展壮大。1956年，复兴党人首次进入议会，并参加政府。次年，复兴党领导人胡拉尼当选为议长。1958年2月，在复兴党积极推动下，埃及和叙利亚合并，成立阿拉伯联合共和国。

"阿联"时期，纳赛尔总统解散所有的叙利亚政党。复兴党领导机构认为，这一措施符合"阿拉伯最高利益"，决定解散该党在叙利亚的组织，但仍遭到埃及的打压。复兴党少壮派军人秘密组织"军事委员会"，于1963年3月8日与军人联手发动"白色革命"（即不流血的政变），夺取全国政权，建立复兴党政权。1966年2月23日，复兴党副总书记、激进派军事领导人贾迪德和阿萨德等人发动政变，夺取复兴党民族领导机构和叙利亚地区领导机构的领导权，并将阿弗拉克和比塔尔等复兴党元老派排挤出领导层。复兴党上台后实行更加激进的社会经济改革。1970年11月，复兴党成员、国防部长兼空军司令哈菲兹·阿萨德发动"纠正运动"，推翻贾迪德政权，建立了阿萨德政权。

(五)哈菲兹·阿萨德一党制总统威权体制

1970年,哈菲兹·阿萨德发动"纠正运动",改组复兴党领导机构,确立叙利亚政治体制新的基本框架。1973年,叙利亚公布新宪法,即所谓"永久宪法",并一直沿用至2012年。[①] 这部宪法确立了一党制和总统共和制的政治体制。这既不同于叙利亚独立初期脆弱的议会民主制,也不同于1963~1970年复兴党政权初创时的党军合一的政权。[②] 阿萨德自1971年担任总统后,事实上成为终身制的领导人。一党制总统威权体制的最大特点在于总统拥有至高无上的权力,阿萨德依靠家族势力与亲信集团建立个人统治中枢,牢牢掌控最高权力。阿萨德政权的三大支柱是军事安全机构、复兴党以及行政官僚。三者成为阿萨德政权强化政府能力、维持政治稳定的重要工具。叙利亚议会、全国进步阵线、其他社会团体和群众组织则是阿萨德政权的辅助机构,解决普通民众的政治参与问题。阿萨德借助这一体制实现了叙利亚的稳定。但阿萨德政权集家族、教派、政党、军人等于一体,具有突出的阿萨德个人特征。也正因为如此,国际舆论常常把叙利亚称作"阿萨德的叙利亚"。

(六)巴沙尔·阿萨德有限的政治自由化

2000年7月,巴沙尔·阿萨德子承父业继任总统。巴沙尔执政初期,政治上推行有限的民主化,强调在复兴党领导下的政治多元化。巴沙尔在就职演说中提出,将"考虑民主问题"、"改革政治机构"和"提高政治公开性"。他宣布自由选举,实行多党制度,赋予人民议会更多的权力,释放政治犯,开展反腐败运动和经济改革,减少军费开支,等等。巴沙尔有限的政治自由化改革,被西方媒体称为"大马士革之春"。在较为宽松的政治氛围下,叙利亚国内政治、经济活动异常频繁,大量知识分子要求政府给予社会

[①] 朱福惠、王建学:《世界各国宪法文本汇编》(亚洲卷),厦门大学出版社,2012,第27~35页。

[②] Volker Perthes, *The Political Economy of Syria Under Asad*, London: I. B. Tauris, 1997, p.133.

更多的自由，以及进行政治多元化改革。然而，这些政治异动引起复兴党政权的警觉，叙利亚的自由化改革也以夭折告终。2001年9月，叙政府逮捕"公民社会运动"的主要活动家。此后，巴沙尔将改革由政治、社会领域转向经济领域，并取得一定的成绩。但是叙利亚经济改革在国营与私有、计划与市场的两难中徘徊，也无力革除经济中的结构性弊端。

不难发现，叙利亚政治生态纷繁复杂、矛盾重重，政治发展相对滞后与经济秩序剧烈变动的矛盾构成了叙利亚政治不稳定的基本矛盾。同时，经济、阶级、宗教、地区等矛盾相互交织，贯穿于叙利亚支离破碎的社会结构中，政治现代化进程深陷教派冲突、军人干政、个人专权的泥淖中止步不前。上述多种因素引发了今日叙利亚危机。

二 叙利亚内战的政治生态

持续七年的叙利亚危机，既是其国内各类矛盾累积的集中爆发，更是大国干预酿成的悲剧。多年内战导致政治生态遭到严重破坏，一党制总统威权政治体制受到重创。2017年叙利亚局势出现了拐点，政治解决叙利亚问题的进程明显加快。

（一）内战中政治体制的变革

2011年3月，叙利亚爆发抗议活动，要求国家进行政治改革。内乱爆发后，反对派从幕后走到台前，双方冲突不断加深，叙利亚面临空前的政治危机。巴沙尔政府试图通过进行适度的政治改革，缓和与反对派的矛盾，争取民众的支持。2011年4月19日，巴沙尔政府宣布废除已实行了48年的《国家紧急状态法》。据此，叙利亚民众将拥有举行和平示威游行的权利。但这并未推动叙利亚政局的稳定，游行示威反而愈演愈烈，反对派的目标也由进行政治改革转向要求巴沙尔和复兴党下台。

2011年5月下旬，叙政府宣布愿与反对派对话，并准备在全国范围开展全面的民族对话。但反对派提出对话的先决条件是：释放所有的政治犯，军队从动乱的城镇撤离。5月31日,叙利亚总统巴沙尔宣布大赦,释放2011年5月31日前所有加入穆斯林兄弟会的在押人员,以及所有被关押的政治犯。政治和解的契机出现。但随着外国干预尤其是武装反对派的形成,叙利亚陷入了内战。8月4日,叙政府颁布《政党法》,宣布叙利亚公民有权组建和参与新政党,新的选举法也由此生效。这是复兴党执政48年来的第一次。但政府的镇压行动并未停止。

在美国等西方国家的强大压力下,复兴党政权不得不再次进行政治改革。2011年10月,叙利亚成立宪法草案制定全国委员会,该委员会4个月内完成制宪。2012年2月27日,新草案以89.4%的赞同率高票通过。新宪法草案对原宪法的143个条款中的108个条款进行修订,并新增了14个条款。新宪法规定,政治制度以多元化为原则,以多党制取代一党制;将选举作为政治民主的基础,总统由人民直接选举产生,任期7年,只能连任一届,从而废除总统终身制。2014年,叙利亚按照新宪法举行大选,巴沙尔以83%的得票率当选总统。

新宪法是叙利亚政治发展的重要突破。然而,叙反对派指责当局伪造公投结果。巴沙尔政府有限度的政治体制改革并不能满足反对派的要求,在反对派看来当务之急不是改革,而是把巴沙尔赶下台。然而巴沙尔政府不可能进行自杀式的体制改革,也注定了改革在稳定国内局势上并没有实质性的效果。

(二)内战中政治局势的转折

叙利亚内乱以来,叙利亚经历了政治危机、全面内战、反恐战争,以及当前即将启动的政治重建等阶段。受国内外局势的影响,叙利亚问题经历了一些重要的节点。2013年发生的化武危机是第一个节点。2013年化武危机前,美国对叙利亚内战采取渐进式介入的策略,以资助、扶持叙约边境的反对派武装、派遣军事顾问为主。而化武危机发生后,叙政府坚决否认使用化学武器,但美国仍要求叙政府应对化武事件负责,致使叙利亚局势紧张,甚至面临外国军事干涉的威胁。最终,俄罗斯提出"以化武换和平",美俄达成框架协议，叙利亚同意销毁或者移交化学武器，并在多方监督下最终移交化学武器。此后，美国对叙利亚的政策发生转折，开始向叙利亚派遣军队、向反对派提供武器支持等。2017年底，美国在叙的军事人员约有2000人。

第二个节点在2014年，即叙利亚两派宣布达成协议，反对派放弃中部重镇霍姆斯，这里曾被视为反对派的政治中心和精神家园。在此之前，叙利亚反对派节节败退，不得已签订"城下之盟"，放弃其主要的据点。然而，2014年，"伊斯兰国"（IS）乘乱而起，叙利亚政局也发生剧变。政府军、反对派和极端势力陷入混战。在"伊斯兰国"兴起之前，政府军控制南部和东部，反对派控制北部。2014年后，政府军退守南部，反对派只能偏安一隅，在西北部阿勒颇周边一带活动。"伊斯兰国"异军突起，成为叙利亚危机不断加深的催化剂，叙利亚境内的各股势力再次洗牌重组。

2015年9月，俄罗斯武力介入打击叙境内"伊斯兰国"目标，是叙利亚政局发展的又一个节点。2015年11月，安理会一致通过决议，授权"有能力的会员国"采取一切必要措施打击"伊斯兰国"恐怖主义。此后，美国率领的国际反恐联盟、俄罗斯支持的政府军、反对派"叙利亚自由军"以及伊朗和黎巴嫩"真主党"合力打击"伊斯兰国"。随着"伊斯兰国"节节败退，叙利亚局势发生微妙变化。风雨飘摇的巴沙尔政权，借助俄罗斯的帮助，扭转战场局势，稳住了局面。

2016年9月阿勒颇之战，是叙利亚政局的另一个节点。阿勒颇是叙利亚第一大城市，人口约200万。内战以来，阿勒颇就是政府军和反对派争夺的焦点。阿勒颇之战持续四年半，双方处于对峙之势。有评论称，无论从政治还是军事角度看，阿勒颇都是叙利亚内战的焦点之一。政治上，阿勒颇是叙利亚最大的城市，它将是未来和谈的重要筹码；军事上，它位于几大势力的交界地带，战略地位至关重要。政府军若能控制阿勒颇及其周边，便能切断驻守在阿勒颇西部的反对派武装与其幕后支持者土耳其之间的通道，从而对反对派形成合围。2016年末，政府军收复阿勒颇，终于在内战中赢得主动，开始从战略防御转向战略进攻。2017年，叙利亚政局发生重大变化。2017年5月，叙政府军发起代号为"伟大黎明"的军事行动，在哈马省、霍姆斯省和拉卡省取得阶段性胜利，收复9000平方公里土地，首次打通了通往叙伊边境的通道。2017年10月17日，"伊斯兰国"的老巢拉卡被攻占。同时，叙利亚政治谈判进程加速。

三 2017年叙利亚的政治形势

2017年，叙利亚国内各派的力量对比发生重大变化。政府军占据优势地位，反对派被削弱，库尔德人地位提高，"伊斯兰国"在叙利亚的实体不复存在。叙国内呈现政府、反对派和库尔德人三足鼎立的政治局面。虽然"伊斯兰国"在叙利亚溃败，主要据点被消灭殆尽，但叙利亚反恐形势不容乐观；大国在叙利亚的政治博弈呈现俄美两极化和重新分化组合的态势；叙利亚政治和谈多路推进，和平曙光初现，但道路艰辛。

（一）2017年叙利亚战场形势

2017年，叙利亚国内存在三股主要力量：叙利亚政府军、反对派武装以及以恐怖组织"征服阵线"①为主的极端组织、库尔德人的"人民保卫军"（YPG）。2015年，俄罗斯出兵叙利亚之前，叙政府在反对派武装和"伊斯兰国"的打击下，处境岌岌可危。俄罗斯出兵扭转了叙政府军战场上的颓势。2016年以来，叙政府军在俄罗斯的帮助下从反对派和"伊斯兰国"手中收复大片失地，重新占据军事优势。反对派武装尽管遭到政府军的沉重打击，但是在西方国家和中东其他一些国家的援助下，反对派仍在叙利亚占据一席之地。库尔德人主要控制叙东北部地区。至此，叙利亚国内局势呈现叙政府、反对派和库尔德人三足鼎立的政治格局。

2017年上半年，叙政府军在战场上继续展开攻势，取得霍姆斯战役的完全胜利，收复了叙利亚第三大城市霍姆斯。5月，叙利亚政府军发起代号

---

① 极端组织"征服阵线"原名为"努斯拉阵线"，2016年7月由"支持阵线"更名为"征服阵线"，2017年1月联合其他极端组织成立"解放沙姆组织"。

为"伟大黎明"的军事行动，在多条战线对"伊斯兰国"进行大规模军事打击，对巴尔米拉以东的极端组织持续进行打击。7月，第一阶段作战任务结束，叙政府军收复大马士革省东部一系列战略要地和主要油气田，并与伊拉克军队在边境会师，重新控制叙伊边境地区，完成对"伊斯兰国"的合围。

此外，政府军还收复了位于巴尔米拉至代尔祖尔公路沿线的阿拉克城。7月10日起，政府军发动第二阶段攻势。到9月5日，政府军打破"伊斯兰国"对代尔祖尔市的封锁。10月14日沿幼发拉底河南下解放迈亚丁，11月3日完全收复代尔祖尔市。11月19日，政府军收复"伊斯兰国"在叙利亚的最后据点阿布卡迈勒市。至此，叙利亚政府控制区域已超过国土面积的60%，控制的人口达到总人口的70%以上。叙利亚政府军加上民防军以及黎巴嫩真主党武装等总计30多万人。

2017年，库尔德人的"叙利亚民主军"也实力大增，10月宣布完全控制拉卡，并在幼发拉底河东岸持续发力，控制代尔祖尔市多个重要油气田区域，并控制着大约20%的叙利亚国土。

近两年来，反对派力量一方面遭到政府军、"征服阵线"的攻击，一方面又陷入频繁内斗（比如解放沙姆组织和沙姆自由人伊斯兰运动），实力遭到严重削弱。恐怖组织"征服阵线"等反政府武装控制区域主要局限在伊德利卜及叙约边境地区，只占叙利亚国土面积的十分之一左右，武装军事人员大约10万人。

（二）2017年叙利亚的反恐形势

俄罗斯出兵叙利亚后，"伊斯兰国"在叙利亚的扩张受到遏制。2017年年底，叙利亚境内的"伊斯兰国"据点基本被剿灭。但是极端组织"征服阵线"则逐渐发展壮大，成为叙利亚境内最主要的极端组织。2016年，"支持阵线"与叙境内其他反对派极端组织结盟，不断扩军。2016年上半年招募3000多名新成员。同年7月，该组织武装人员达到5000~10000人。7月28日，其首领朱拉尼宣布该组织与基地组织脱离关系，开始独立活动，并更名为"征服阵线"。俄美两国对待该组织的政策不一样。俄方将其定位为恐怖组织,坚决打击;而美国虽然将其定位为恐怖组织,却暗中给予援助。不少叙利亚反对派仍把该组织当成反政府武装。

2017年1月28日,"征服阵线"与叙反对派极端组织"安萨丁阵线"、"努尔丁·赞吉运动"和"真理旅"合并成立"解放沙姆组织"。"解放沙姆组织"成立之初,拥有武装人员3万余名。2017年5月,组织规模达到5万人之众。[①] 该组织主要控制区在伊德利卜省。"伊斯兰国"覆灭后,"解放沙姆组织"成为叙利亚最主要的极端组织。未来,叙利亚的反恐形势仍然不容乐观。"解放沙姆组织"通过自我包装成功混迹叙利亚反对派之中,各国在叙利亚的争夺、叙利亚内部各派的争斗,加上叙利亚政治和谈推进艰难,这些势必造成叙利亚局势短时间内难以稳定,恐怖主义滋生的土壤依然存在。

叙利亚政治发展遗留的重重矛盾与国家建构失败是叙利亚危机爆发的内在根源。而大国干预、地区博弈与恐怖势力导致内战愈演愈烈、久拖不决。2017年,叙利亚问题的解决由军事为主过渡到政治为主的阶段,未来叙利亚政治重建面临诸多挑战,不完全由叙利亚政府和反对派武装的力量战场态势所决定,更要受制于大国的地缘政治诉求。

---

① 包澄章:《"支持阵线"的演变与"基地组织"的战略选择》,《阿拉伯世界研究》2017年第6期,第67页。

B.3
2017年叙利亚经济形势

胡耀辉*

摘　要： 现代叙利亚的经济，经历了独立初期的多元化和自由市场经济，20世纪60年代的计划经济，哈菲兹·阿萨德时期国有经济主导、辅以私营经济和巴沙尔·阿萨德时期社会的市场经济与有限的自由主义经济的发展历程。内战爆发以来，叙利亚经济濒临全面崩溃。2017年，遭受严重破坏的国家依然满目疮痍、百废待兴，但是总体上叙利亚经济由停滞向渐进式复苏转变，工业、农业和对外贸易略有增长。

关键词： 叙利亚　经济形势　"战争经济"

叙利亚是以农业为主的国家，工业基础薄弱。国民经济长期实行计划经济，国营企业是国民经济的主导力量，国家统一调拨分配生产、生活资料，对国民实行高补贴。① 2011年内战前，叙利亚是一个中等收入的发展中国家，农业、矿产和制造业占国内生产总值的40%以上。对外贸易主要依赖农矿产品出口，工业品出口主要有石油、天然气和磷酸盐等。自2000年巴沙尔·阿萨德执政以来，特别是2005年巴沙尔提出建立"社会的市场经济"（Social Market），即在保持一定程度的国有经济部门的同时，扩大私营经济的比重，放松对外资和金融业的管制，叙利亚经济逐步向社会市场经济

---

* 胡耀辉，博士，西安航空学院马克思主义学院讲师，西北大学叙利亚研究中心特约研究员。
① 高光福、马学清：《列国志·叙利亚》，社会科学文献出版社，2008，第94页。

转轨。① 叙利亚经济在国营与私有、计划与市场两难中长期徘徊，国营企业改革步履维艰，经济发展过程中的腐败与贫富差距日益加大。②

2011年内战爆发后，叙利亚消费锐减、税收大跌、高通胀和高失业率并行、军费不断攀升、财政赤字逐年扩大，经济整体上迅速陷入全面困境。特别是制造业、石油工业和农业等严重衰退，基础设施几乎被摧毁，国内生产总值连年下降。2011~2013年叙利亚经济总量分别连续下降了6%、20%和15%。2012年失业率为14.9%，2013年增至60%。根据世界银行的数据，2011~2016年内战中叙利亚经济损失高达2260亿美元。③ 国内生产总值从2010年的近600亿美元骤降至2017年的约240亿美元，跌幅达60%。④ 如果以4.5%的年增长率计算，叙利亚经济20年后才能恢复到内战前的水平。但与2016年叙国内生产总值209.74亿美元相比，2017年增长了16.68%，国内生产总值达244.72亿美元，2017年叙利亚经济呈现复苏迹象。⑤

一 内战前叙利亚经济发展历程

叙利亚现代经济起步于法国委任统治时期，独立后历经了数十年的探索，内战前叙利亚为中等收入的发展中国家。独立后至2000年，叙利亚经济历经各种发展战略与发展道路的选择，如20世纪50年代初多元化与自由市场经济发展道路、1963年后的计划经济发展道路、20世纪80年代中后期

---

① 时延春：《中国驻中东大使话中东：叙利亚》，世界知识出版社，2013，第131页。
② 王新刚：《现代叙利亚国家与政治》，人民出版社，2016，第211页。
③ Katarina Montgomery, "Syria Won't Recover for Decades' – An Expert's View on The Cost of War on The Country", 16 June 2015, https://www.newsdeeply.com/syria/articles/2015/06/16/syria-wont-recover-for-decades-an-experts-view-on-the-cost-of-war-on-the-country, accessed 7 March 2016.
④ 《世行：叙利亚因6年战乱 经济损失达2260亿美元》，人民网，2017年7月11日，http://world.people.com.cn/n1/2017/0711/c1002-29396999.html，2017-7-22。
⑤ Economist Intelligence Unit, Country Report: Syria, updating in 18 October 2017, pp. 6-8. http://www.eiu.com, accessed 7 March 2018.

有限的经济多元化道路。叙利亚总体上国有经济占主导地位,也保留市场经济的要素及私有经济部门。总体上,叙利亚经济发展战略模式是初级产品出口多样化与进口替代相结合,经济体制在国有化和非国有化、自由化与社会的市场经济之间徘徊。2005 年,巴沙尔·阿萨德推行"社会的市场经济"新政策。内战爆发前,叙利亚经济发展大致可分为以下几个时期。

独立后至 1963 年,叙利亚奉行多元主义和自由的市场经济政策,其间有过短暂(1958~1961 年)的国有化实践,尤其是自 20 世纪 50 年代以后,叙利亚逐步选择并形成了初级产品出口多样化和进口替代相结合的经济发展战略,带动了国家经济的发展。①

1963~1970 年间,复兴党上台后推行国有化运动和计划经济发展模式,对包括银行、大型企业和公共事业在内的私营部门等实行国有化。1969 年底,由于私有部门反对国有化,政府放松了部分行业的国有化政策,例如允许房地产和建筑业私营企业的存在。②

1970~2000 年,哈菲兹·阿萨德执政期间叙利亚经济经历了全面的变革与调整。20 世纪 70 年代,叙利亚经济仍然以计划经济为主,经济发展重心日益转向国有大型工业企业。同时,叙利亚有限度地放宽对私营企业的限制,允许有限的私人及外资投入。其间,叙利亚经济保持了相对较高的增长率,国内生产总值 1972 年增长 25%,1974 年增长 24.1%,1975 年增长 19.5%,1976 年增长 11%。其间增长率较低的年份是 1973 年,增长率为 8.5%,1977 年下降了 1.2%。③ 20 世纪 80 年代初,虽然油价下跌,出口收入下降,阿拉伯产油国的财政援助减少以及干旱等,叙利亚国内生产总值仍实现小幅增

---

① 王新刚:《现代叙利亚国家与政治》,人民出版社,2016,第 107 页。
② Angela Joya, "Syria's Transition, 1970 - 2005: from Centralization of the State to Market Economy", *Transitions in Latin America and in Poland and Syria*, Vol. 24, July 2007, p. 167.
③ Erez Cohen, "From Arab Spring to Economic Winter—examination of the relationship between politics and economics as evident in the Syrian Civil War during 2011 - 2015", *Journal of International Studies*, Vol. 9, No 1, January 2016, p. 14.

长。1987年,政府开始推行非国有化和有限的自由化的经济政策。[①] 20世纪80年代中后期,叙利亚经济进入衰退期,伴随着经济危机、叙利亚镑贬值和国内生产总值的下降,1989年国内生产总值跌至98亿美元(见图1)。20世纪90年代初期后,经济增长出现了较明显的改善。1991年10号投资法颁布后,1990~2000年叙利亚经济进入了相对自由和较好发展的时期。

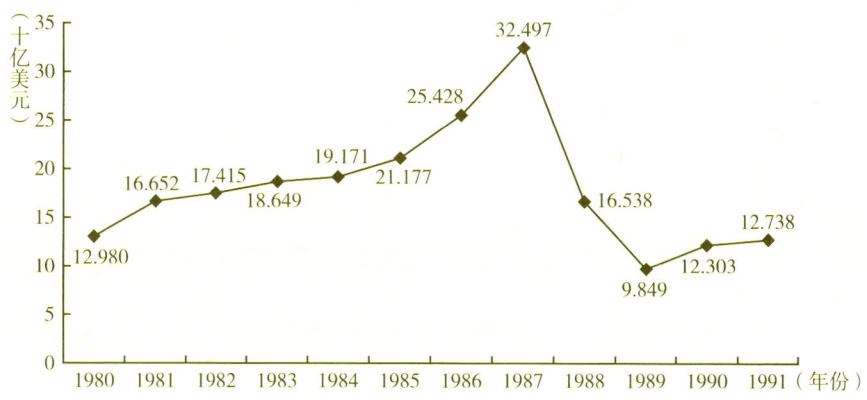

图1　1980~1991年叙利亚的国内生产总值

资料来源:Khaled Wazani, *The Socio-Economic Implications of Syrian Refugees on the Jordanian Economy—A Cost-Benefit Framework*, Konrad - Adenauer - Stiftung, Jordan Office, May 22, 2014, p. 35. http://www.kas.de/upload/Publikationen/2014/The_ Socio - Economic_ Implications_ of_ Syrian_ Refugees_ on_ Jordan/The_ Socio - Economic_ Implications_ of_ Syrian_ Refugees_ on_ Jordan - Chapter2. pdf。

20世纪90年代,叙利亚经济的特点是石油业和私营部门的发展带动经济的复苏与增长。得益于海湾国家经济援助的增加以及石油工业的发展,叙利亚经济增长明显。叙利亚国内生产总值从1990年的123.03亿美元增加到1996年的177.61亿美元,年平均增长率达7%以上。人均国内生产总值也从1990年的967.1美元增加到1996年的1186.1美元,总增长率为23%

[①] Moshe Ma'oz and Avner Yaiv, *Syria Under Asad: Domestic Constraints and Regional Risks*, New York: St. Martin's Press, 1986, p. 43.

(见图2)。1996年后,叙利亚经济出现轻微衰退,但仍处于缓慢地发展中。1999年,虽然干旱以及石油产量和投资有所下降,但是国内生产总值同比增长了4%。1999年,人均国内生产总值同比下降3.6%。

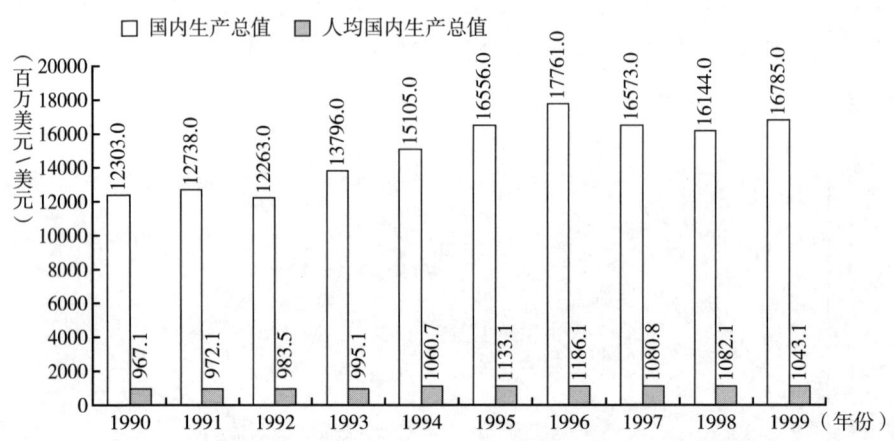

图2　1990~1999年叙利亚GDP和人均国内生产总值

资料来源:Khaled Wazani, *The Socio-Economic Implications of Syrian Refugees on the Jordanian Economy—A Cost-Benefit Framework*, Konrad-Adenauer-Stiftung, Jordan Office, May 22, 2014, p.36。

2000年巴沙尔登台执政,至内战前的2010年,叙利亚经济增长相对比较明显,国内生产总值年均增长速度较快,总产值从2000年的198.61亿美元增长到2010年的599.57亿美元(见图3)。2000~2005年国内生产总值平稳中有所增长,2006~2010年国内生产总值逐年快速增长。2001~2002年农业收成增长,以及2002~2003年与伊拉克签订的一项特殊的贸易协定,促使2001年和2002年经济分别增长了5.6%和8.5%。国际市场高油价反弹和伊拉克危机后,2004年叙利亚人均国内生产总值为1190美元,相当于邻国约旦的一半,土耳其的四分之一,黎巴嫩的五分之一。[1] 然而,到2009

---

[1] Juan Cole, *The Assads and the political economy of Syria's revolution:Al-Assad Family's Massive Stolen Wealth in Panama Papers helps explain Revolution*, Europe Solidaire Sans Frontières, January 3, 2017. https://www.juancole.com/2016/04/syria-al-assad-familys-massive-stolen-wealth-in-panama-papers-helps-explain-revolution.html, accessed 6 June 2016.

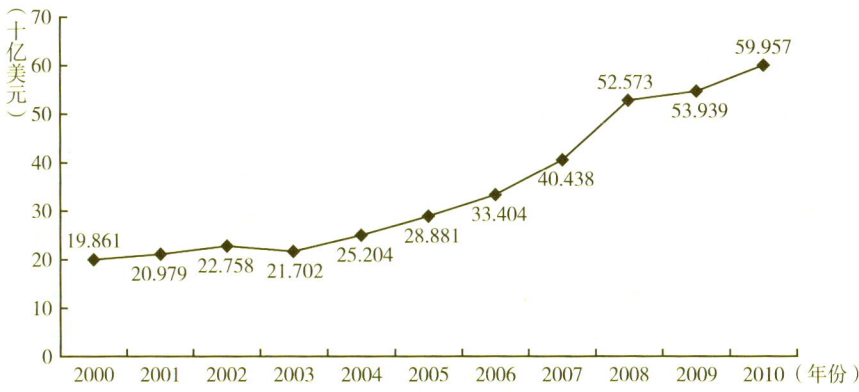

图3 2000～2010年叙利亚国内生产总值

资料来源：Khaled Wazani, *The Socio-Economic Implications of Syrian Refugees on the Jordanian Economy—A Cost-Benefit Framework*, Konrad-Adenauer-Stiftung, Jordan Office, May 22, 2014, p. 37。

年，由于石油产量下降，外商直接投资和农业产量下降及干旱的影响，国内生产总值增速放缓至2.6%。① 根据国际货币基金组织的数据，2010年叙利亚人均国内生产总值不足3000美元（在183个国家中排第124位），而邻国土耳其接近1.1万美元（第61位）。② 从总体上看，2000～2010年叙利亚较高的经济增长率和自由化政策，使就业率年均增长1.3%。但是人口增长（年2.9%）和劳动力增长（年1.7%）致使就业增长相形见绌。③

2000～2011年巴沙尔实行了"社会的市场经济"发展模式，重视市场，支

---

① Khaled Wazani, *The Socio-Economic Implications of Syrian Refugees on the Jordanian Economy—A Cost-Benefit Framework*, Konrad-Adenauer-Stiftung, Jordan Office, May 22, 2014, p. 37。
② Juan Cole, *The Assads and the political economy of Syria's revolution: Al-Assad Family's Massive Stolen Wealth in Panama Papers helps explain Revolution*, Europe Solidaire Sans Frontières, 3 January 2017. https://www.juancole.com/2016/04/syria-al-assad-familys-massive-stolen-wealth-in-panama-papers-helps-explain-revolution.html, accessed 6 June 2016.
③ The World Bank, *The Toll of War: The Economic and Social Consequences of the Conflict in Syria*, 10 July 2017, p. 8. http://www.worldbank.org/en/country/syria/publication/the-toll-of-war-the-economic-and-social-consequences-of-the-conflict-in-syria, accessed 6 October 2016.

持私营部门发展和吸引外资，叙利亚经济亦显现出逐步融入世界经济体系的迹象。但是国家仍控制着重要的经济部门，其间经济发展有进亦有退。同时，国家再度陷入市场经济与国营经济的两难中，直至叙利亚经济在内战中严重倒退。

此外，在产业结构方面，石油工业和农业是叙利亚财政收入的主要来源，服务业和商业在国内生产总值中占据的比重越来越大，而制造业所占比重较小。内战前，叙利亚经济中石油工业占国内生产总值的25%，出口的60%~70%，政府财政收入的30%~40%依靠石油。[1] 叙利亚经济高度倚重农业部门，而农业易受降雨等自然条件的影响。2006~2011年，叙利亚60%的耕地遭受严重干旱。[2] 2010年，叙利亚小麦价格上涨30%，通货膨胀率高达20%，普通家庭48%的收入用于购买食品，30%的民众生活在贫困线以下，200万人即总人口11%的民众陷入极端贫困中。[3] 干旱导致农业大面积减产和农民迁徙到城市、石油出口下降、制造业和工业产值严重下滑、外部援助和投资锐减，2011年叙利亚经济出现严重危机，最终成为引发内乱乃至内战的重要因素。

二 内战中的叙利亚经济

自2011年内战爆发以来，叙利亚经济陷入停滞，进出口贸易锐减，外汇储备告罄，高通胀和高失业率并行，劳动力短缺，基础设施遭到严重破坏，经济连年呈负增长。2014年，政府军在霍姆斯和大马士革等地区取得军事进展，政府控制区经济缓慢复苏，经济局面也随之得到些许改善。国内生产总值下滑速度放缓，通胀降低，货币贬值得到缓解，出口也有所增加。然而，2015年上半年，随着反政府武装控制区的扩大，叙利亚经济形势随

---

[1] V. Perthes, "The Political Economy of the Syrian Succession", *Global Politics and Strategy*, Vol. 43, No. 1, August 2001, p. 144.

[2] Joshua Hammer, "Is a Lack of Water to Blame for the Conflict in Syria?", *Smithsonian Magazine*, June 2013, https://www.smithsonianmag.com/innovation/is-a-lack-of-water-to-blame-for-the-conflict-in-syria-72513729/, accessed 7 July 2013.

[3] 王新刚：《现代叙利亚国家与政治》，人民出版社，2016，第107页。

之再度恶化。

第一,"战争经济"形态出现。自内战以来,叙利亚军费开支急剧扩大,出现了所谓"战争经济"形态。内战爆发以来,巴沙尔政府经济政策的重心是保护政权和维持军队的战斗力,军费开支优先于经济发展。2010年叙利亚军费开支为23.66亿美元,内战爆发后2011年叙利亚军费开支增加到24.95亿美元,占国内生产总值的4.1%。[1] 2012年军费开支增加到36亿美元,[2] 2013年约为70亿美元,[3] 2015年军费开支约为60亿美元。[4]

经济呈现出地域分割与碎片化。内战爆发以来,叙利亚国土逐步被政府、反对派、库尔德民主联盟党(PYD)、"伊斯兰国"分割。2015年,叙政府仅控制全国8%的石油资源。2015年夏,"伊斯兰国"控制的油田原油日产量为25万桶,约占全国日产总量的65%。库尔德人控制下的油田,其中最引人注目的是在哈塞克省的巴尔米拉油田,该油田最高日产量为17万桶,2015年末原油日产量1.5万桶。

第二,经济增长陷入停滞乃至出现负增长,国内生产总值持续下滑。内战爆发以来,国内生产总值直线下降。美国中央情报局(CIA)数据显示,2012年,叙利亚国内生产总值为736.7亿美元,2013年为619亿美元,2014年为558亿美元。2014年和2015年国内生产总值负增长放缓,增长率分别为-9.9%和-15%。[5] 叙利亚非政府组织"叙利亚政策研究中心"

---

[1] 参见世界军费网,http://militarybudget.org/syria/,accessed 7 July 2013.

[2] Syrian Centre for Policy Research (SCPR), *Syria Confronting Fragmentation! Impact of Syrian Crisis Report*, 11 February 2016, p. 30. https://www.ara.cat/2016/02/11/1520927894.pdf?hash=3a186be3bc9bfbc70d11f0241fd49d847f7f0042, accessed 7 July 2017.

[3] Ziad Haidar, "Syria's Economic Collapse", 17 June 2013, http://www.al-monitor.com/pulse/business/2013/06/syrian-economy-losses-study.html, accessed 7 July 2013.

[4] Syrian Centre for Policy Research (SCPR), *Syria Confronting Fragmentation! Impact of Syrian Crisis Report*, 11 February 2016, p. 27. https://www.ara.cat/2016/02/11/1520927894.pdf?hash=3a186be3bc9bfbc70d11f0241fd49d847f7f0042, accessed 7 July 2017.

[5] Jeanne Gobat and Kristina Kostial, *Syria's Conflict Economy*, International Monetary Fund Working Paper, June 2016, p. 9. https://www.imf.org/external/pubs/ft/wp/2016/wp16123.pdf, accessed 7 March 2017.

（SCPR）数据分析认为，2014年叙利亚经济收缩放缓，国内生产总值与2010年相比有所下降。① 另据查塔姆研究所（Chatham House）统计数据，2015年叙国内生产总值比2010年下降了约60%。②

第三，工农业生产严重受挫，陷入全面崩溃的边缘。由于战争的破坏，农业生产遭受严重损失，2011年和2012年农业分别增长10%和12%。③ 2013年，由于叙利亚的气候条件有所改善，农业生产有所增长，2013年农业占国内生产总值的18%。与2013年相比，由于畜牧业和谷物产量的下降，2014年农业占国内生产总值的比重下降了6个百分点。④ 但是，由于气候条件适宜，2015年农业生产总值占国内生产总值的比重增长7.5个百分点。

自2011年以来，能源部门生产经营一直在恶化，石油和天然气产量下降。在政府控制的地区，原油产量急剧下降，从2010年日产量38.3万桶下降到2014年日产量2.8万桶。2015年，叙政府控制下的石油日产量1万桶（见图4），这使得政府失去了主要收入来源之一。此外，2014年叙政府控制的天然气产量降至每日140万立方米，而2010年日产量为890万立方

---

① Syrian Centre for Policy Research for the United Nations Relief and Works Agency (UNRWA), *Syria—The Syrian Catastrophe: socioeconomic monitoring report*, First quarterly report (January – March 2013), p. 9. https://www.unrwa.org/userfiles/2013071244355.pdf, accessed 5 May 2013.

② Mona Alami, "Syrian War redraws Country's Economic map", 10 December 2015, https://www.al-monitor.com/pulse/originals/2015/12/syria-war-impact-economy-division.html, accessed 5 May 2016.

③ Khaled Wazani, *The Socio-Economic Implications of Syrian Refugees on the Jordanian Economy—A Cost-Benefit Framework*, Konrad-Adenauer-Stiftung, Jordan Office, 22 May 2014, p. 43. http://www.kas.de/upload/Publikationen/2014/The_Socio-Economic_Implications_of_Syrian_Refugees_on_Jordan/The_Socio-Economic_Implications_of_Syrian_Refugees_on_Jordan-Chapter2.pdf, accessed 7 March 2015.

④ Syrian Centre for Policy Research (SCPR), *Syria Confronting Fragmentation! Impact of Syrian Crisis Report*, 11 February 2016, p. 18. https://www.ara.cat/2016/02/11/1520927894.pdf?hash=3a186be3bc9bfbc70d11f0241fd49d847f7f0042, accessed 7 July 2017.

米。① 2015年初,"伊斯兰国"占领巴尔米拉附近的天燃气田后,2015年叙政府控制的天然气日产量降至80万立方米。②

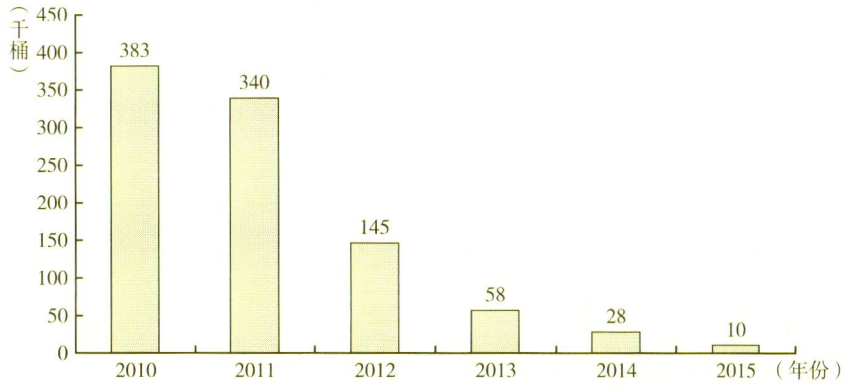

图4 2010~2015年叙利亚政府控制的石油日生产情况

资料来源:The World Bank, *The Toll of War: The Economic and Social Consequences of the Conflict in Syria*, July 10, 2017, p.55. http://www.worldbank.org/en/country/syria/publication/the-toll-of-war-the-economic-and-social-consequences-of-the-conflict-in-syria。

制造业受损,产能严重下降,产值从2010年的133亿叙镑下降到2015年的31亿叙镑。③ 工业设备和基础设施遭受严重破坏,迫使企业家和工人迁居国外。叙利亚一些制造商也转移到国外,如土耳其、埃及和约旦等。2014年,在土耳其注册的新企业中,叙利亚人开办的企业占26%。转移国外的中小企业又将产品卖回叙利亚。

第四,高失业率和高通货膨胀并行。高失业率和高通货膨胀,导致贫困

---

① Jeanne Gobat and Kristina Kostial, *Syria's Conflict Economy*, International Monetary Fund Working Paper, June 2016, p.10. https://www.imf.org/external/pubs/ft/wp/2016/wp16123.pdf, accessed 7 March 2017.

② David Butter, *Syria's economy picking up the pieces*, Middle East and North Africa Programme, 23 June 2015, p.20. https://www.chathamhouse.org/sites/files/chathamhouse/field/field_document/20150623SyriaEconomyButter.pdf, accessed 6 June 2016.

③ Jeanne Gobat and Kristina Kostial, *Syria's Conflict Economy*, International Monetary Fund Working Paper, June 2016, p.10. https://www.imf.org/external/pubs/ft/wp/2016/wp16123.pdf, accessed 7 March 2017.

率和劳动力成本上升，人民生活水平严重下降。通货膨胀率从2011年的4.2%上升到2012年的37%，2013年为88%，2014年的前11个月为36.8%。2014年下半年一度下降到9.7%①后，2015年又上升到34.5%。②

随着战争的推进和国际社会的制裁，叙利亚镑急剧贬值。截至2015年6月，叙利亚镑已累计贬值约78%，黑市汇率也下降了83%左右。2015年5月，叙利亚中央银行和商业银行规定220叙利亚镑兑换1美元。这促使居民消费价格指数（CPI）上涨，2015年末较2010年提高了5倍，政府补贴（水、食品、电力和燃料）锐减，食品、药品和燃料等基本商品供应短缺，③致使食品和服务等价格飞涨。④失业和贫困问题突出，人力资源严重流失。根据叙利亚政策研究中心数据，叙利亚失业率从2011年的14.9%飙升至2015年底的52.9%。⑤此外，叙利亚人口从2010年的2090万下降到2014年底的约1770万。⑥随着内战的加剧，基础设施遭到破坏，资本外逃严重，2014年一半的人口生活在贫困线以下。⑦到2015年底，超过85%的叙利亚人生活在贫困中，超过69%的人生活在极度贫困中。⑧

第五，内战以来，叙利亚对外贸易几乎停滞，外汇储备告罄，财政支出

---

① 吴菲菲：《战火中的叙利亚经济》，《环球财经》2015年第10期，第76页。
② 杨光主编《中东发展报告No.18（2015~2016）》，社会科学文献出版社，2016，第193页。
③ Jeanne Gobat and Kristina Kostial, *Syria's Conflict Economy*, International Monetary Fund Working Paper, June 2016, pp.12-13. https：//www.imf.org/external/pubs/ft/wp/2016/wp16123.pdf, accessed 7 March 2017.
④ 王晋：《参与叙利亚重建前，有必要了解下当地的经济社会现实》，观察者网，2017年7月19日，http：//www.guancha.cn/WangJin/2017_07_19_418900.shtml，2017-7-22。
⑤ Syrian Centre for Policy Research (SCPR), *Syria Confronting Fragmentation！Impact of Syrian Crisis Report*, 11 February 2016, p.6. https：//www.ara.cat/2016/02/11/1520927894.pdf?hash=3a186be3bc9bfbc70d11f0241fd49d847f7f0042, accessed 7 July 2017.
⑥ David Butter, *Syria's Economy picking up the pieces*, Middle East and North Africa Programme, 23 June 2015, p.13. https：//www.chathamhouse.org/sites/files/chathamhouse/field/field_document/20150623SyriaEconomyButter.pdf, accessed 6 June 2016.
⑦ Jihad Yazigi, *Syria's war economy*, European Council on Foreign Relations, ECFR 97, April 2014, p.1. http：//www.ecfr.eu/page/-/ECFR97_SYRIA_BRIEF_AW.pdf, accessed 6 June 2014.
⑧ Pierre Krähenbühl, "From the rubble of Syria's economy, an inspiring small-business story emerges 3 months ago", 3 June 2017, https：//qrius.com/from-the-rubble-of-syrias-economy-an-inspiring-small-business-story-emerges, accessed 16 June 2017.

严重依赖伊朗、俄罗斯等国的外部援助，出口乏力。2011～2015 年，叙利亚进出口贸易大幅下降，出口降幅大于进口，出口总额从 2011 年的 79.46 亿美元下降到 2015 年的 6.31 亿美元，四年中下降了 92%；进口从 2011 年的 173.48 亿美元下降到 2015 年的 46.54 亿美元，下降了 73%（见图 5）。

图 5　2011～2015 年叙利亚的进出口总额

资料来源：The World Bank, *The Toll of War: The Economic and Social Consequences of the Conflict in Syria*, July 10, 2017, p. 62. https://openknowledge.worldbank.org/bitstream/handle/10986/27541/The%20Toll%20of%20War.pdf。

三　2017 年叙利亚经济形势的特点

2016 年，叙利亚经济跌至谷底，收入降至撒哈拉以南非洲经济体的水平。① 2017 年，叙利亚经济由停滞向渐进式复苏转变，各行业均有一定的起色和恢复，经济增速约为 16.68%。② 2017 年叙利亚经济具体表现如下。

第一，国内生产总值有所回升，但增长缓慢。随着叙利亚内战烈度减

---

① 鉴于国际货币基金组织估计 2016 年叙利亚国内生产总值为 140 亿美元，叙利亚的人均 GDP 为 777 美元，这与撒哈拉以南非洲国家如马里（732 美元）和卢旺达（802 美元）相当。Ferdinand Arslanian, "Liberalization and Conflict in the Syrian Economy", *Syria Untold*, 22 December 2016, http://www.syriauntold.com/en/2016/12/liberalization-conflict-syrian-economy/, accessed 7 January 2017.

② Economist Intelligence Unit, *Country Report: Syria*, updating in 18 October 2017, pp. 6 - 8. http:11 www.eiu.com, accessed 7 March 2018.

缓，经济生产有所恢复，2016年国内生产总值约209.74亿美元（96310亿叙镑）。① 2016年各产业所占国内生产总值比重如下：农业占19.5%，工业占19%，服务业占61.5%。② 2016年人均国内生产总值下降到战前水平的1/3以下，低于最贫穷的非洲国家，人均国内生产总值在世界各国和地区排第225位。③ 2017年叙国内生产总值略有回升，为244.72亿美元（126490亿叙镑），比2016年增长16.68%。④

第二，工农业生产复苏艰难，但生产得以持续。由于战争破坏，外部经济制裁，安全形势恶化，基础设施遭到破坏，货物运输困难，以及原材料上涨、支出增加、金融往来不便，叙利亚工农业发展严重受挫。进入2016年，叙利亚农业生产逐步复苏，但工业如石油、制造业等生产仍处于停顿中。2017年农业、工业等有所恢复，但增速缓慢。

根据联合国粮农组织（FAO）的数据，2016年牛的数量减少了30%，绵羊和山羊减少了40%，家禽减少了60%。⑤ 2017年，由于气候条件改善，政府逐步控制了主要农业生产区，减少了对农民运输和销售农产品的限制，农业生产开始恢复并逐步增长。相比2016年农业生产总值占国内生产总值的增长率，2017年增加了4.2个百分点。⑥ 此外，叙利亚政府非常重视农业，也有利于农业的快速发展。2017年9月12日，叙利亚政府召开内阁会

---

① Economist Intelligence Unit, *Country Report*：*Syria*, updating in 18 October 2017, p. 8. http：//www. eiu. com, accessed 7 March 2018.
② "Syria GDP and Economic Data", *Country Report 2017*, 1 March 2017, https：//www. gfmag. com/global – data/country – data/syria – gdp – country – report, accessed 7 May 2017.
③ Eran Yashiv, *The Economic Devastation of Syria*：*Strategic Implications*, The Institute for National Security Studies Insight, No. 850, August 2016, p. 1. http：//www. inss. org. il/publication/the – economic – devastation – of – syria – strategic – implications/, accessed 7 March 2017.
④ Economist Intelligence Unit, *Country Report*：*Syria*, updating in 18 October 2017, p. 8. http：//www. eiu. com, accessed 7 March 2018.
⑤ FAO (Food and Agriculture Organization) and WFP (World Food Programme), *FAO/WFP Crop and Food Security Assessment Mission to the Syrian Arab Republic*, FAO and WFP, Rome, 18 July 2017. http：//www. fao. org/3/a – i7578e. pdf, accessed 15 October 2017.
⑥ Economist Intelligence Unit, *Country Report*：*Syria*, updating in 18 October 2017, p. 8. http：//www. eiu. com, accessed 7 March 2018.

议，批准了2017/2018年农业生产计划，其中包括发展家庭农业，增加灌溉面积8326公顷，增加小麦种植面积13790公顷，增加烟草种植面积4353公顷等具体措施。

能源工业和相关工业生产逐步恢复，为经济的稳定提供了重要条件。2017年6月，叙利亚政府控制下的油田原油日产量约为3万桶（2010年日产量为38.3万桶）。2017年第一季度，叙利亚两家炼油厂原油日加工量为5万桶。① 2017年，叙政府军收复了霍姆斯中部的梅加图维恩（Mega Tuweinaan）气田，6个月内该气田生产330万立方米的天然气。② 2016年12月，政府军收复阿勒颇后，工业生产逐步复苏。2017年12月，叙利亚经济和外贸部长穆罕默德·萨米尔·哈利勒表示，阿勒颇附近正在建设2500个工业生产设施，大马士革郊区已有1000个手工作坊投入生产。③ 据叙利亚萨那通讯社报道，由于政府采取措施，截至2017年11430家工厂中有5408项私人工业设施投入使用，5家化学工业总公司的注册资本为144090亿叙镑。④

第三，对外贸易有所恢复，进出口总量有所增长，但仍处于逆差状态。2017年国际收支仍出现赤字，仍严重依赖外部援助，以缓解贸易逆差和外汇储备枯竭的压力。此前，石油收入严重下降和贸易中断，导致外汇储备迅速枯竭。2016年出口额约23.04亿美元，进口额约59.65亿美元。2017年，叙利亚政府收复西北部农业区，有助于减少进口，增加出口。海关总署署长

---

① Economist Intelligence Unit, *Country Risk Service: Syria*, updating in 7 June 2017, p.15. https://store.eiu.com/product/country-risk-service/syria, accessed 7 March 2018.
② Ziad Fadel, "SYRIA'S ENERGY INDUSTRY REVIVAL", 23 August 2017, https://www.syrianperspective.com/2017/08/syrias-energy-industry-revival.html, accessed 6 October 2017.
③ "Despite War, Syrian Exports Reach 90 Countries: Economy Minister", *The Syrian Observer*, 20 November 2017, http://syrianobserver.com/EN/News/33526/Despite_War_Syrian_Exports_Reach_Countries_Economy_Minister, accessed 6 December 2017.
④ Paul Antonopoulos, "Syria's economy and industrial output massively improves in 2017", *Fort Russ News*, 29 December 2017, http://www.fort-russ.com/2017/12/syrias-economy-and-industrial-output.html, accessed 6 January 2018.

法瓦兹表示,2017年1月至5月,海关收入已超过1000亿叙镑,比去年同期620亿叙镑有大幅增长。2017年11月,叙利亚经济和外贸部长穆罕默德·萨米尔·哈利勒表示,叙利亚产品开始出口90个国家。① 叙利亚商品对德国出口逐渐恢复,2016年对德出口额总计800万欧元,2017年仅前五个月叙利亚商品出口德国上升至1550万欧元(1790万美元)。② 但是总体上,叙利亚出口收入和外国直接投资仍然低迷。预计截至2018年底,外汇储备将枯竭,仅存3.06亿美元。而2010年底叙利亚外汇储备为195亿美元。③

第四,通货膨胀率居高不下,政府实施新的货币政策后,汇率有所降低,叙镑购买力略有回升。2016年中期,在一系列市场干预和中央银行政策调控之后,叙镑贬值速度有所放缓,2016年的汇率为459叙镑兑换1美元,2017年1月5日,叙政府规定官方汇率为517叙镑兑换1美元。自2017年10月中旬以来,叙利亚中央银行逐渐提高叙镑的官方汇率。2017年11月底,叙利亚央行将汇率定为434叙利亚镑兑换1美元。④

由于持续的货币贬值、贸易中断等,2016年叙利亚通货膨胀率仍保持在43.9%的高位,这反映了燃料和食品价格补贴的削减以及叙镑暴跌对进口的影响。⑤ 2016年年底以来,叙镑汇率相对稳定,缓解了2017年的价格压力,但是2017年通货膨胀率仍为25.7%。⑥ 此外,由于贸易中断,供应严重短缺,以及

---

① "Despite War, Syrian Exports Reach 90 Countries: Economy Minister", *The Syrian Observer*, 20 November 2017, http://syrianobserver.com/EN/News/33526/Despite_War_Syrian_Exports_Reach_Countries_Economy_Minister, accessed 29 December 2017.

② Joseph Nasr, "Syrian refugees look to Syrian exports for reminder of home", 9 November 2017, https://www.csmonitor.com/World/2017/1109/Syrian-refugees-look-to-Syrian-exports-for-reminder-of-home, accessed 29 December 2017.

③ Economist Intelligence Unit, *Country Risk Service: Syria*, updating in June 7, 2017, p.17. https://store.eiu.com/product/country-risk-service/syria, accessed 29 January 2018.

④ Economist Intelligence Unit, *Country Risk Service: Syria*, updating in June 7, 2017, p.16. https://store.eiu.com/product/country-risk-service/syria, accessed 29 January 2018.

⑤ The World Bank, "Syria's Economic Outlook – Spring 2016", October 2016. http://www.worldbank.org/en/country/syria/publication/economic-outlook-fall-2016, accessed 29 January 2017.

⑥ Economist Intelligence Unit, *Country Report: Syria*, updating in 18 October 2017, p.6. http://www.eiu.com, accessed 7 March 2018.

叙镑的急剧贬值，2016年居民消费价格指数（CPI）涨幅高达58%，2016年贫困率为66.5%。① 截至2016年12月，有580万人接受了实物援助。② 2017年，约2/3的叙利亚人生活在极度贫困中。③

第五，政府财政预算有所提升，但财政收支平衡依然严峻。自内战以来，叙利亚公共财政状况一直在恶化。由于石油收入和税收收入减少，2014/2015年度财政收入降至低于国内生产总值的7%以下的历史最低水平。2016年11月，叙利亚财政部长穆恩·哈马德（Mamoun Hamdan）宣布，2017年政府总预算为26600亿叙镑，相比2016年总预算19800亿叙镑，增加了6800亿叙镑（增长34.34%）。④ 然而，根据叙利亚央行的汇率，2017年叙利亚政府预算只有51亿美元——这是过去10年来的最低水平。⑤ 据叙利亚通讯社2017年2月5日报道，阿萨德总统已签署2016第24号法令，批准叙政府2017年财政预算为2.66万亿叙镑，约合52亿美元。2017年叙利亚财政预算赤字为12435亿叙镑，约占国内生产总值的9.83%。⑥ 此外，为满足财政的需要，政府严重依赖来自伊朗和俄罗斯的优惠贷款，这增加了外债存量。⑦

---

① Central Intelligence Agency, *The World Fact Book*: *Syria*, updating in 4 January 2018. https://theodora.com/wfbcurrent/syria/syria_economy.html, accessed 7 March 2018.

② The World Bank, *The Toll of War*: *The Economic and Social Consequences of the Conflict in Syria*, 10 July 2017, p. vii. http://www.worldbank.org/en/country/syria/publication/the-toll-of-war-the-economic-and-social-consequences-of-the-conflict-in-syria, accessed 6 October 2016.

③ Economist Intelligence Unit, *Country Report*: *Syria*, updating in 18 October 2017, p. 8. http://www.eiu.com, accessed 7 March 2018.

④ "Syria's 2017 Budget... The Largest in Pounds and Smallest in Dollars", 6 November 2016, http://english.enabbaladi.net/archives/2016/11/syrias-2017-budget-largest-pounds-smallest-dollars/, accessed 6 October 2016.

⑤ "Syria's 2017 Budget... The Largest in Pounds and Smallest in Dollars", 6 November 2016, http://english.enabbaladi.net/archives/2016/11/syrias-2017-budget-largest-pounds-smallest-dollars/, accessed 6 October 2016.

⑥ Economist Intelligence Unit, *Country Risk Service*: *Syria*, updating in 7 June 2017, pp. 22-23. https://store.eiu.com/product/country-risk-service/syria, accessed 7 March 2018.

⑦ BBC, "Syria war: Almost 500000 refugees return in 2017-UN", 30 June 2017, http://www.bbc.com/news/world-middle-east-40460126, accessed 7 July 2017.

叙利亚蓝皮书

四 结语

自独立以来，叙利亚经济结构性问题一直存在，严重依赖农业和石油工业，农业受气候干旱影响较大，国有经济改革步履维艰；政府对经济干预严重、国内经济发展深受石油价格和地缘政治的影响，严重依赖国际市场，缺乏自主性，在全球化分工中处于边缘位置；人力资源不够丰富等，致使叙利亚经济长期面临困境。2000年巴沙尔执政以来，采取了"社会的市场经济"政策，放松了政府对经济的管制，加快了经济融入国际经济的进程。但巴沙尔"社会的市场经济"政策又对叙国内制造业造成严重冲击。市场经济和自由化改革，滋生了一批与政府关系密切的商人阶层，经济生活中充斥着腐败和裙带主义，国有企业效率低下，私营部门发展不利，最终成为酿成严重的社会与政治危机的重要因素之一。

截至2017年，持续7年多的内战，致使叙利亚经济遭受近乎毁灭性的打击，遭受严重破坏的国家满目疮痍、废墟一片，公共和私人资产及基础设施，包括教育、卫生、能源、供水、交通、住房等百废待兴。叙利亚经济中高通胀和高失业率并行、军费不断攀升、财政赤字逐年扩大，经济整体上迅速陷入全面停滞。特别是制造业、石油工业和农业等严重衰退，基础设施几乎被摧毁，国内生产总值连年下降。但是总体困难重重的叙利亚经济，2017年由停滞向渐进式复苏转变，工业、农业和对外贸易略有增长。

未来叙利亚经济的发展取决于国内政局稳定和国家的统一。具体而言，经济重建还面临诸多挑战。第一，资金短缺，内战使叙利亚经济严重受损，重建的资金缺口巨大。2016年联合国亚洲经济与社会委员会（ESCWA）预测，叙利亚重建需要1800亿~2000亿美元，这相当于2010年国内生产总值的3倍。[①] 第二，卫生、教育等基础服务匮乏，人力资源极度短缺。叙利

[①] Jeanne Gobat and Kristina Kostial, *Syria's Conflict Economy*, International Monetary Fund Working Paper, June 2016, p.19. https：//www.imf.org/external/pubs/ft/wp/2016/wp16123.pdf, accessed 7 March 2017.

亚重建必须应对一系列挑战，如卫生和教育基础服务遭到严重破坏，人口大规模流离失所，民众生活极端贫困等。第三，经济改革的道路艰难。叙利亚经济重建需要解决固有的经济结构性问题，国营经济改革面临困境、经济结构单一、经济发展过程中社会不平等日益严重、外汇储备水平低下、货币贬值加速、高通胀以及与冻结资产相关的法律和金融问题。

此外，叙利亚实现经济复苏仍需实施更深远的经济改革。第一，发展制造业和非石油能源产业，以应对石油生产下降和创造更多的就业机会。第二，维持财政可持续性，同时为越来越多的年轻失业者提供社会保障。第三，加大私营部门的发展，实现经济多元化发展路径，以有利于经济的复苏。第四，重建公共机构和改善治理将是经济重建的关键。叙利亚政府需使财政政策和财政管理有效、公平和透明；发展法治和实现司法独立；重新建立和加强货币管制以及银行监管的能力，并改革银行监管体制，包括反洗钱和打击恐怖主义融资等。第五，经济重建应寻求解决收入和社会包容方面的地区差异问题。为解决当前严重的贫困和失业问题，叙利亚政府需要改善公共服务设施，包括重建农田灌溉和排水设施、道路、学校和医院，以及尽可能得到中东地区国家的资金援助，这些都需要采取创新措施。

总之，叙利亚经济面临着诸多挑战，叙利亚内战的结束是经济重建的前提。叙利亚政府应在促进经济的包容性增长、提高制造业和国有经济水平、缩小民众贫富差距、恢复正常的居民生活成本，特别是降低通货膨胀方面下更多的功夫，叙利亚经济才可能有较为光明的前景。

B.4
2017年叙利亚外交形势分析

田文林*

摘　要： 2017年以来，伴随着叙利亚政府在内战中不断取得优势，叙利亚政府的外交政策也趋于强硬。叙利亚政府不断以强硬姿态，表达要收复全部国土的愿望。一方面，叙利亚政府坚决要求西方国家和沙特阿拉伯、土耳其、以色列等地区国家停止干涉叙利亚内政，撤出叙利亚领土；另一方面，叙利亚政府与伊朗和俄罗斯的关系日益紧密，叙利亚、俄罗斯、伊朗三国关系也成为叙利亚外交政策中的重要核心。此外，叙利亚政府虽然积极参与国际社会推动下的和平进程，但是也持一定的保留态度。我国应当继续在叙利亚问题上发挥关键的建设性作用。

关键词： 叙利亚　外交政策　俄罗斯　伊朗　美国

自2011年叙利亚危机爆发以来，叙利亚问题便成为中东最具爆炸性的地区热点，这场危机持续时间之长、冲突烈度之大、卷入力量之多、外部影响之大，远超其他地区热点，以至于被称为一场"微型世界大战"。2015年以来，随着俄罗斯直接介入叙利亚内战，叙政府军在战场上逐渐占据优势，逐步收复失地，从叛军手里夺回哈马省、伊德利卜省和拉塔基亚省部分城镇和村庄。2017年5月，叙政府军发起代号为"伟大黎明"的军事行动，在

---

* 田文林，博士，中国现代国际关系研究院副研究员。

哈马省、霍姆斯省和拉卡省取得阶段性胜利,收复9000平方公里土地,首次打通叙伊边境。10月17日,"叙利亚民主军"攻占"伊斯兰国"的老巢拉卡。11月8日,叙政府军及其盟友武装攻陷"伊斯兰国"在叙的最后一座主要据点——阿布卡迈勒。2017年12月6日,俄罗斯总统普京宣布,叙利亚境内已经没有任何"伊斯兰国"控制区。"伊斯兰国"覆灭,使境外势力借极端势力推翻巴沙尔政权的企图完全落空,原本岌岌可危的"什叶派新月地带"也得到巩固和加强。

巴沙尔政权转危为安,意味着自2011年开始的"中东政权更替潮"被根本扭转。在此背景下,2017年以来的叙利亚政府外交政策逐渐呈现出"一近一远一保留"的特点。其中,"一近"是叙利亚政府继续拉近与伊朗和俄罗斯之间的友好关系;"一远"则表现在叙利亚政府谴责美国和欧洲国家,以及以沙特阿拉伯、以色列和土耳其为代表的地区国家,对于叙利亚内政的干涉。与此同时,虽然参与日内瓦和谈机制、索契峰会和阿斯塔纳和谈机制,但是对有关和平倡议持"保留"态度。叙利亚政府的核心关切是谋求收复全部国土,最大限度地保持国内主导权。

叙利亚内战以来,叙政府对战乱的态度是,国内尽管存在着一定的社会发展不足和先天的政治缺陷,如民族分歧、教派分野、高失业率、贪污腐化等,但是这些因素并不是叙利亚内战爆发的主要原因。叙利亚政府认为,叙利亚战乱本质上是国际和地区大国在叙利亚争夺的缩影,是一场外国干涉下的战争。叙利亚总统巴沙尔·阿萨德2017年8月在叙利亚外交部的一次演讲中指出,叙利亚在历史上一直是地区和国际大国争夺的对象,因此认为叙利亚内战实际上已经演变成各个强国为了获取叙利亚区位优势,而发起的入侵战争。"我们承认我们国家在战前有许多的问题,但是我们的问题并不是最严重的……我们看看海湾国家,那里的问题要严重得多,那里的人民没有丝毫的自由……那么为什么不是这些国家爆发战争?因此事实上我们的战争并不是内战,因为我们的问题都已经存在了好几十年,有些问题甚至已经存在了好几个世纪。"巴沙尔总统认为,境外势力在叙利亚战乱中的影响尤为明显:"一些西方国家如美国、法国、英国,一些地区国家如土耳其、沙特阿拉伯和卡塔尔，从内战一开始就不断地帮助反对派出谋献策，向他们输送资金和装备，这一切都是我们无法掌控的。"① 叙利亚政府认为，外国干涉的主要目的，就是为了能够在未来的中东博弈中掌控主导权，叙利亚具有关键的地缘政治重要性，因而成为外国干涉的牺牲品。"在历史上和近现代，各种通信设施的发展，无法取代叙利亚地缘位置的重要性……谁控制了叙利亚，谁就控制了中东，谁控制了中东，谁就能影响整个世界。"② "我们并未经历内战，内战意味着不同教派、种族和信仰之间的分歧和对立，这些在叙利亚并不存在。"③

一 "一近"：与伊朗和俄罗斯保持友好关系

叙利亚政府在内战中得以获得优势地位，离不开伊朗的大力支持。伊朗每年援助叙利亚政府30亿~60亿美元；军事上，伊朗为叙利亚"出枪又出人"。据统计，2017年有2000~3000名伊朗军事人员，以及从阿富汗、伊拉克、巴基斯坦招募的什叶派武装在叙利亚与叙政府军协同作战。伊朗在叙战场阵亡人数超过2000人，数位伊朗将军阵亡，其中包括2017年10月阵亡的伊朗"远征军"司令阿卜杜拉·霍斯拉维准将。伊朗还在叙利亚培植

---

① 《阿萨德总统接受俄罗斯国家电视台采访：任何宪法改革都应当服务于叙利亚人民。俄罗斯在叙利亚的存在有利于地区平衡和打击恐怖主义》（阿拉伯语），叙利亚外事与移民事务部，2018年6月24日，http：//www.mofa.gov.sy/ar/pages1002/قناة-مع-مقابلة-في-الأسد-الرئيس-روسيا-وجود-فقط-السوري-بالشعب-يتعلق-أمر-دستوري-إصلاح-أي-الروسية - NTV وفيديو-الإرهاب-ولمحاربة-الدولي-التوازن-على-للحفاظ-مهم-الأوسط-والشرق-سورية-في.
② 《总统阁下在外事与移民事务部会议上的演讲》（阿拉伯语），叙利亚外事与移民事务部，2017年8月20日，http：//www.mofa.gov.sy/ar/pages903/كلمة-السيد-الرئيس-خلال-والمغتربين-الخارجية-وزارة-مؤتمر-افتتاح-.
③ 《阿萨德总统接受俄罗斯国家电视台采访：任何宪法改革都应当服务于叙利亚人民。俄罗斯在叙利亚的存在有利于地区平衡和打击恐怖主义》（阿拉伯语），叙利亚外事与移民事务部，2018年6月24日，http：//www.mofa.gov.sy/ar/pages1002/قناة-مع-مقابلة-في-الأسد-الرئيس-روسيا-وجود-فقط-السوري-بالشعب-علق-يت-أمر-دستوري-إصلاح-أي-الروسية - NTV فيديو-الإرهاب-ولمحاربة-الدولي-التوازن-على-للحفاظ-مهم-الأوسط-والشرق-سورية-في.

什叶派民兵武装，号称"第二个真主党"。此外，黎巴嫩真主党也积极参加叙利亚内战，据说有5000名武装人员参战，并已有1000多人战死。① 可以说，正是得到了伊朗等什叶派盟友的大力支持，巴沙尔政权才勉力支撑，最终度过最艰难的时刻。

在与伊朗关系方面，叙利亚副总理兼外长瓦利德·穆阿利姆（Walid al-Muallem）多次强调，伊朗是叙利亚的重要盟友，伊朗是应叙利亚政府的邀请进驻叙利亚的，因此符合国际法规定。② "从2011年开始，伊朗就坚定地与叙利亚阿拉伯共和国一同抗击恐怖主义。我代表叙利亚人民，向伊朗人民的帮助表示由衷的感谢。自从土耳其、沙特阿拉伯和卡塔尔等国不断策划针对叙利亚的阴谋以来，伊朗伊斯兰共和国的兄弟们就一直在帮助叙利亚打击恐怖主义。"③ 穆阿利姆强调，伊朗在叙利亚并不存在永久的军事基地，而且伊朗进驻叙利亚是应叙利亚政府的邀请，为了抗衡以色列的威胁，以及美国、土耳其和法国等国的干涉。"当前叙利亚境内并不存在伊朗的永久基地……以色列和西方媒体声称伊朗在叙利亚拥有军事基地，这是完全错误和不切实际的……伊朗进入叙利亚是应叙利亚政府的邀请，这与美国、土耳其和法国相反，这些国家在叙利亚的存在完全是非法的。"④

---

① Jonathan Spyer, "Hizballah Deepens Its Involvement in Syria", *The Jerusalem Post*, 29 May 2015, https://www.meforum.org/articles/2015/hizballah-deepens-its-involvement-in-syria, accessed 2 October 2017.

② 《副总理兼外长瓦利德·穆阿利姆强调叙利亚将会解放被恐怖分子和外国窃取的每一寸国土》（阿拉伯语），叙利亚外事与移民事务部，2018年6月2日，http://www.mofa.gov.sy/ar/pages/سنحرر-أرا-المعلم-سورية-دولة-ذات-سيادة-تتعاون-مع-من-تشاء-لمكافحة-الإرهاب-سنحرر-أرا الأجنبي-الوجود-ومن-الإرهاب-من-ضينا．

③ 《副总理兼外长瓦利德·穆阿利姆强调叙利亚将会解放被恐怖分子和外国窃取的每一寸国土》（阿拉伯语），叙利亚外事与移民事务部，2018年6月2日，http://www.mofa.gov.sy/ar/pages/سنحرر-أرا-المعلم-سورية-دولة-ذات-سيادة-تتعاون-مع-من-تشاء-لمكافحة-الإرهاب-سنحرر-أرا الأجنبي-الوجود-ومن-الإرهاب-من-ضينا．

④ 《副总理兼外长瓦利德·穆阿利姆强调叙利亚将会解放被恐怖分子和外国窃取的每一寸国土》（阿拉伯语），叙利亚外事与移民事务部，2018年6月2日，http://www.mofa.gov.sy/ar/pages/سنحرر-المعلم-سورية-دولة-ذات-سيادة-تتعاون-مع-من-تشاء-لمكافحة-الإرهاب- الأجنبي-الوجود-ومن-الإرهاب-من-أراضينار．

俄罗斯在叙利亚内战中的作用同样重要，且更加关键。俄罗斯一直将叙利亚视为其在中东的重要盟友，以及防止极端恐怖势力向北高加索地区扩张的重要屏障。叙利亚的塔尔图斯港是俄罗斯在海外的唯一军港，一旦巴沙尔政权垮台，俄罗斯将失去在中东的重要立足点。此外，俄境内有2000多万穆斯林，占总人口的19%，大部分穆斯林生活在北高加索地区。活跃在叙伊边境地区的"伊斯兰国"不仅威胁中东地区安全，还扬言要打到俄罗斯，解放车臣和整个高加索，并出资7000万美元在中亚开辟新战场。一旦叙利亚现政权垮台，极端分子将会向北高加索地区外溢，将会威胁俄罗斯的安全。因此，2011年叙利亚危机爆发后，俄罗斯明确站在叙利亚政府一边。2015年9月底，俄罗斯出兵叙利亚，帮助巴沙尔政府打击"伊斯兰国"等极端武装势力。同时，俄罗斯以叙利亚内战为抓手，积极扩大在中东的影响力。

俄罗斯直接介入叙利亚内战后，使巴沙尔政权转危为安。俄罗斯还与叙利亚、伊朗、伊拉克组成四国情报中心，极大地增强了什叶派阵营力量和士气，避免中东地缘秩序继续崩塌，同时也使俄罗斯在中东的影响力大增。新形势下，俄罗斯在叙利亚的政策重点，转向巩固和扩大军事存在。俄罗斯在叙利亚保持两个永久性的军事基地：赫梅尼姆空军基地和塔尔图斯海军基地。2016年10月10日，俄罗斯对设在叙利亚西部沿海城市塔尔图斯的海军基地进行升级改造，将其打造成永久性海军基地，并在拉塔基亚省的赫梅尼姆建立永久性空军基地。俄罗斯希望在叙利亚打造海陆空联合的综合性军事基地，以保证军事力量能够长期驻扎。俄罗斯甚至称俄军要在叙利亚待70年，在叙利亚的军事设施也是按照永久性设施的标准打造的。

在此背景下，叙利亚政府十分珍惜与俄罗斯的关系，希望进一步深化两国的友好关系，重塑中东地区的地缘政治平衡。2017年在战场局势逆转、叙政府军重握军事主动权的同时，叙利亚政府全力参与阿斯塔纳和谈机制和索契峰会，即使在与土耳其存在重大分歧的情形下依然积极配合俄罗斯的外交努力和斡旋，建立起四个"冲突降级区"。2017年叙利亚政府最重要的外交活动无疑是巴沙尔总统继 2015 年 10 月访问莫斯科后，于 11 月 20 日第二次访问了俄罗斯。叙利亚危机以来，由于遭受西方国家及阿盟的制裁，加之国内战事吃紧，巴沙尔总统外访非常罕见。俄罗斯总统普京在索契会见了巴沙尔总统。巴沙尔感谢俄罗斯帮助叙利亚维护了主权和领土完整，并对俄罗斯空天军的军事行动有效地推进了叙利亚政治调解进程表示感谢。访问中巴沙尔还与普京总统就进一步打击恐怖主义问题交换了意见。2018 年 6 月，在接受俄罗斯媒体采访时，叙利亚总统巴沙尔·阿萨德全面总结了叙利亚外交的方针和路线。巴沙尔提出："未来的叙利亚政治进程，将会是我们关注的重点，但是这将是叙利亚人主导的政治进程……叙利亚政府是独立的政府，我们与俄罗斯、伊朗、中国和其他国家保持着良好的关系。"① 巴沙尔总统提出，俄罗斯与叙利亚的关系至关重要，一方面俄罗斯需要与叙利亚合作，共同打击叙利亚和中东地区的恐怖主义；另一方面则共同维护地区和国际秩序，"重新恢复苏联解体以来崩溃的国际秩序和地区平衡"。②

二 "一远"：强调与美国、以色列、沙特阿拉伯和土耳其的对立关系

美国一直将叙利亚视为"眼中钉"，图谋颠覆叙利亚现政权。美国作为

---

① 《阿萨德总统接受俄罗斯国家电视台采访：任何宪法改革都应当服务于叙利亚人民。俄罗斯在叙利亚的存在有利于地区平衡和打击恐怖主义》（阿拉伯语），叙利亚外事与移民事务部，2018 年 6 月 24 日，http：//www. mofa. gov. sy/ar/pages1002/قناة-مع-مقابلة-في-الأسد-الرئيس-في-روسيا-وجود-فقط-السوري-بالشعب-يتعلق-أمر-دستوري-إصلاح-أي-الروسية-NTV-وفيديو-الإرهاب-ولمحاربة-الدولي-التوازن-على-للحفاظ-مهم-الأوسط-والشرق-سورية。

② 《阿萨德总统接受俄罗斯国家电视台采访：任何宪法改革都应当服务于叙利亚人民。俄罗斯在叙利亚的存在有利于地区平衡和打击恐怖主义》（阿拉伯语），叙利亚外事与移民事务部，2018 年 6 月 24 日，http：//www. mofa. gov. sy/ar/pages1002/قناة-مع-مقابلة-في-الأسد-الرئيس-في-روسيا-وجود-فقط-سوريا-يال-بالشعب-يتعلق-أمر-دستوري-إصلاح-أي-الروسية-NTV-ربة-الدولي-التوازن-على-للحفاظ-مهم-الأوسط-والشرق-。

孤悬于欧亚大陆之外的超级大国，其全球战略的重点目标之一，就是防止欧亚大陆出现挑战者，其基本政策就是"分而治之"和制造地缘分裂。叙利亚不听从美国的号令，一直是美国推动政权更替乃至地缘分裂的重点对象。此外，叙利亚是伊朗的地区盟友，更迭叙利亚政权还能削弱宿敌伊朗的影响力和势力范围。①《纽约时报》直言："打击叙利亚是对付伊朗的最好办法。"② 叙利亚危机实际是利比亚政权更替政策的延续。可以想见，如果巴沙尔政权倒台，伊朗必将是下一个政权更替对象。

早在 2005 年，美国就启动"建设性不稳定"政策，将叙利亚列为政权更替重点目标之一。2011 年中东剧变后，美国借机在叙利亚策动政权更替。2011 年 1 月，叙利亚国内抗议者蠢蠢欲动之际，美国便将离任多时的大使罗伯特·福特派回大马士革，以加强对叙利亚民众抗议的"指导"。2011 年叙危机爆发前，"脸谱"网站和有关叙利亚博客上就出现呼吁示威的帖子，这些帖子都是在美国撰写、由美国人发布的。叙危机爆发后，西方媒体将巴沙尔政权界定为"独裁政权"，将反抗活动定义为"民主运动"，而且只发布攻击叙利亚现政权的新闻（相当部分并不属实），对反对派恶行视而不见。

叙利亚危机升温后，美国干涉力度不断加大。2011 年 8 月 11 日，美国总统奥巴马明确要求巴沙尔下台，③ 同时加大武装叙反对派的力度。2013 年 5 月，美国指使欧盟解除对叙利亚反对派的武器禁运。正是美国等西方国家的推波助澜，才使叙反对派武装从无到有，由弱到强，直至与政府军分庭抗

---

① Jane Powers, "Regime Change in Syria", *Antiwar*, 6 May 2013, https：//original. antiwar. com/jane – powers/2013/05/05/regime – change – in – syria/，accessed 20 December 2017.

② Andrew J. Tabler, "Attacking Syria Is the Best Way to Deal with Iran", *The New York Times*, 4 September 2013, https：//www. nytimes. com/roomfordebate/2013/09/04/can – iran – help – the – us – in – syria/attacking – syria – is – the – best – way – to – deal – with – iran, accessed 20 June 2017.

③ Jason Ukman and Lizsly, "Obama：Syrian President Assad must Step Down", *The Washington Post*, 11 August 2011, https：//www. washingtonpost. com/blogs/checkpoint – washington/post/obama – syrian – president – assad – must – step – down/2011/08/18/gIQAM75UNJ_ blog. html? noredirect = on&utm_ term = . e0b5c0ae442b, accessed 20 June 2017.

礼。2013年8月,美国以叙利亚化武袭击事件为借口,几欲对叙采取军事干预。总之,为推翻巴沙尔政权,以美国为首的西方势力无所不用其极:起初试图通过"非暴力革命"推翻巴沙尔政权;"颜色革命"失败后,转而启动"B计划",资助叙利亚反对派武装,甚至纵容和支持各种宗教极端势力,借以消耗乃至推翻叙利亚现政府。然而,以2015年9月底俄罗斯军事介入叙利亚为标志,巴沙尔政权逐渐站稳脚跟。2017年"伊斯兰国"覆灭则标志着美国通过"代理人战争"颠覆叙利亚政权的企图落空。

在新的形势下,美国被迫承认现实,不再强推巴沙尔下台。特朗普在竞选期间明确表示,不信任叙利亚反对派,认为美国不应介入叙利亚内战。他在2017年1月上台后,终止了中情局持续4年的武装叙利亚反对派的方案,并于2017年年底停止向其支付酬金。同时,美国向打击"伊斯兰国"的反对派武装提供支援,但禁止其与叙政府军作战。2017年10月,美国前国务卿蒂勒森公开表示,美国不相信巴沙尔政权及其家族有未来,但美国不要求以巴沙尔下台作为谈判的前提条件。2017年11月22日,普京与特朗普举行会谈,双方同意必须保持叙利亚主权独立和领土完整,并开启由俄罗斯主导的叙利亚和平进程。换言之,美国默认叙利亚政局朝俄罗斯期待的方向发展。

需要指出的是,美国不再强推巴沙尔下台,并不意味着美国停止在叙利亚制造动乱。相反,美国在叙利亚的政策重点,正在转向加大军事部署和军事存在。自进军叙利亚以来,美国共建立了13个军事基地,其中有两个军事基地由重兵把守:第一个基地位于叙利亚北部拉卡(Al Raqqa)附近的塔布卡(Tabaqah),美国特种部队在这里训练库尔德武装;另一个则是在阿尔坦夫(Al Tanf),美军为防止叙利亚和俄罗斯武装力量通过此地而建造了这个基地。[1] 美国还在拉卡省艾因伊萨部署了200名美军士兵和75名法国特种兵,在叙南部部署"高机动火箭炮系统"重装备火力。美国还在达比克

---

[1] 《美俄在叙利亚的"军事基地"竞赛》,观察者网,2018年1月16日,http://www.guancha.cn/Third-World/2018_01_16_443314.shtml,2018-1-18。

(Tabqa)西部地区空投部队,切断联系拉卡、代尔祖尔和阿勒颇的高速公路,加剧叙利亚的"巴尔干化"趋势。① 2017年12月,美国国防部承认,目前叙利亚有2000多名美军士兵。②

除了美国,沙特阿拉伯、土耳其和以色列等地区国家也纷纷卷入叙利亚内战之中。沙特阿拉伯对于叙利亚局势的介入主要分为两个方面。一方面,在外交层面,沙特阿拉伯通过海湾合作委员会(Gulf Cooperation Council,GCC)向叙利亚政府施压,比如在2011年4月叙利亚动荡刚刚发生时,海湾合作委员会就谴责叙利亚政府"惨无人道地镇压民众",沙特阿拉伯国王阿卜杜拉也要求叙利亚政府"停止屠杀机器"。2011年11月,在沙特阿拉伯等国的支持下,"阿拉伯国家联盟"宣布中止叙利亚政府的阿拉伯国家联盟成员国资格,在2013年"阿拉伯国家联盟"宣布将成员国资格授予了叙利亚反对派"全国联盟"。另一方面,沙特阿拉伯试图通过支持叙利亚反对派武装来直接干预叙利亚内战进程。2011年以来,沙特阿拉伯、卡塔尔和阿拉伯联合酋长国等海湾阿拉伯国家纷纷对叙利亚反对派武装进行援助,目的在于通过资金支持来帮助叙利亚反对派武装推翻巴沙尔政府。

土耳其在叙利亚问题上的立场,主要来自两方面的关切。③ 一方面,土耳其执政党"正义与发展党"秉持"新奥斯曼主义"(neo-Ottomanism)政治思想④,同情和支持"穆斯林兄弟会"和其他具有"泛伊斯兰主义"的

---

① "US Forces Block Syrian Army Advance in Preparation For Syria Partition", *Global Research*, 27 March 2017, https://russia-insider.com/en/prepare-partition-us-forces-block-syrian-armys-advance-raqqa/ri19344, accessed 20 June 2017.

② Paul McLeary, "Pentagon Acknowledges 2,000 Troops in Syria", *Foreign Policy*, 6 December 2017, http://foreignpolicy.com/2017/12/06/pentagon-acknowledges-2000-troops-in-syria/, accessed 10 December 2017.

③ 王晋:《叙利亚内战将迎来"最后一役",为什么这些国家不会出战?》,《新京报》2010年9月10日,第4版。

④ 有学者将"新奥斯曼主义"总结为"泛伊斯兰主义"和"泛突厥主义"的叠加,笔者以为此比喻十分贴切。See Omer Taspinar, Turkey's Middle East Policies: Between Neo-Ottomanism and Kemalism, *Carnegie Endowment for International Peace*, No. 10, September 2008, pp. 14-25; Deniz Bingol McDonald, Imperial Legacies and Neo-Ottomanism: Eastern Europe and Turkey, *Insight Turkey*, Vol. 14, No. 2, 2012, pp. 101-120.

政治力量，因此反对叙利亚世俗的巴沙尔政府，支持叙利亚反对派；另一方面，2011年叙利亚内战爆发后，叙利亚库尔德人"民主联盟党"趁机在北方的哈塞克省、拉卡省和阿勒颇省站稳脚跟，而土耳其则将"民主联盟党"视为国内"库尔德工人党"（Kurdish Workers' Party，PKK）在叙利亚境内的分支。由于土耳其将"库尔德工人党"视为"恐怖组织"，因此对于"民主联盟党"在叙利亚境内的活动保持警惕。2011年以来，土耳其多次组织叙利亚反对派的国际会议，同时支持叙利亚北部"叙利亚自由军"等反政府武装。

以色列在叙利亚的关切，主要有两个方面。一方面，以色列关注叙利亚境内武器流向问题。随着2013年黎巴嫩真主党出兵叙利亚，以色列一直十分担心叙利亚遗留的大规模杀伤性武器会落入真主党手中；另一方面，以色列将伊朗介入叙利亚内战视为对自己的威胁，而将伊朗和与之关系密切的"真主党"武装，视为以色列国家安全的主要威胁。如何降低伊朗和"真主党"在叙利亚战场的影响力，尤其是减少其在戈兰高地周围区域的存在，是以色列对于叙利亚内战后政治和军事安排的主要诉求。①

面对来自以美国为首的西方国家的干涉，以及来自沙特阿拉伯、土耳其和以色列等地区国家的干预，叙利亚政府也显示出自己独特的态度。首先，巴沙尔总统指出当前叙利亚内战的原因归咎于西方世界的干涉："我不想点名哪些国家干涉了我们的内政。我们知道是谁领导西方……西方一直在参与对外战争，并不是其他国家想要毁灭西方，这种威胁并不存在。西方世界一直享受占据统治地位的快感。"② 在2018年6月接受俄罗斯媒体采访时，巴沙尔总统也提出，叙利亚内战本质上是一场外部势力主导的干

---

① 王晋：《以色列在叙利亚战后的"底线"关切》，钝角网，2017年9月11日，http://www.dunjiaodu.com/anquan/2017-09-11/1804.html，2017-9-12。
② 《总统阁下在外事与移民事务部会议上的演讲》（阿拉伯语），叙利亚外事与移民事务部，2017年8月20日，http://www.mofa.gov.sy/ar/pages903/كلمة-السيد-الرئيس-خلال-افتتاح-مؤتمر-وزارة-الخارجية-للمغتربين.

涉战争:"叙利亚国内的战事并不是内战,而是一场国际战争……美国妄图重塑地区和国际秩序,而叙利亚战场也就成了美国对外干涉的重要平台和途径。"①

其次,叙利亚政府强调美国等西方国家在叙利亚内战中的干涉者地位,突出美国等西方国家在"化武问题"上的虚伪。巴沙尔总统认为,美国在2013年、2017年和2018年先后三次以"叙利亚政府使用化学武器"为由,动用空军和导弹打击叙利亚境内政府军目标,是对叙利亚的严重干涉。巴沙尔总统强调,叙利亚政府军并没有使用化学武器,而美国干涉的时机,总是选择在叙利亚政府军即将解放某一地区之时,显示出美国及其西方盟国并不在乎叙利亚民众,而只关心叙利亚反对派,"他们总是在恐怖分子即将溃败之际使用'化学武器'事件来介入叙利亚战事"。巴沙尔总统强调,"美国人编织谎言,然后向我们发动进攻"。②

最后,叙利亚政府谴责一些中东国家"破坏叙利亚主权和领土完整",要求这些国家"撤离叙利亚领土"。在与以色列的关系上,叙利亚副总理兼外长穆阿利姆表示,在1974年以来,以色列和叙利亚就在戈兰高地地区保持了停火状态,并且由国际维和部队监督保持和平。但是一方面以色列在叙利亚内战中资助和帮助叙利亚反政府武装,"以色列鼓励和帮助恐怖分子在叙利亚境内建立'缓冲区',而当这一切失败之后……他们要求伊朗也撤离

---

① 《阿萨德总统接受俄罗斯国家电视台采访:任何宪法改革都应当服务于叙利亚人民。俄罗斯在叙利亚的存在有利于地区平衡和打击恐怖主义》(阿拉伯语),叙利亚外事与移民事务部,2018年6月24日,http://www.mofa.gov.sy/ar/pages1002/قناة-مع-مقابلة-في-الأسد-الرئيس-في-روسيا-وجود-فقط-السوري-بالشعب-يتعلق-أمر-دستوري-إصلاح-أي-الروسية-NTV-وفيديو-الإرهاب-ولمحاربة-الدولي-التوازن-على-اظللحف-مهم-الأوسط-والشرق-سورية。

② 《阿萨德总统接受俄罗斯国家电视台采访:任何宪法改革都应当服务于叙利亚人民。俄罗斯在叙利亚的存在有利于地区平衡和打击恐怖主义》(阿拉伯语),叙利亚外事与移民事务部,2018年6月24日,http://www.mofa.gov.sy/ar/pages1002/قناة-مع-مقابلة-في-الأسد-الرئيس-في-روسيا-وجود-فقط-السوري-بالشعب-يتعلق-أمر-دستوري-إصلاح-أي-الروسية-NTV-وفيديو-الإرهاب-ولمحاربة-الدولي-التوازن-على-للحفاظ-مهم-الأوسط-والشرق-سورية。

叙利亚"。① 穆阿利姆认为,土耳其仍然非法占有叙利亚领土,并且干涉叙利亚内政。尽管土耳其在叙利亚北部伊德利卜监督建立了"冲突降级区",但是叙利亚政府认为,土耳其是"我们的重要敌人,美国和土耳其就叙利亚北部地区的协调和会谈,都破坏了叙利亚领土主权完整。我要再次强调,我们将会解放我们的每一寸国土,因此土耳其和美国,或者美国与法国在叙利亚问题上的协定,都是非法的,破坏了叙利亚的领土主权"。② 由此可见,叙利亚"远离"美国、欧洲国家以及以沙特阿拉伯、以色列和土耳其为代表的地区国家,反对他们对叙利亚内政的干涉。

三 "一保留":叙利亚政府对国际和平机制的保留态度

随着叙利亚内战显著降温,叙利亚和谈进程日趋加快。围绕政治解决叙利亚问题,主要形成三大谈判机制。第一个是联合国主导的日内瓦和谈机制。2016年初,由联合国主导、叙政府与反对派参与的日内瓦和谈机制启动,会谈核心议题包括组建民族联合政府、修改宪法、重新举行选举、反恐等。双方举行多轮会谈,但均因分歧严重,不欢而散。从种种迹象看,日内瓦和谈之路注定越走越窄。一方面,参与日内瓦和谈的叙利亚反对派大部分是由外部势力(美国等西方国家以及沙特阿拉伯、卡塔尔、土耳其等地区国家)选出来的,并不能真正代表叙利亚人民;另一方面,叙利亚政府军

---

① 《副总理兼外长瓦利德·穆阿利姆强调叙利亚将会解放被恐怖分子和外国窃取的每一寸国土》(阿拉伯语),叙利亚外事与移民事务部,2018年6月2日,http://www.mofa.gov.sy/ar/pages997/ أرا-سنحرر-الإرهاب-لمكافحة-تشاء-من-مع-وستتعاون-سيادة-ذات-دولة-سورية-المعلم الأجنبي-الوجود-ومن-الإرهاب-من-ضينا。

② 《副总理兼外长瓦利德·穆阿利姆强调叙利亚将会解放被恐怖分子和外国窃取的每一寸国土》(阿拉伯语),叙利亚外事与移民事务部,2018年6月2日,http://www.mofa.gov.sy/ar/pages997/ أرا-سنحرر-الإرهاب-لمكافحة-تشاء-من-مع-وستتعاون-سيادة-ذات-دولة-سورية-المعلم الأجنبي-ودالوج-ومن-الإرهاب-من-ضينا。

在战场上不断取得决定性胜利,而叙反对派则节节败退。众所周知,"战场上得不到的,别指望在谈判桌上得到"。叙反对派在战场频频失利的背景下,仍然要求"巴沙尔下台",这几乎是不可能实现的。①

第二个机制是由俄罗斯、土耳其、伊朗主导的阿斯塔纳和谈机制(阿斯塔纳是哈萨克斯坦首都)。该机制 2017 年初建立,主要成果就是 2017 年6 月三国共同签署备忘录,在叙利亚西北部伊德利卜省、中部霍姆斯省、大马士革郊区和叙南部地区分别设立"冲突降级区"。阿斯塔纳和谈机制主要关注叙利亚军事局势,力图通过一些制度性安排来确保叙利亚战场局势缓和,为叙利亚政治和解和政治重建构建基础。

第三个机制是由俄罗斯主持的索契峰会,主要关注起草叙利亚宪法,推动叙利亚国内各政治派别之间的了解与对话。索契峰会的特点是由俄罗斯召集相关当事方,由俄罗斯劝说和协调各个内战当事方或者影响相关当事方的国家,来帮助各方凝聚共识,推动会谈的进展。比如在 2017 年底第八次日内瓦和谈召开之前,为了能够劝说叙利亚反对派组成统一的代表团,俄罗斯将自己的中东问题特使派往沙特阿拉伯,与沙特阿拉伯一同向在利雅得的叙利亚反对派"高级和谈委员会"施压,促使其在叙利亚和谈问题上做出让步,并且更换了"高级和谈委员会"领导人,促成叙利亚反对派组成相对统一的代表团,参加在日内瓦的和谈。在 2018 年 3 月召开的叙利亚问题索契峰会上,俄罗斯力主成立了叙利亚宪法起草委员会,希望通过新的宪法来推动叙利亚国内政治重建的早日开启。

对于国际社会在叙利亚问题上的外交努力,首先,叙利亚政府表示接受国际社会的斡旋。在 2017 年 6 月的一次讲话中,叙利亚副总理兼外长穆阿利姆就表示,"我们希望能够促成民族和解,叙利亚也将会与任何试图提供帮助的有关各方密切合作……我们一直参与日内瓦和谈进程……但是日内瓦和谈进程依旧受到外部国家的影响"。在谈到在刚刚举行的阿斯塔纳会议

---

① Sharmine Narwani, "Middle East Peacemaking Is No Longer Made in America", *The American Conservative*, 8 December 2017, http://www.theamericanconservative.com/articles/in-syria-peacemaking-is-no-longer-made-in-america/, accessed 22 December 2017.

上,俄罗斯、伊朗和土耳其共同倡议建立四个"冲突降级区"时,穆阿利姆强调,叙利亚政府将会尊重有关决议,保障"冲突降级区"的设立与维持。"叙利亚政府将会遵守阿斯塔纳会谈中建立冲突降级区的方案,同时支持和平进程中签订的备忘录。"①

其次,叙利亚政府强调,当前叙利亚仍然面临域外国家支持下的"恐怖主义"的威胁,因此对于国际社会的和平努力,有着自己的保留意见。叙利亚总统巴沙尔·阿萨德强调,"我们的首要敌人仍然是美国及其盟国,他们支持叙利亚境内的恐怖分子,试图构建地区霸权。我们的目标就是要打击恐怖主义,重建国际法秩序"。② 穆阿利姆也敦促美国撤离叙利亚领土,认为美国在叙利亚的存在是非法的,未来叙利亚政府也绝不会在领土问题上向美国政府让步。③

最后,叙利亚政府对索契峰会中提出编纂和修改新的宪法的倡议,仍然持保留态度。叙利亚副总理兼外长穆阿利姆提出,叙利亚新宪法编纂委员会的人员构成,仍然需要叙利亚政府与其他政治反对派别相互协调,而且新宪法草案必须得到叙利亚政府的批准,并且在现有的宪法框架下进行编纂和修改。"我们认为现有的 2012 年宪法是中东地区最好的宪法之一。尽管如此,我们也愿意和其他政治党派达成一致,共同商议

---

① 《副总理兼外长瓦利德·穆阿利姆重申叙利亚政府支持阿斯塔纳叙利亚问题会议中签署冲突降级区的备忘录》(阿拉伯语),叙利亚外事与移民事务部,2017 年 5 月 8 日,http://www.mofa.gov.sy/ar/pages872/إذا-لكن-التوتر-تخفيف-مناطق-بمذكرة-سـنلتزم-المعلم-حازما-الرد-فسـيكون-عشجمو-أي-قبل-من-خرق-جرى。
② 《阿萨德总统接受俄罗斯国家电视台采访:任何宪法改革都应当服务于叙利亚人民。俄罗斯在叙利亚的存在有利于地区平衡和打击恐怖主义》(阿拉伯语),叙利亚外事与移民事务部,2018 年 6 月 24 日,http://www.mofa.gov.sy/ar/pages1002/قناة-مع-مقابلة-في-الأسد-الرئيس-روسيا-وجود-فقط-السوري-بالشعب-يتعلق-أمر-دستوري-إصلاح-أي-الروسية-NTV-وفيدي-الإرهاب-ولمحاربة-الدولي-التوازن-على-للحفاظ-مهم-الأوسط-والشرق-سورية-في。
③ 《副总理兼外长瓦利德·穆阿利姆强调叙利亚将会解放被恐怖分子和外国窃取的每一寸国土》(阿拉伯语),叙利亚外事与移民事务部,2018 年 6 月 2 日,http://www.mofa.gov.sy/ar/pages997/سنحرر-الإرهاب-لمكافحة-تشاء-عمن-مع-وستتعاون-سيادة-ذات-دولة-سورية-المعلم-الأجنبي-الوجود-ومن-الإرهاب-من-أراضينا。

宪法修订的内容。当新宪法的条款编纂完成之后，需要得到叙利亚政府的批准和授权。"①

四 余论

在叙利亚危机中，中国秉承和平共处五项原则和不干涉内政原则，在联合国安理会数次投下否决票，反对西方国家借联合国制裁叙利亚的企图。尽管中国的做法一度令西方国家和沙特阿拉伯等海湾国家极为恼火，但事实证明，正是由于中国反对外来干涉，积极为叙利亚危机降温，才避免叙利亚成为恐怖主义活动的"天堂"和更多难民输出地。叙利亚政府也认识到，中国是叙利亚人民真诚且可靠的朋友。② 一方面，中国长期以来在叙利亚问题上秉持公正的政治立场，呼吁通过政治对话解决叙利亚冲突的提议，得到叙利亚国内各个政治力量的认可和赞许；另一方面，中国积极参与叙利亚和平谈判进程，成为唯一一个能够与叙利亚问题有关各方保持接触的国家。各方都将中国视为解决叙利亚问题的重要参与者和协调人。未来，中国应当继续在叙利亚战后经济重建、政治和解和国际和谈进程中，发挥建设性作用。③

---

① 《副总理兼外长瓦利德·穆阿利姆强调叙利亚将会解放被恐怖分子和外国窃取的每一寸国土》（阿拉伯语），叙利亚外事与移民事务部，2018年6月2日，http://www.mofa.gov.sy/ar/pages997/المعلم-الدولة-سورية-ذات-سيادة-وستتعاون-مع-من-تشاء-لمكافحة-الإرهاب-
السنحرر-ضينأرا-من-الإرهاب-ومن-الوجود-الأجنبي.

② 王晋：《中国的四次否决票，也许救了叙利亚》，观察者网，2015年10月17日，https://www.guancha.cn/WangJin/2015_10_17_337864.shtml，2015-10-18。

③ 王晋：《叙利亚和平进程中的中国角色》，《环球时报》2018年2月6日，第7版。

专题报告

Special Reports

B.5
叙利亚内战爆发的原因、进程及影响研究

李云鹏*

摘　要：　叙利亚内战既是叙利亚复杂的社会构成以及民族国家构建失败的结果，也体现了复兴党威权政治的内在困境。叙利亚内战大致经历了早期的反政府示威游行，到各反对派武装、"伊斯兰国"与叙利亚政府军之间的血腥内战，再到外部力量的军事介入与反恐等阶段。随着极端组织"伊斯兰国"的溃败，叙利亚复兴党政权再次成为叙利亚国内的主导力量，叙利亚危机出现了政治解决的前景。但是，美俄以及周边国家博弈的不断加剧，又使得政治解决进程出现了极大的不确定性。内战严重破坏了叙利亚经济发展、民族及教派关系等，

---

* 李云鹏，西北大学历史学院世界史专业博士研究生。

也深刻地冲击了中东的地缘政治格局。

关键词： 叙利亚内战　复兴党政权　"伊斯兰国"　中东国际政治

叙利亚危机产生以来，叙国内局势逐渐由政治抗议运动转变为高烈度的内战。其间，外部力量涉入其中，对于叙利亚危机的走向产生了重要影响。极端组织"伊斯兰国"溃败后西方国家强势介入，叙利亚问题的政治解决面临极大的不确定性。

一　叙利亚冲突的内在原因

叙利亚问题是叙利亚独立以来，现代化进程中诸多矛盾集中爆发的产物。其中，既有固有的民族国家构建的困境，也与叙利亚复兴党独特的威权主义政治密切相关，还受到自然环境变化的深刻影响。

（一）复杂的社会构成与社会矛盾

叙利亚社会构成极为复杂，民族和教派分布多元，不同社会组织缺乏历史的联系和认同。可以说，分裂型和碎片化的社会特征是叙利亚民族国家构建的逻辑起点。如何有效整合多元分裂型社会成为叙利亚现当代历史发展的关键。叙利亚复兴党政权并未很好地整合多元社会，致使民族和教派矛盾突出。

1. 民族与教派林立制约了叙利亚的民族认同与社会整合

叙利亚地处中东的十字路口，长期以来是多元的族裔、宗教、文化的交汇之地。20世纪40年代后，尽管叙利亚确立了民族国家的政治体系，但其国内复杂的民族与教派矛盾并未因此消弭。社会冲突随着叙利亚国家的独立进一步加剧。独立初期，叙利亚政局十分脆弱，派系倾轧、政变频发。叙利亚独特的社会构成是造成这一局面的重要原因。

首先，叙利亚有三大民族，即阿拉伯人、库尔德人和亚美尼亚人。阿拉伯人为叙主体民族，占总人口的70%以上。但阿拉伯人并不具有统一的民族认同观念，而是根据教派和地域分化为多个相互独立、排斥的传统社会集团。其中，逊尼派穆斯林人口众多、分布广泛，但社会组织松散。归属什叶派的阿拉维派、德鲁兹派等少数派人口相对较少，但分布集中，凝聚力和排他性强。阿拉维派集中于西部沿海和山区，德鲁兹派集中于东南部苏韦达地区。

库尔德人是叙利亚第二大民族，占叙全国人口的近10%。叙利亚库尔德人主要分布在叙东北部的拉卡省和哈塞克省一带。库尔德人具有较为强烈的民族认同感，但由于人口较少，长期遭到复兴党政权的打压。除库尔德人外，叙利亚境内还有亚美尼亚人、亚述人、切尔克斯人（Cherkesses，信奉基督教）、突厥人、雅兹迪人（崇拜孔雀天使）以及犹太人等少数民族。这些民族的自我认同较强，形成了大量小规模的社群集团。复杂的族群关系，制约了叙利亚构建统一的民族国家认同。

其次，从宗教文化看，叙利亚处于基督教、伊斯兰教和犹太教的重要影响地区。叙利亚民族国家诞生后，呈现多种宗教和文化共生的现象。主要包括伊斯兰教逊尼派、阿拉维派、德鲁兹派、伊斯玛仪派，基督教马龙派、亚述教派以及雅兹迪教等。西方民族主义思潮的传入，不仅强化了阿拉伯人的认同，也激发了叙境内不同族群、教派的自我认同，从而进一步加深了教派和部落的分歧和矛盾。法国委任统治时期，叙各派对民族主义的认知并不一致。除了大部分逊尼派穆斯林与受殖民当局压迫的德鲁兹派之外，叙利亚其他族群、教派对民族主义运动态度暧昧。受法国殖民当局大力扶持的阿拉维派则经常站在叙利亚民族主义的对立面。

叙利亚宗派体系具有多样性、分散性、相互矛盾的特征，这严重影响叙国内政治的团结与稳定。尽管历届叙利亚政府通过各种举措以确保叙利亚国内政治团结，但是每当国内政治发生动荡，叙利亚族群和教派纷争就会迸发出巨大的政治能量。

2. 传统部落主义的离心倾向

部落作为传统的社会组织，历经叙利亚千百年的文明发展而传续至今。现代叙利亚部落频繁活动的区域约占国土总面积的55%。叙东部幼发拉底河

及其支流哈布尔河,以及阿赫利河流域是部落聚居和活动的主要区域。

1970年,哈菲兹·阿萨德上台后,强化部落首领的权力,允许他们作为国家代理人对部落进行有限度的控制。部落首领的任命权名义上属于人民议会,实则掌握在哈菲兹·阿萨德本人手中。此外,哈菲兹还给予部落在司法方面充分的自治权。大部分情况下,部落地区刑事案件的审理完全掌握在部落手中,政府一般不直接介入。部落只需遵守"献出忠诚于国家,而后为事凭己意"(iti walaa wa-ifal ma tashaa)的政治原则即可。2000年,巴沙尔·阿萨德就任叙利亚总统后,对叙利亚国有土地进行私有化改革,恢复20世纪60年代土地改革中失去土地的部落首领的大地产制。这进一步强化了部落首领对中央政府的忠诚,后者也加强了对部落民的控制。

此外,为了防范部落首领权力的扩大对政权造成的威胁,叙中央政府经常通过分而治之的政策,在部落首领继承等问题上制造矛盾,进而削弱部落首领的影响,使之更加依赖国家。由于巴沙尔时期部落首领与国家的政治联系过于紧密,也由于其施加的经济剥削日益沉重,一般部落成员与首领之间的关系开始疏远,国家通过部落首领进而控制部落和地方社会的能力减弱。国家对部落地区的政治控制实际上出现了明显松动,这为后来地方反政府力量的崛起,尤其是"伊斯兰国"的崛起埋下了隐患。

(二)威权政治架构僵化与社会经济问题丛生

威权体制的僵化以及由此导致的社会经济环境的恶化是叙利亚内战爆发的重要原因。叙利亚威权体制发端于1963年确立的复兴党政权。1970年,哈菲兹·阿萨德通过"纠正运动"政变上台,遂形成了以阿萨德家族为中心的威权体制。在阿萨德领导下,叙利亚政治保持稳定,经济实现了较大发展。但叙利亚在政治现代化上非常保守,奉行政治高压政策,复兴党完全控制军队,形成了军政一体的权力架构,[①] 并禁止任何反对党参与政治选举。

---

① 王新刚、颜鹏:《叙利亚军人政治的演变、成因及特点》,《中东问题研究》2015年第2期,第15页。

此举虽使叙利亚实现了政治稳定,① 却几乎完全断绝民众参政的渠道。2000年,哈菲兹·阿萨德去世,其子巴沙尔继位后曾推出多项政治改革计划。但遭到叙国内政治权贵的批评,巴沙尔不得不终止改革。② 叙利亚政治体制自20世纪中后期逐渐僵化。

第一,族际政治存在内在的困境。复兴党政权中,少数派阿拉维派占据统治地位,它与叙主体教派逊尼派存在尖锐的矛盾。叙利亚缺乏共同体意识,族群、教派分布多元,其民族国家认同起点低,国内各族群派系之间的矛盾尖锐。复兴党政权曾通过强调叙利亚的阿拉伯属性,以及当代叙利亚的历史渊源,进而强化民族认同。但这些举措因阿萨德家族所属的阿拉维派为少数派(内战爆发前该教派人口仅占叙利亚总人口的12%③)而收效甚微。阿拉维派是复兴党的核心,垄断了国内的政治与经济资源。

第二,20世纪末,叙利亚经济改革催生了严重的社会问题。复兴党政权执政之初奉行一定的社会主义政策,主张社会平等。但20世纪80年代后,复兴党政权开始进行自由市场经济改革,以扭转计划经济的颓势。具体而言,放开外汇管制、对国有企业实行私有化、刺激出口并大力招引外资。尽管在一定程度上推动了经济发展,但也导致腐败问题丛生、贫富分化加大、失业率上升等严重社会问题。德拉、霍姆斯等城市周边出现大量贫民窟。④ 与此相应,复兴党权贵的财富则急剧增长。⑤

---

① 王新刚、马帅:《叙利亚阿萨德时期威权主义与政治稳定探析》,《西北大学学报》(哲学社会科学版) 2016 年第 3 期,第 12 页。
② Elizabeth A. Kennedy, "Syrian Protesters Clash With Security Forces", *Deseret News*, 1 April 2011, https://www.deseretnews.com/article/700123522/Syrian-protesters-clash-with-security-forces.html, accessed 30 June 2015.
③ "Syria: Next on the list? A wave of unrest has finally reached one of the region's most repressive regimes", *The Economist*, 24 March 2011, http://www.economist.com/node/18446885, accessed 29 July 2015. "The 'secretive sect' in charge of Syria", *BBC News*, 17 May 2012, https://www.bbc.com/news/world-middle-east-18084964, accessed 29 July 2015.
④ Robert Goulden, "Housing, Inequality, and Economic Change in Syria", *British Journal of Middle Eastern Studies*, Vol. 38, No. 2, September 2011, p. 188.
⑤ Omar Dahi, "Revolts in Syria: Tracking the Convergence between Authoritarianism and Neoliberalism", *Journal of Asian and African Studies*, Vol. 47, No. 4, August 2011, p. 328.

第三，巴沙尔的改革动摇了复兴党政权的基础。巴沙尔上台后，着力强化政权基础，清洗复兴党元老。复兴党系统内有超过60%的高级官员被强制退休，① 一大批长期负责协调基层社会关系的复兴党中层干部也被辞退。② 这些措施巩固了巴沙尔的个人权威，一定程度上革新了叙利亚数十年来的政治气象，但实际上也严重削弱了巴沙尔政权的统治基础和对社会全局的掌控能力，这些问题为巴沙尔威权政府埋下了重大隐患。

在复兴党政权对社会控制力减弱，社会普遍不满的情况下，叙利亚又爆发了近9个世纪以来最为严重的旱灾。③ 这导致农业严重受挫，物价尤其是生活用品价格暴涨，民众生活愈加艰辛，大量贫民涌入城市，叙利亚社会经济雪上加霜。此时，恰逢源于突尼斯的阿拉伯国家大变局的出现，叙利亚也被卷入其中。

二 叙利亚内战的爆发与嬗变

叙利亚问题是2010年末以来阿拉伯大变局的一部分。它的演变大致经历了初期的反政府示威游行，到各反对派武装、"伊斯兰国"与叙利亚政府军之间的血腥内战，再到外部力量的军事介入与反恐，直至叙利亚问题进入政治解决进程等几个阶段。

（一）叙利亚危机的爆发（2011年2~7月）

2010年末，阿拉伯共和制国家相继发生政治动荡，突尼斯、埃及、利

---

① Shmuel Bar, "Bashar's Syria: The Regime and its Strategic Worldview", *Comparative Strategy*, Vol. 25, No. 5, 2006, p. 371. http://www.herzliyaconference.org/_Uploads/2590Bashars.pdf.
② Dawn Chatty, "The Bedouin in Contemporary Syria: The Persistence of Tribal Authority and Control", *The Middle East Journal*, Vol. 64, No. 1, Winter 2010, pp. 29-49.
③ 美国亚利桑那大学和国家航空航天局研究人员通过研究叙利亚境内树木年轮的方法得出这项结论，这项研究的主要成员本杰明·库克认为"叙利亚旱灾远远超出了气候变化的自然周期"。

比亚、也门等国陷入混乱,原政权纷纷垮台。受此影响,叙利亚国内政治反对派跃跃欲试,开始要求进行政治变革。2011年2月10日,叙利亚南部重要城市德拉市的街头赫然出现了反政府的涂鸦,内容相当敏感,有"人民希望政府倒台"、"轮到你了,医生"等反政府信息。① 叙利亚政府很快逮捕涂鸦的作者——一群13~15岁的叙利亚青年(部分为当地部族出身)。据称,叙政府对这些青年进行严刑拷打。随后,德拉市发生要求释放这些青年的群众性示威游行,但一位名叫哈马兹·卡提卜(Hamza al-khateeb)的13岁男孩遭叙情报部门逮捕,并被酷刑虐待致死。② 此消息不胫而走,很快便激起了叙利亚平民的不满,叙国内局势随之迅速恶化。

从2011年3月15日开始,叙利亚首都大马士革爆发大规模的反政府示威游行。其间,叙利亚军警向游行群众开枪,并拘捕了至少6人。③ 3月18日,叙利亚爆发全国性大规模群众示威游行,一些激进者纵火焚烧一些地区的复兴党党部和叙利亚政府建筑。叙军警随后与示威者发生激烈冲突,造成7名警察和15名示威群众死亡。④ 3月30日,巴沙尔·阿萨德总统首次就叙利亚国内局势发表讲话,称叙国内局势动荡是"敌对势力的阴谋",以色列参与其中。

巴沙尔讲话后,群众性的示威活动不仅没有减弱,反而继续在全国范围内蔓延。4月8日后,特别是据称德拉男孩哈马兹·卡提卜尸体的惨状公之于众后,示威群众的政治诉求发生改变,"巴沙尔政府下台"迅速代替"实现政治改革"成为新的政治口号,示威民众与军警冲突频发。2011年5月底,政府的武力镇压行动已导致1000名平民与150名军警死亡,并另有数

---

① 巴沙尔曾是牙科医生。
② Hugh Macleod and Annasofie Flamand, "Tortured and killed: Hamza al-Khateeb, age 13", *Al jazeera*, 31 May 2011, https://www.aljazeera.com/indepth/features/2011/05/201153185927813389.html?xif =., accessed 30 June 2016.
③ "Mid-East unrest: Syrian protests in Damascus and Aleppo", BBC, 15 March 2011, https://www.bbc.com/news/world-middle-east-12749674, accessed 7 August 2015.
④ Joseph Holliday, "The struggle for syria in 2011: an operational and regional analysis", *Institute for the Study of War*, 17 April 2011, pp. 9 – 29. http://www.understandingwar.org/sites/default/files/Struggle_For_Syria.pdf.

千人被捕。2011年6月，叙利亚西北部的伊德利卜省爆发武装冲突，叙利亚国内动荡不断升级。

（二）冲突升级与全面内战（2011年7月～2014年末）

2011年7月后，在西方国家和一些逊尼派中东国家的支持下，叙利亚反对派建立武装，叙利亚逐渐陷入残酷的内战。

1. "叙利亚自由军"成立与巴沙尔政府的应对

2011年7月，叙利亚部分政府军叛逃，并组建"叙利亚自由军"（Free Syrian Army，FSA），试图整合全国反对派，以推翻巴沙尔政府。① 这标志着叙利亚内战正式爆发。由于叙政府军组织严密、装备精良，"叙利亚自由军"成立之初，并未向政府军发起大规模进攻，而是在农村地区，通过游击战的方式袭扰政府军。面对"叙利亚自由军"的威胁，巴沙尔政府试图通过军事手段彻底镇压。2011年8月之后，叙政府军进攻"叙利亚自由军"盘踞的德拉、霍姆斯以及大马士革郊区等地区。2011年10月，"叙利亚自由军"得到土耳其的大量物资援助，并在土耳其南部的哈塔伊省成立指挥中心，以指挥叙利亚国内战事。

2011年11月开始，叙利亚政府军集中力量，对霍姆斯地区的"叙利亚自由军"等反政府武装进行武力打击②，并呼吁所有"持有、贩卖、分发、运输、购买和资助购买武器，但尚未犯谋杀罪的叙利亚国民"立即自首并上缴武器。11月下旬，内战在叙利亚全境蔓延，国际社会也开始加大对于叙利亚政府的制裁力度。法国外长阿兰·朱佩对叙反对派表示："北约计划为保护叙利亚平民而采取军事干预。"面对外部干预态势，巴沙尔在接受《星期日泰晤士报》采访时表示：他已经做好战斗至死的准备……除非竞选

---

① Joshua Landis, "Free Syrian Army Founded by Seven Officers to Fight the Syrian Army", *Syria Comment*, September 2014, http://www.worldtribune.com/worldtribune/WTARC/2011/me_syria0973_08_03.asp, accessed 22 June 2017.
② CNN Wire Staff, "Scores of bodies in Homs, activists say", BBC, November 5, 2011, https://edition.cnn.com/2011/11/04/world/meast/syria-unrest/index.html, accessed 7 August 2015.

失败，否则他本人绝不会屈服于外界压力辞去总统职务。①

2. 叙利亚国内暴力冲突的震荡升级

2011 年底，叙利亚政府军出现严重的叛逃现象。据一位美国官员估计，仅 2011 年 12 月，叙政府军就有 1000 ~ 3500 名军人叛逃。② 2012 年初，巴沙尔政府陷入严峻的政治困境，政府军继续发生军官叛逃事件。2012 年 1 月下旬，"叙利亚自由军"突然袭击并一度攻占大马士革郊区。1 月 31 日，"叙利亚自由军"经过激战重新夺取霍姆斯附近的拉斯坦市。2 月 10 日，伊朗伊斯兰革命卫队 1.5 万人进入叙利亚，协助叙政府军平叛。③ 2012 年 3 月，叙利亚政府军持续在德拉、伊德利卜、霍姆斯、哈马以及大马士革附近与反对派武装展开激烈交火。

与此同时，伊斯兰极端组织开始在叙利亚境内扩张。2012 年 4 月，叙利亚各方停火期间，叙利亚大马士革再次发生汽车炸弹袭击事件，造成至少 55 人死亡，372 人受伤。④ 一些媒体称，此次袭击由基地组织分支努斯拉阵线（Al-Nusra Front）策划，该组织曾宣称对以前发生在大马士革和阿勒颇的炸弹袭击事件负责。⑤ 5 月中下旬，叙利亚境内出现了多起屠杀平民事件，叙利亚政府和反政府阵营之间对立加剧。6 月初，以"叙利亚自由军"为主的反政府武装在全国范围内发起对政府军的新一轮进攻，霍姆斯、哈马、德拉、伊德利卜等地区均出现激烈交火，政府军也加大了对反对派目标的重火

---

① 《叙利亚总统拒绝外部干涉 称欲战斗至死》，《京华时报》2011 年 11 月 21 日，http://news.163.com/11/1121/01/7JBKKLC600014AED.html，2017 - 6 - 22。
② Bakri Nada, "Syria Army Defectors Reportedly Kill 27 Soldiers", *New York Times*, 15 December 2011, https://www.nytimes.com/2011/12/16/world/middleeast/syria - army - defectors - said - to - kill - soldiers - in - coordinated - assault.html, accessed 7 August 2015.
③ "15000 Elite Iranian Special-ops 'head' to Syria", *RT News*, 10 February 2012, https://www.rt.com/news/syria - iran - cooperation - protests - 969/, accessed 7 August 2015.
④ Neil MacFarquhar, "Hwaida Saad. Explosions Kill Dozens in Damascus", *New York Times*, 10 May 2012, https://www.nytimes.com/2012/05/11/world/middleeast/damascus - syria - explosions - intelligence - headquarters.html, accessed 7 August 2015.
⑤ Black Ian, "Syria mired in blame game over Damascus bombs", *The Guardian*, 10 May 2012, https://www.theguardian.com/world/2012/may/10/syria - blame - game - damascus - bombs, accessed 7 August 2016.

力攻击。6月12日,联合国负责维和事务的副秘书长赫维·拉德萨斯发表声明称,"叙利亚局势已经滑向全面内战"。①

3. 叙利亚政府丧失主导权,内战陷入僵持

2012年以后,叙利亚内战呈现白热化。一方面,反对派逐渐夺取阿勒颇等城市的重要据点,政府军在内战初期的压倒性优势不复存在;另一方面,反对派内部的矛盾凸显,作为反对派军事协调组织的"叙利亚自由军"趋于瓦解,各反对派武装独立性加强。反对派武装与政府军,以及反对派武装之间在全国范围展开血腥混战。同时,宗教极端组织势力迅速膨胀。

2012年7月,叙利亚反对派武装再次进攻大马士革。与此同时,在叙利亚北部,逐渐式微的"叙利亚自由军"武装联合伊斯兰极端组织,攻入叙北部重镇阿勒颇。② 大马士革与阿勒颇两场战役后,叙利亚政府军失去了对叙国内军事局势的有效掌控。2012年底到2013年初春,伊德利卜省内的塔法纳兹空军基地(Taftanaz air base)和拉卡省首府拉卡先后被反对派武装攻占。

2013年4月,大批黎巴嫩"真主党"武装进入叙利亚协助叙政府军作战。4月下旬,亲政府的武装团体占领了位于叙利亚与黎巴嫩边境的卜哈尼亚(Burhaniya)、萨克加(Saqraja)、如特瓦尼亚(al-radwaniya)等城镇。③ 叙利亚政府军在"真主党"的支持下发动反攻,但是收效甚微。2013年8月,大马士革省反对派武装控制下的古塔地区(Ghouta)发生严重化学武器袭击平民的事件。有报道称,该事件造成数千人死亡。化武事件发生后,叙

---

① "UN official says Syria in state of civil war", *Al Jazeera*, 13 June 2012, http://www.aljazeera.com/news/middleeast/2012/06/201261212572120933.html, accessed 7 August 2016.

② Dominic Evans and Khaled Yacoub Oweis, "Syrian forces fight rebels in Damascus, residents flee", *Reuters*, 21 July 2012, https://www.reuters.com/article/us–syria–crisis/syrian–forces–attempt–fight–back–after–rebel–surge–idUSBRE8610SH20120721, accessed 7 June 2016.

③ "Syria army closes in on Qusayr near Lebanon", *Gful News*, 21 April 2013, https://gulfnews.com/news/mena/syria/syria–army–closes–in–on–qusayr–near–lebanon–1.11732212015, accessed 7 June 2016.

利亚政府军很快向古塔地区发起军事进攻。① 以美国为首的西方国家指责叙利亚政府对古塔地区的化武袭击事件负有全责。

2013年底，叙利亚政府军在数条战线上向反对派武装发起全面反攻。其中，政府军与黎巴嫩真主党武装在大马士革和阿勒颇两地对反对派发起的军事进攻声势最大。② 与此同时，反对派武装内部发生较为严重的内讧。世俗反对派武装、伊斯兰"圣战"组织、东部部落武装、库尔德人武装之间因利益诉求分歧而冲突频发。

4."伊斯兰国"崛起

"伊斯兰国"源于1999年成立的约旦萨拉菲派"圣战"极端组织。2003年萨达姆政权被美军摧毁后，该组织乘机窜入伊拉克境内，多次袭击美国主导的多国部队以及伊拉克什叶派。2006年，该组织领导人扎卡维及其继任者相继被驻伊美军击毙。2012年，巴格达迪成为该组织头目，对之进行大规模改造，并且吸纳伊拉克残余的复兴党军官。2011年3月叙利亚危机爆发，巴格达迪派遣武装人员进入叙利亚，形成了名为努斯拉阵线（al-Nusra Front）的新伊斯兰"圣战"组织，以作为"伊斯兰国"在叙利亚的分支。但两者关系松散。

努斯拉阵线成立后，联合其他反对派武装在叙西部对抗政府军，并在阿勒颇战役中取得不俗战绩。该组织攻占了叙东部的代尔祖尔、拉卡、大马士革乡村地区的大片领土。2013年4月，"伊斯兰国"和努斯拉阵线因为领导权问题分道扬镳。努斯拉阵线继续与叙反对派合作，共谋推翻巴沙尔政权。"伊斯兰国"的目标不限于推翻巴沙尔政权，更强调"在被征服的领土上建立和巩固自己的统治"。"伊斯兰国"大肆奴役占领区内的广大民众并且狂热地推行宗派仇杀和宗教极端主义，一些叙利亚反对派和民众将之视为残暴

---

① Sam Dagher and Farnaz Fassihi, "Syria Presses Offensive, Shrugs Off Gas Attack Claims", *The Wall Street Journal*, 5 September 2013, https://www.wsj.com/articles/syria-opposition-calls-on-un-1377179398, accessed 7 June 2016.

② "Boosted by Foreign Shi'ite Militia, Assad's Forces Advance on Aleppo", *Voice of America*, 12 November 2013, https://www.voanews.com/a/boosted-by-foreign-shiite-militia-assads-forces-advance-on-aleppo/1788908.html, accessed 7 June 2016.

的外国入侵者。① 2014年1月，努斯拉阵线联合"叙利亚自由军"向伊德利卜、阿勒颇的"伊斯兰国"发动大规模进攻，后者被迫从叙利亚西北部地区撤出，并重点向拉卡方向收缩。②

2014年6月，巴格达迪自称哈里发，呼吁穆斯林在世界范围内发起反对异教徒的"圣战"。随后，大批海外宗教极端分子纷纷向"伊斯兰国"宣誓效忠。一些"伊斯兰国"成员持伪造的叙利亚护照随难民流潜入欧洲，伺机发动恐怖袭击。2014年，"伊斯兰国"已经发展成为叙利亚、中东地区乃至世界性的重大安全威胁，国际社会也开始深度介入进行联合反恐。

（三）联合反恐与内战形势的扭转（2015～2017年末）

2015年，叙利亚局势持续恶化，俄罗斯直接军事介入叙利亚内战。其战略考量如下。

其一，支持日渐衰弱的传统盟友。叙利亚复兴党特别是阿萨德政权是苏联/俄罗斯在中东的重要的战略盟友。2011年3月，叙利亚危机爆发后，俄罗斯便站在叙利亚现政府一边。然而从2014年开始，叙利亚国内局势开始变得不甚明朗，叙政府逐渐失去了内战初期军事战略优势和战争主动权。因此出兵叙利亚，直接支持巴沙尔政府，便成为俄罗斯在叙战略抉择的最优先方案之一。

其二，消除以"伊斯兰国"为代表的极端主义威胁。宗教极端主义一直是俄罗斯的心头之患。2014年，"伊斯兰国"借叙利亚内战之际崛起并大肆扩张。它以叙利亚东部为基地，不断聚集中东的宗教极端势力，并向俄境内拓展影响力。据俄罗斯情报机构估计，2015年，"伊斯兰国"在俄罗斯境

---

① Sarah Birke, "How al-Qaeda Changed the Syrian War", *New York Review of Books*, 27 December 2013, http://www.nybooks.com/daily/2013/12/27/how–al–qaeda–changed–syrian–war/, accessed 7 June 2016.
② "ISIL fighters pull out of key Syrian Turkmen town", *World Bulletin*, 14 March 2014, http://www.worldbulletin.net/news/131070/isil–fighters–pull–out–of–key–Syria–Turkey–town, accessed 7 June 2016.

内招募了近 2000 名成员。① 俄北高加索地区的一些恐怖组织，例如宗教极端组织"高加索酋长国"和"奥霍夫斯基地区组织"相继宣誓效忠"伊斯兰国"。"伊斯兰国"则宣布将北高加索纳入其领土，并将俄罗斯列为主要敌人，声称将与俄罗斯在车臣和高加索开战。② 这一情况令俄罗斯深感不安。③

其三，适应俄罗斯地缘战略推进的需要。叙利亚位于亚欧非三大洲枢纽地区。一旦叙利亚有失，俄罗斯尤其是俄南部地区将不得不直面宗教极端势力和西方国家的战略合围，地缘政治安全将受到很大的威胁。俄罗斯在中东的另一潜在盟友伊朗也会因此遭到严重削弱。因此，出兵叙利亚便成为俄罗斯决策层从国家战略布局出发的必然选择。

2015 年 8 月，经叙利亚政府同意，俄罗斯正式军事介入叙利亚，大批俄工程技术人员开始对拉塔基亚附近的阿萨德机场进行工程改造。同年 9 月，大批俄罗斯军机进驻叙利亚，并开始执行军事任务。2016 年 1 月，在俄罗斯的支持下，叙利亚政府军对外宣布，已将反对派武装彻底逐出拉塔基亚省。④ 随后，叙利亚政府军在南方完全控制了德拉省的战略重镇马斯卡因，⑤ 并且成功挫败"伊斯兰国"对代尔祖尔省叙政府控制区域的进攻。

2016 年初，在俄罗斯军队支援下，叙利亚政府军逐渐取得内战的主导

---

① "Демон Лапласа" противИГ: борьбас вербовщиками, http://tass.ru/proisshestviya/2501424террористов.
② Will Stewart, "This Message Is Addressed to You, Oh Putin: ISIS Now Threatens Russia over Its Ties to Syria's Assad and Promises to 'Liberate Chechnya and All the Caucasus'", 3 September 2014, http://www.dailymail.co.uk/news/article-2741979/This-message-addressed-oh-Putin-ISIS-threaten-Russia-ties-Syrias-Assad-promise-liberate-Chechnya-Caucasus.html, accessed 22 June 2017.
③ Прямая линия с Владимиром Путиным, http://www.kremlin.ru/events/president/news/20796.
④ "Syria conflict: Major rebel town 'seized' in boost for Assad", BBC, 23 January 2016, https://www.bbc.com/news/world-middle-east-35395328, accessed 7 June 2016.
⑤ Barry Temmo, "Update 4 - Army establishes full control over al-Sheikh Miskeen in Daraa and a village in Aleppo", 25 January 2016, https://sana.sy/en/?p=67552, accessed 22 June 2017.

权，尤其是对盘踞在叙西北部地区努斯拉阵线①的军事优势。政府军逐步向反对派武装联盟占据的第二大城市、叙北部重镇阿勒颇挺进。2016年12月，阿勒颇仅有不到5%的区域仍然处在反对派武装的控制下。② 在国际社会外部人道主义斡旋下，政府军与反对派武装达成停火协议，允许追随反对派的阿勒颇平民以及反对派武装残余力量撤离阿勒颇。12月底，阿勒颇所有的反对派武装均已撤出，政府军随后宣布完全收复阿勒颇。阿勒颇战役是叙利亚内战爆发以来最惨烈、最漫长的战役，在这场长达数年的军事冲突中，有超过3.1万人死亡，占叙利亚内战遇难总人口的十分之一。③

阿勒颇战役结束后，叙东北部的"库尔德民主军"（成立于2015年10月10日）成为叙利亚境内最大的独立的反对派力量。库尔德反对派对待叙利亚政府的态度一直比较暧昧，其最终目标并非推翻巴沙尔政权，而是借内战之机改善库尔德人的地位，争取自治。叙利亚内战爆发后，以美国为首的西方国家一直对它重点扶持。2016年以来，叙利亚库尔德人不断发动针对极端组织"伊斯兰国"的攻势，夺取大面积土地。2016年10月，叙西部反对派遭受重创后，美国旋即加大了对"库尔德民主军"武装的扶持力度。

2016年11月6日，"库尔德民主军"宣布实行解放拉卡的"幼发拉底之怒"军事行动。12月10日，"库尔德民主军"在美军空中掩护下，成功摧毁"伊斯兰国"在拉卡北部的防御阵线，并从"伊斯兰国"手中解放大片土地。经过数月激烈的城区巷战，"库尔德民主军"于2017年10月宣布完全攻占拉卡。极端组织"伊斯兰国"由此遭到重创，已成强弩之末。

"库尔德民主军"在拉卡地区发起对"伊斯兰国"全面攻势的同时，叙

---

① 随着"叙利亚自由军"的式微，努斯拉阵线已经发展成为叙利亚西部反对派武装的中坚力量，但因其与基地组织的关系，该武装一直被国际社会视为恐怖组织，在其断绝与基地组织的关系后，国际社会对其恐怖组织的性质定义仍然没有发生改变。

② "It is past time for you to act to end carnage in Aleppo, UN chief tells emergency Security Council session", *eNews Park Forest*, 13 December 2016, https：//www.enewspf.com/national－news/latest－national－news/past－time－act－end－carnage－aleppo－un－chief－tells－emergency－security－council－session/，25 January 2017.

③ "Violations Documention Center in Syria：Aleppo（19－07－2012－22－12－2016）", *Violations Documenting Center*, http：//vdc－sy.net/en/，accessed 11 January 2017.

利亚政府军在俄军的空中援助下对代尔祖尔和大马士革省东区的"伊斯兰国"控制区发起猛烈攻势。2017年11月,政府军完全控制了代尔祖尔市[①],"伊斯兰国"在该地的势力被扫清。"伊斯兰国"在叙利亚境内仅剩叙伊边境城市阿布卡迈勒一座大型据点。

随后,叙利亚政府军在俄罗斯空军掩护下,收复了叙利亚-伊拉克边境重镇阿布卡迈勒。至此,"伊斯兰国"在叙利亚的政权被彻底摧毁,叙利亚反恐战争取得重大成果。叙境内随即形成了西部和中部的巴沙尔政权、东北部的库尔德武装、西北部的伊德利卜和西南部的反对派武装集团三足鼎立的态势。东南部地区则处于地方自治状态,叙利亚政权对之并不承认。

2017年11月20日,巴沙尔总统飞抵莫斯科会晤俄罗斯总统普京,两国元首共同对外宣布已战胜"伊斯兰国",叙利亚正式开启国内政治和解进程。至于这一进程前景究竟如何,仍有待后续观察。不过可以预期的是,叙利亚国内局势虽有明显好转,但许多关键性问题仍未得到有效解决,各派势力在短期内达成的平衡十分脆弱。政府反对派与叙利亚政府的矛盾,库尔德人与反对派和叙利亚政府的矛盾都有可能再次激化。外部力量的博弈和干预使叙利亚局势的未来发展存在极大的不确定性。实现真正意义上的国内和解,对叙利亚人民来说仍然任重而道远。

三 内战对叙利亚和中东局势的影响

叙利亚内战持续近八年,尽管随着"伊斯兰国"被肃清,叙利亚局势有所缓和,并逐步开启重建进程,但叙利亚局势仍然严峻。叙利亚成为2010年末阿拉伯政局动荡以来,损失最为惨重的国家。由于叙利亚处于中东的核心地区,长期的战乱不仅对叙利亚造成严重影响,也极大地改变了中东的地缘政治和地区安全形势。

---

① "Syria declares victory over Islamic State in Deir al-Zor", *Reuters*, 3 November 2017, https://www.reuters.com/article/us-mideast-crisis-syria-deiralzor/syria-declares-victory-over-islamic-state-in-deir-al-zor-idUSKBN1D301E, accessed 11 December 2017.

（一）叙利亚内战对叙国内的影响

首先，叙利亚经济遭到毁灭性打击。

内战给叙利亚带来的负面影响是全方位的，经济首当其冲。根据世界银行统计，截至2017年7月，内战导致叙利亚经济损失超过2260亿美元，国内生产总值从2010年的600亿美元骤降至当前的240亿美元左右，跌幅达60%。[①] 如果以4.5%的年经济增长率计算，叙利亚经济20年后才能恢复到内战前的水平。

西方国家和阿盟的制裁、封锁，也使得本已羸弱不堪的叙利亚经济雪上加霜。2011年3月，叙利亚危机爆发以来，欧盟对叙利亚政府进行一系列经济制裁，涉及财产、能源、金融、设备、武器，以及日常生活用品等多个领域。与此同时，2011年11月，叙利亚政府被终止"阿拉伯国家联盟"成员国资格。西方国家对叙利亚的制裁主要包括：对叙利亚实施石油禁运、禁止欧洲投资银行继续向叙利亚银行发放贷款、禁止欧盟成员国向叙利亚进出口武器、禁止叙利亚航班进入欧盟域内机场等。

欧盟和阿盟的严厉制裁导致叙利亚经济形势急转直下，工业规模大幅萎缩。特别是欧洲作为叙利亚石油的主要出口地，[②] 对叙利亚的石油禁运使叙利亚遭受严重经济损失。西方国家对叙利亚的禁运，迫使叙利亚不得不降低石油日产量，原油产量从制裁前的每天38万桶降至23万桶。[③] 除了石油收入锐减，来自各方的制裁还导致叙利亚出现能源燃料短缺、外汇储备缩水、对外贸易中断、国内物价攀升等诸多负面影响，使得本已受战争之累的叙利亚经济遭受到二次冲击。

其次，引发了叙利亚的人道主义危机。

[①] 《世行：叙利亚因6年战乱经济损失达2260亿美元》，人民网，2017年7月11日，http://world.people.com.cn/n1/2017/0711/c1002-29396999.html，2017-7-22。

[②] 叙利亚95%的石油出口欧盟国家。

[③] 张金荣、詹家峰：《欧盟对叙利亚的经济制裁及影响》，《当代世界》2013年第6期，第39页。

2014年，联合国的报告指出，冲突期间，叙利亚的人类发展状况倒退到了四十年前的水平，已经从"中等人类发展水平"下滑至"人类发展的低水平"。从2010年到2016年，叙利亚的"人类发展指数"由第111位跌至第149位。叙利亚民众的生存状况面临严峻挑战。据联合国统计，截至2016年，战乱已导致超过25万叙利亚人丧生，100多万人受伤，600万人被迫逃离家园；战争使得叙利亚民众的预期寿命从2010年的70.5岁骤减至2015年的55.4岁。[①]

首先，战争对叙利亚的农业生产造成了严重破坏。危机爆发前，叙利亚是中东地区的农业大国，46%的叙利亚人生活在农村。如今，叙利亚大部分地区遭遇了粮食危机，哈马的蔬菜生产下降了60%，德拉的橄榄油产量下降了40%，全国的小麦产量从战前年产400万吨大跌至2013年的200万吨左右。[②] 产量下降导致的直接后果是食物价格飞涨。根据叙利亚政府中央统计局的报告：战争导致畜肉、鸡肉和牛奶等基础食物的价格上涨300%，化肥、药品、通信、燃料和柴油等价格上涨超过100%。[③] 此外，有296万人因为战争失去了工作。据叙利亚政策研究中心统计，截至2014年底，叙利亚的失业率高达58%，接近七成人口生活极端贫困，入不敷出，无法负担最基本的生活必需品。更为严重的是，战火摧毁了部分地区的供水系统，将近70%的人口缺少清洁水源。

除了基本的食物需求，叙利亚的人道主义危机还表现在教育和医疗资源的严重匮乏。据世界卫生组织统计，从2011年3月至2015年11月，叙利亚全境240家医疗机构至少受到336次袭击，造成697名医护人员死亡。叙

[①] 车宏亮：《1350万叙利亚民众需救助》，新华网，2015年12月14日，http://www.xinhuanet.com/ttgg/2015-12/14/c_1117457184.htm，2017-6-22。

[②] Samer Abboud, "Disrupting Conflict Economies", *Carnegie Middle East Center*, May 19 2015, https://carnegie-mec.org/2015/05/19/disrupting-conflict-economies-pub-60224, accessed 11 December 2015.

[③] Samer Abboud, "Disrupting Conflict Economies", *Carnegie Middle East Center*, May 19 2015, https://carnegie-mec.org/2015/05/19/disrupting-conflict-economies-pub-60224, accessed 11 December 2015.

利亚医护人员总数已下降至战前的55%左右,超过40%的叙利亚人无法获得基本的医疗卫生服务;叙利亚113所公立医院中,58%的医院只能部分运作或者完全停止运作。据联合国儿童基金会估算,内战爆发前,医患比为1:600,2015年为1:4000。① 战争同样使叙利亚的教育系统几乎崩溃,全国四分之一的学校被破坏,很多校园建筑被改作避难所或军事建筑。据统计,2011年以来,叙利亚有约5.25万名教师离职,占教师总人数的四分之一。作为曾经识字率最高的中东国家之一,截至2015年叙利亚高达45%的适龄儿童辍学,小学入学率仅为74%,退回到20世纪80年代的水平。②

再次,内战加剧了叙利亚的派系冲突。

叙利亚是典型的宗教少数派掌权的国家。在占总人口近九成的穆斯林当中,80%是逊尼派,20%是什叶派,而阿拉维派占什叶派人口的75%。当前的巴沙尔政权就出自阿拉维派,仅占总人口的12%~13%,却长期执掌政权。教派和权力的错位,以及由此构建的政治结构有着极大的不稳定性,为冲突埋下祸根。

叙利亚内战成为教派冲突的爆发点。反对派当中绝大多数是逊尼派穆斯林,最有战斗力的"叙利亚自由军"、叙利亚解放阵线、叙利亚穆斯林阵线以及叙利亚人民支持阵线等都是逊尼派武装力量。而在外部力量中,以沙特阿拉伯为首的逊尼派阿拉伯国家支持叙利亚反对派武装,以伊朗和黎巴嫩真主党为代表的什叶派力量则力挺巴沙尔政权,叙利亚逊尼派与什叶派间的仇视情绪不断上升。

除了教派矛盾,被内战激化的还有叙利亚的民族矛盾。叙利亚库尔德人达220万,是叙利亚国内人口仅次于阿拉伯人的第二大民族。库尔德人主要分布在叙利亚东北部。由于叙利亚政府长期实行不平等的民族政策,一定程度上造成了库尔德人对国家的认同十分脆弱,内战的爆发给库尔德人带来了

---

① 王希怡:《叙利亚伤痛五年 经济至少倒退30年》,《广州日报》2015年3月21日,http://w.huanqiu.com/r/MV8wXzg3NDI0MDlfMTM0XzE0NTg1MjgxMjU=,2017-6-22。

② 王希怡:《叙利亚伤痛五年 经济至少倒退30年》,《广州日报》2015年3月21日,http://w.huanqiu.com/r/MV8wXzg3NDI0MDlfMTM0XzE0NTg1MjgxMjU=,2017-6-22。

争取民族权利和实现自治的绝佳机遇。2011年,叙利亚库尔德武装在不断升级的国内冲突中趁乱崛起,建立"人民保卫军",在叙利亚北部哈塞克省、代尔祖尔省和阿勒颇省建立控制区。此后,随着库尔德人在战场上逐渐成为打击"伊斯兰国"的中坚力量,美国等西方国家开始加强对库尔德人的支持,其武装力量进一步壮大,实际上已经取得了在叙利亚的自治地位。未来叙利亚库尔德人与叙利亚政府和叙反对派发生冲突的概率也必然大大增加。

(二)叙利亚内战对中东地缘政治的影响

首先,内战引发严重的难民问题。

持续不断的叙利亚内战引发了严重的难民危机。据联合国难民署统计,截至2015年7月,已有至少600万人因为战乱背井离乡,占到叙利亚人口总数的近四分之一。据估算,全球每5个逃离家园的人中就有1个是叙利亚人。[①] 叙利亚难民也给邻国造成了巨大压力,其中土耳其、黎巴嫩和约旦分别安置难民350万人、220多万人、100多万人。

难民给接收国带来的首先是经济上的冲击。2015年9月,据土耳其"灾难与紧急情况署"统计,土耳其作为叙利亚难民最大的收容国,已为叙难民花费了将近60亿美元的资金。[②] 而作为面积仅1.04万平方公里、人口420万的中东小国黎巴嫩,近年来共接纳220多万叙利亚难民,这对当地经济和社会资源造成的冲击可想而知。

此外,叙利亚难民给当地政治和社会稳定造成了冲击。数量众多的难民成为当地的廉价劳动力,拉低了平均工资水平,引起当地民众的不满,使之产生排外情绪,激化了当地社会矛盾。另外,难民的生活水平低下,导致当地社会治安恶化,冲击当地的安全环境。难民问题还导致恐怖主义的蔓延。活跃在叙利亚境内的极端分子往往以难民身份作掩护,伺机进入收容国发动

---

① 王海滨:《叙利亚难民危机困扰周边各国》,《社会观察》2015年第10期,第50~53页。
② 龚正:《故事的另一面:叙利亚难民在中东》,《世界知识》2015年第19期,第38页。

恐怖袭击。2015年11月13日造成129人死亡的"巴黎枪击暴恐案",就是以叙利亚难民身份进入欧洲的"伊斯兰国"恐怖分子策划实施的。

其次,叙利亚内战助推了极端主义在中东的扩张。

美国中东政策研究中心布鲁斯·里德尔教授认为:"失败的革命和正在走向失败的国家就像是'圣战'分子的孵化器,它们是孕育敌意的潘多拉魔盒。"① 叙利亚内战给极端主义在中东的迅速扩张提供了土壤。极端组织"伊斯兰国"在叙利亚发展迅速,在2014年夏秋全盛时期控制着叙利亚和伊拉克近三分之一的领土和1000万人口。"伊斯兰国"的迅速膨胀与叙利亚境内的持续动乱密不可分。

叙利亚内战开始后不久,"伊斯兰国"就趁着叙利亚边防体系虚弱,打着向巴沙尔政府发起"圣战"的旗号深入叙利亚境内,建立了极端派别"努斯拉阵线"。叙利亚内战给极端主义的发展壮大提供了千载难逢的机会,以"伊斯兰国"为代表的恐怖组织在这期间迅速扩大势力范围、攫取大量资金、装备先进武器、招募大批"圣战"分子,叙利亚日益成为极端组织和恐怖分子新的归集地。"伊斯兰国"还借助叙利亚难民潮向整个中东甚至欧洲地区蔓延。尽管"伊斯兰国"作为严密的组织被消灭了,但是"伊斯兰国"的成员大部分仍逍遥法外,存在潜回母国的可能性。而"努斯拉阵线"在叙利亚西北部仍然活跃。"努斯拉阵线"头目阿布·穆罕默德·祖拉尼曾扬言:"没有那场'革命'(叙利亚内战),叙利亚就不会成为我们的地盘。动乱扫除了许多障碍,我们这才有机会踏足这片可爱的土地。"②

再次,叙利亚内战对中东地缘政治的影响。

叙利亚危机本为其内政,但由于外部力量介入,最终演化为"代理人战争"。美国一直都在中东地区占有绝对的优势地位。与之相比,俄罗斯在

---

① 吴章勇:《美智库:"基地"进入3.0时代 攻击策略花样翻新》,中国青年网,2013年8月9日,http://news.youth.cn/jsxw/201308/t20130809_3668964.htm,2017-6-22。

② 〔美〕乔比·沃里克:《黑旗:ISIS的崛起》,钟鹰翔译,中信出版集团,2017,第276页。

中东地区所能动用的战略资源和影响力十分有限。① 但叙利亚内战的持续发酵使得这一情况有了微妙的改变。内战前期，美国支持的反对派连战连捷，形成了对大马士革的围攻之势。随着2015年9月俄罗斯军事介入叙利亚战事后，叙政府军开始收复失地。2016年底，叙利亚政府实现对阿勒颇的全面控制，政府军在俄罗斯的帮助下已经完全化被动为主动。2013年，俄罗斯还成功化解了叙利亚的化武危机，与美国达成"以化武换和平"的协议，并在反恐大旗下，与伊朗、土耳其组建了关于叙利亚问题的阿斯塔纳和谈机制，力图掌控叙利亚问题的主动权和主导权。

叙利亚危机的后续发展和"伊斯兰国"的强势崛起大大出乎美国的意料。美国开始逐渐减少对叙利亚反对派的支持，不得不改变立即推翻叙利亚现政权的目标。白宫负责中东问题的前官员菲利普·戈登就曾撰文指出，奥巴马政府对叙政策以失败告终。② 与此同时，美国民意也反映出绝大多数美国人反对在中东地区进行军事冒险。《洛杉矶时报》2013年9月刊登的一篇文章称：美国人民彻底厌倦了战争，他们认为战争已经耗费了美国数万亿美元，使美国人的生活质量不断下降，却没有给中东地区带来任何好处。③

随着叙利亚危机的发展，美国单边主导中东问题的主观愿望和实际能力已经开始下降。俄罗斯在叙利亚问题上的果敢与强势使得其在中东地区的影响力大幅提升。耶鲁大学俄罗斯与欧洲问题学者托马斯·格雷尔姆分析指出，"俄罗斯在叙利亚的行为是为重塑中东的地缘政治版图，美国在这个地区的关键盟友和伙伴将不得不适应俄罗斯创造的新现实"。④ 中东地缘政治版图正朝着"俄进美退""两极对峙"的方向演变，美国主导中东的时代已渐渐成为历史。

以沙特阿拉伯、伊朗、土耳其等为代表的地区大国也纷纷介入叙利亚内

---

① 雷墨：《出兵叙利亚至今，普京得失几何？》，《中国与世界》2015年第23期，第61页。
② 雷墨：《出兵叙利亚至今，普京得失几何？》，《中国与世界》2015年第23期，第61～63页。
③ 李伟建：《大国政治的悲喜：叙利亚危机启示录》，《人民论坛·学术前沿》2014年第10期，第63页。
④ 雷墨：《出兵叙利亚至今，普京得失几何？》，《中国与世界》2015年第23期，第59页。

战。叙利亚内战俨然成为一场逊尼派与什叶派的教派大博弈。以沙特阿拉伯为核心的逊尼派集团与以伊朗为核心的什叶派集团皆在叙利亚寻找代理人。通过叙利亚内战,阿盟内部的权力拼图已由埃、沙"两强分立"向"沙强埃弱、沙主埃从"演变。① 伊朗通过积极参与打击"伊斯兰国",与俄罗斯、土耳其组建叙利亚问题和谈机制等,其在中东地区的发言权和政治地位不断提升。特别是,在叙利亚内战中,伊朗通过派遣军事人员在叙利亚实现了军事存在,并且通过鼓励真主党进入叙利亚,拓展其在叙利亚的影响。

最后,叙利亚内战对"阿以问题"产生了一定影响。

叙利亚内战对中东地缘政治的深刻影响,也在一定程度上波及"阿以问题"。一方面,叙利亚内战激化了阿拉伯世界的教派矛盾和民族矛盾,以沙特阿拉伯为首的逊尼派集团与以伊朗为首的什叶派集团的争夺,大大削弱了阿拉伯世界团结抗衡以色列的力量;另一方面,作为邻国,叙利亚内战的全面爆发和由此导致的极端势力迅速扩张使得以色列周边安全环境急剧恶化,叙利亚内战时刻牵动着以色列的神经。

长期以来,叙利亚一直站在阿拉伯世界对抗以色列的最前线。然而,长期的内战极大地消耗了叙利亚的国力,叙无暇顾及巴以问题。以色列则以叙利亚内战和打击极端势力为契机,积极寻求与中东主要逊尼派国家改善关系。经过几年的努力,土以关系开始回春,埃以关系转暖,叙利亚与部分海湾君主国关系正常化的努力取得较大进展,甚至连停滞数年的巴以和谈也一度显露出复盘重开的迹象。②

叙利亚内战引发的中东地缘政治的改变才是以色列面临的真正战略危机。美国逐渐在中东地区实行战略收缩,俄罗斯强势回归,伊朗、沙特阿拉伯、土耳其实力和影响力大幅提升。特别是伊朗在叙利亚的军事存在,以及真主党在叙利亚的扩张已逼近戈兰高地,对以色列的国家安全造成严重影

---

① 丁工:《中东局势的新动向与地区格局的新变化》,《战略决策研究》2016 年第 4 期,第 62 页。
② 孔刚:《勉为其难的盟友——土耳其与以色列关系评述》,《国际展望》2013 年第 3 期,第 84~85 页。

响。因此,中东地区"俄进美退",以及伊朗和真主党在叙利亚的扩张引起了以色列的严重担忧。

随着叙利亚内战的不断发酵,中东地区的关注点已逐渐从"阿以矛盾"向"教派矛盾"和"打击极端势力"转变,美国也开始重新审视其中东政策,重视与伊斯兰国家的对话与交流。而随着外力影响的持续减弱,阿以冲突背后阿拉伯和犹太民族的矛盾也在不断边缘化,"阿以问题"正朝着巴勒斯坦和以色列的双边"两方化"转变。[1]

---

[1] 丁工:《中东局势的新动向与地区格局的新变化》,《战略决策研究》2016 年第 4 期,第 62 页。

B.6
大国在叙利亚内战中的博弈与影响

孙德刚　李艳枝　钮松*

摘　要： 自2011年叙利亚爆发危机以来，叙利亚危机便成为中东最敏感的地区热点，危机持续时间之长、涉及当事方之多、外部势力影响之大，远远超出2011年以来中东地区其他敏感议题。而相关外部力量的博弈，尤其是美国、俄罗斯、沙特阿拉伯、伊朗和土耳其等域外大国和域内大国，在叙利亚问题上的关切和矛盾，极大地影响着叙利亚内战的进程与走向。

关键词： 叙利亚内战　美国　俄罗斯　土耳其　沙特阿拉伯　伊朗

叙利亚2011年爆发的、持续迄今的惨烈内战，既有其内部原因，也与美国、俄罗斯等域外大国和沙特阿拉伯、伊朗、土耳其等域内地区强国的干预和介入密切相关。域内外大国在叙利亚内战中的复杂博弈，极大地影响了叙利亚内战的进程与走向。

一　美国在叙利亚问题上的立场与影响

美国长期将叙利亚视为其在中东利益的重大挑战。在美国看来，1979

---

* 孙德刚，上海外国语大学中东研究所副所长、研究员、博士生导师；李艳枝，世界史博士，辽宁大学历史学院教授；钮松，法学博士，上海外国语大学中东研究所研究员、博士生导师，西北大学叙利亚研究中心特约研究员。

年伊朗"伊斯兰革命"之后,叙利亚成为伊朗在中东地区的重要盟友,不仅长期秉持"反美"意识形态,也对美国在中东地区的盟友如沙特阿拉伯和以色列等造成了巨大的安全威胁。① 但是美国并没有直接介入叙利亚内战之中。一方面,美国在过去十多年间,先后经历了阿富汗战争和伊拉克战争,尽管先后推翻了塔利班政权和萨达姆政权,但是长期陷入当地纷争之中,不仅死伤大量官兵,而且付出了惨重的经济代价,因此美国对于直接介入叙利亚内战忧心忡忡;另一方面,中东已经不再是美国外交政策的中心,美国在中东敏感议题上缺少付出更多努力的意愿。② 在此背景下,美国更愿意通过间接的方式,即在外交上向叙利亚政府施加压力,并通过多种途径向叙利亚一些"温和派"反政府武装提供军事、资金、情报和训练方面的援助③,来促使叙利亚政府的倒台。

在外交上,美国试图在多个国际场合,向叙利亚政府施加压力。美国总统奥巴马在2011年8月的讲话中首次提出"巴沙尔必须下台"的政治主张。④ 2011年10月,美国宣布撤回驻叙利亚大使。2012年5月,美国宣布驱逐叙利亚驻美国大使馆代办。从2011年10月起,美国多次试图在联合国安理会通过谴责和制裁叙利亚政府的决议案,但是都先后遭到了中国和俄罗斯的否决而无法成功。⑤ 与此同时,美国还积极组建和参与"叙利亚之友"国际会议,与欧洲国家和部分中东地区国家一起,谴责叙利亚政府,并且在2012年4月的第二届"叙利亚之友"国际会议上,宣布将叙利亚反对派

---

① 周鑫宇:《美国在叙利亚问题上的三重困境》,《世界知识》2013年第20期,第40~41页。
② 牛新春:《美国中东政策:延续与变化》,《当代世界》2018年第3期,第26~29页。
③ Richard Spencer, US - backed Head of Free Syria Army Voted Out, *Telegraph*, February 17, 2014; Tom Bowman, "CIA Is Quietly Ramping up Aid to Syrian Rebels, Sources Say", *National Public Radio*, 23 April 2014, https://www.npr.org/sections/parallels/2014/04/23/306233248/cia - is - quietly - ramping - up - aid - to - syrian - rebels - sources - say, accessed 12 June 2017.
④ Joshua Hersh, Bobama: Syrian President Assad Must Step Down, *Huffington Post*, October 18, 2011, https://www.huffingtonpost.com/2011/08/18/obama - assad_ n_ 930229.html.
⑤ 王晋:《中国的四次否决票,也许救了叙利亚》,观察者网,2015年10月17日,https://www.guancha.cn/WangJin/2015_ 10_ 17_ 337864.shtml, 2015 - 10 - 21。

"全国委员会"视为叙利亚的"合法代表",并且承诺向反对派武装和政治团体提供支持。①

但是叙利亚动荡并没有在短期内结束,叙利亚内战呈现出长期化趋势,与此同时,美国对于叙利亚反对派武装内部一些秉持伊斯兰极端主义思想的武装团体借叙利亚内战之机崛起而忧心忡忡。② 在此背景下,美国也开始与俄罗斯接触,希望通过外交手段,促成叙利亚政府"变革",实现叙利亚内战的结束。2012 年 6 月,美国、俄罗斯、联合国和阿拉伯国家联盟共同在日内瓦开启了有关和平解决叙利亚问题的谈判进程。随着 2015 年 9 月俄罗斯直接介入叙利亚战场,叙利亚政府军在多条战线发动反攻,2015 年的第三届日内瓦叙利亚问题会议上,美国在叙利亚问题上的态度有所软化,第一次松口同意叙利亚政府参与政治重建。2015 年 12 月,美国和沙特阿拉伯等国共同推动了联合国安理会 2254 号决议案,就叙利亚政治过渡提出 6 个月内停火并组建联合政府、18 个月内起草新宪法并进行自由选举的"和平路线图"。2016 年 1 月,由联合国斡旋的叙利亚政府与反政府代表的和谈也正式开启,叙利亚和平似乎指日可待。③ 但是叙利亚内战并未终结,和平谈判也陷入了持久僵局之中。

2017 年特朗普就任美国总统之后,进一步减少在叙利亚问题上的投入,甚至提出要"撤离叙利亚"。④ 首先,特朗普叫停了对叙利亚的一些军事和经济援助。2011 年后,美国中央情报局和国防部通过一些军事援助,帮助叙利亚境内的反政府武装,支持"温和反对派"。⑤ 但是一方面美国向叙利

---

① 陈铭、周潼潼:《第二届"叙利亚之友"国际会议闭幕》,环球网,2012 年 4 月 2 日,http://world.huanqiu.com/hot/2012-04/2579206.html,2015-10-21。
② Aymenn J. Al-Tamimi, Success for Al-Qaida in Syria? *Perspectives on Terrorism*, Vol. 11, No. 6, 2017, pp. 131-139.
③ 王震:《2254 号决议来了,叙利亚和平还远不远?》,《世界知识》2016 年第 2 期,第 15~17 页。
④ 王晋:《想说离开不容易:特朗普想撤离叙利亚面临国内和盟友的压力》,澎湃网,2018 年 4 月 5 日,https://www.thepaper.cn/newsDetail_forward_2055119,2018-4-5。
⑤ 关于美国援助叙利亚反对派的事宜,可以参见王晋《被特朗普叫停的 CIA 秘密行动是什么?》,观察者网,2017 年 8 月 9 日,http://www.guancha.cn/WangJin/2017_08_09_422018_s.shtml,2017-8-21。

亚反对派提供的武器，并不包含导弹、火炮、坦克等重型武器，使得叙利亚反对派无法抵挡来自叙利亚政府军战斗机、坦克和远程火炮的攻势；另一方面，美国提供的一些武器装备，被其支持的"温和反对派"直接或者间接地转赠给了叙利亚"极端反对派"。因此特朗普上台之后，开始收紧对叙利亚反对派的军事援助。

其次，特朗普更加重视叙利亚库尔德人的作用。自叙利亚内战爆发以来，叙利亚北部由"民主联盟党"（Democratic Union Party，PYD）领导的库尔德人武装已经成为美国在叙利亚的重要伙伴。对于美国来说，"民主联盟党"起初是打击极端组织"伊斯兰国"的重要伙伴。自 2014 年以来，"民主联盟党"及其领导的叙利亚库尔德武装得到美国的支持和帮助。与此同时，"民主联盟党"也是美国，尤其是有着坚定"反伊朗"情绪的特朗普遏制伊朗及其支持的什叶派力量在叙利亚扩张所倚仗的重要力量。因此，当土耳其在 2018 年初在叙利亚北部发动一系列针对"民主联盟党"的军事行动之后，美军仍然驻扎在幼发拉底河西岸关键重镇曼比季（Manbij），阻止土耳其及其支持的叙利亚反对派武装跨过幼发拉底河向"民主联盟党"发动进攻。

最后，特朗普刻意避免直接介入叙利亚军事冲突之中。2017 年 4 月，叙利亚化学武器事件爆发，尽管特朗普下令美军对叙利亚霍姆斯周边的一处政府军空军基地进行了空袭，但是空袭规模很小，而且提前向俄罗斯在当地的驻军进行了"通知"，防止了事态进一步恶化。2018 年 4 月，叙利亚化学武器事件再次爆发，美国、英国和法国尽管向叙利亚政府军目标发动了空袭，但是空袭仅持续一个小时，而且打击范围有限，有观点将特朗普此次打击行动称为 2017 年打击行动的"重现"。①

在叙利亚问题上，美国最初希望通过间接方式，迅速推翻叙利亚政府，进而实现叙利亚的"民主化"。但是随着叙利亚内战的长期化，尤其是伊斯

---

① 王晋：《空袭叙利亚犹如"昨日重现"》，《北京周报》2018 年 4 月 16 日，http://www.beijingreview.com.cn/shishi/201804/t20180416_ 800127079.html，2018 - 4 - 21。

兰极端组织在叙利亚的滋生和发展，美国在叙利亚的战略重心也转为打击极端组织"伊斯兰国"，在2014年9月组建了打击极端组织"伊斯兰国"的国际联盟。2015年9月之后，随着俄罗斯直接介入叙利亚战局，叙利亚政府军逐渐占据优势，美国也逐渐放弃"军事解决"（military solution），转而认同"政治解决"（political solution）叙利亚问题的主张。[1] 在特朗普上任之后，美国继续保持以间接方式介入叙利亚问题，并将叙利亚库尔德"民主联盟党"作为自己在叙利亚境内的重要盟友，在防止叙利亚极端主义"复生"的同时，也保留自己在叙利亚问题上的影响力。

二 俄罗斯在叙利亚问题上的立场与影响

苏联解体后，俄罗斯大幅从中东战略收缩，主要发展与中东国家之间的经济交往，其政治和军事影响力一落千丈，只与叙利亚保持了冷战期间确立的盟友关系，并维持了在叙利亚塔尔图斯港的海军基地。但是在2011年叙利亚内战爆发后，俄罗斯坚定地支持叙利亚政府，并且在2015年9月直接出兵介入叙利亚内战，在很大程度上帮助了叙利亚政府军扭转战局。通过直接介入叙利亚内战，俄罗斯不仅帮助叙利亚政府在多年的内战中站稳脚跟，还重新在中东敏感议题，如利比亚内战、巴以问题、也门内战和卡塔尔断交风波等问题上，重新获得了中东国家的认可与尊重。

俄罗斯在叙利亚问题上有三方面的考量。首先，俄罗斯认为，叙利亚政府对于遏制伊斯兰极端主义和恐怖主义在中东、高加索和中亚地区的扩张有着重要的作用。俄罗斯认为，如果巴沙尔政府垮台，叙利亚很可能陷入极端恐怖势力手中，并直接威胁俄罗斯南翼的安全。俄罗斯总统普京就曾指出："叙利亚政府的崩溃，将会极大地刺激恐怖分子。当前我们需要支持叙利亚政府，而不是进一步损害他们。我们需要在战争中加强叙利亚政

---

[1] Maxim A. Suchkov, Putin, Trump follow winding path to latest Syria agreement, *Al-Monitor*, November 13, 2017, https: //www. al - monitor. com/pulse/originals/2017/11/putin - trump - russia - path - syria - agreement. html, accessed 12 December 2017.

府的国家能力。"① 其次，俄罗斯反对美国和西方直接在 2011 年中东动荡中随意干涉他国内政的行为。俄罗斯认为，美国在世界范围内的肆意干涉，导致了"严重的后果"，美国的干涉"并未带来民主和进步，反而带来了暴力、贫困和社会混乱"，认为"我们彼此并不相同，世界也并不存在单一的发展模式……我们应当尊重彼此"②。最后，俄罗斯认为，叙利亚政权变更，将很可能会使得叙利亚与俄罗斯的友好关系受到巨大影响。如果叙利亚政府倒台，俄罗斯将很可能会失去在地中海的塔尔图斯港。叙利亚还是俄罗斯的重要贸易伙伴，也是俄罗斯的第三大武器出口国。俄罗斯发展和叙利亚的关系，也有利于俄罗斯遏制美国和西方盟国在乌克兰危机之后，谋划针对俄罗斯构筑的"封锁圈"。正如有学者所指出的那样，俄罗斯支持叙利亚政府以及保持在中东地区的军事存在，"是权力平衡的重要手段——将会凸显伊朗的优势，削弱土耳其和沙特的影响——并帮助俄罗斯崛起"。③

在外交层面，一方面，俄罗斯多次发表观点，反对他国对叙利亚进行干预，提出"政治解决"而不是"军事解决"叙利亚问题。从 2012 年起，俄罗斯多次在联合国安理会否决了美国等国提出的关于制裁和谴责叙利亚政府的议案，帮助叙利亚政府减轻来自国际社会的压力。另一方面，俄罗斯从 2016 年开始，多次主持和参与"阿斯塔纳叙利亚问题和平会议"，从 2017 年开始多次召开叙利亚问题索契峰会。通过"阿斯塔纳和平进程"，俄罗斯与伊朗和土耳其一道，推出了四个"冲突降级区"，成功地缓和了叙利亚国内战场局势，给叙利亚实现政治和解带来了巨大的机遇。

---

① Angela Stent, Putin's Power Play in Syria: How to Respond to Russia's Intervention, *Foreign Affairs*, January/February, 2016, p. 109.
② Statement by H. E. Mr. Vladimir V. Putin, President of the Russian Federation, at the 70th Session of the UN General Assembly, September 28, 2015, https://gadebate.un.org/sites/default/files/gastatements/70/70_RU_EN.pdf, accessed 12 December 2017.
③ Pavel K. Baev, Unfriended: How Russia's Syria Quagmire is Costing it Middle East Allies, *Brookings*, January 7, 2016, https://www.brookings.edu/blog/order-from-chaos/2016/01/07/unfriended-how-russias-syria-quagmire-is-costing-it-middle-eastern-allies/, accessed 12 December 2017.

叙利亚蓝皮书

在军事层面，俄罗斯的军事介入成为帮助叙利亚政府获得战场优势的关键。俄罗斯在2015年9月直接介入叙利亚战事，成为叙利亚内战中最为关键的外部力量。俄罗斯帮助叙利亚政府军收复了包括叙利亚北部阿勒颇地区、中部东古塔地区、中部的代尔祖尔省和南部的德拉省和库奈特拉省等大片反政府武装控制区，帮助叙利亚政府军占据了战场绝对优势。与此同时，俄罗斯也借此成为叙利亚问题最关键的一方。无论是劝说叙利亚巴沙尔政府参与和谈，还是压迫叙利亚反对派放弃"巴沙尔必须下台"作为参加和谈的"先决条件"，无论是土耳其最关切的叙利亚库尔德人问题，还是以色列最关切的伊朗及其支持的什叶派武装在戈兰高地周边40公里"不得出现"的诉求，在当前都是通过俄罗斯来予以解决的。俄罗斯在叙利亚问题上的关键作用，已经得到了叙利亚问题相关当事方的认同。①

在叙利亚问题上，如何协调相关当事方的利益和冲突，是俄罗斯未来最大的挑战。俄罗斯希望能够尽快成功推动叙利亚政治重建，帮助叙利亚政府和叙利亚反对派政治团体达成"政治解决"叙利亚问题的协议，开启政治重建进程；而叙利亚政府和伊朗则期待能够最大可能地打击叙利亚反对派，收复尽可能多的叙利亚领土；土耳其希望保留北部伊德利卜省的"势力范围"，安置自己支持的叙利亚反对派；美国和西方国家支持叙利亚北部库尔德人"民主联盟党"，将其视为未来遏制伊斯兰极端组织和恐怖组织"复生"的重要力量；以色列、沙特阿拉伯和约旦则担忧伊朗在叙利亚境内的军事存在，希望俄罗斯能够保证伊朗及其支持的什叶派武装早日撤离叙利亚国土。② 面对错综复杂的当事方关系，相互交织的利益纠葛，如何保证叙利亚局势稳定，促成叙利亚战后政治重建的早日开启，成为俄罗斯在叙利亚未来最大的挑战。

---

① Zvi Magen, Udi Dekel and Sima Shine, Russia in Syria: Between Iran and Israel, *INSS Insight*, No. 970, September 2017, http://www.inss.org.il/publication/iran-israel-russia-syria, accessed 12 December 2017.

② 王晋：《以色列与俄罗斯之间的关键议题》，《世界知识》2016年第11期，第50~51页。

三 沙特阿拉伯在叙利亚问题上的立场与影响

沙特阿拉伯与叙利亚政府的敌对关系，可以归因为三个方面。首先是叙利亚和沙特阿拉伯之间存在意识形态的竞争关系，沙特阿拉伯所代表的瓦哈比-王国体制，与叙利亚阿拉伯复兴社会党所代表的世俗主义意识形态存在着巨大的分歧①；其次是在地区大国关系上，叙利亚长期与伊朗保持较为亲近的政治关系，而沙特阿拉伯与伊朗则长期处于敌对状态②；最后是在地缘政治竞争中，沙特阿拉伯与叙利亚长期处于竞争关系，尤其是在2005年亲沙特阿拉伯的黎巴嫩总理拉菲克·哈里里（Rafik al-Hariri）遇刺之后，沙特阿拉伯与叙利亚政府在黎巴嫩激烈博弈，最终促成了2008年的《多哈协议》。③ 2008年后，沙特阿拉伯和叙利亚之间紧张关系降温，沙特阿拉伯也试图通过拉拢叙利亚来孤立伊朗。2008年末以色列入侵加沙地区的"铸铅行动"（Operation Cast Lead）之后，沙特阿拉伯国王阿卜杜拉访问了大马士革，标志着沙特阿拉伯与叙利亚关系的全面回暖。但是叙利亚和沙特阿拉伯没有转化为亲近的盟友，沙特阿拉伯仍然视叙利亚为伊朗的地区盟友。随着2011年叙利亚动荡爆发，沙特阿拉伯随即介入叙利亚局势，谋求推翻巴沙尔政府。

沙特阿拉伯对于叙利亚局势的介入主要分为两个方面。一方面，在外交层面，沙特阿拉伯通过海湾合作委员会（Gulf Cooperation Council，GCC）向叙利亚政府施加，比如在2011年4月叙利亚动荡刚刚发生，海湾合作委员会就谴责叙利亚政府"惨无人道地镇压民众"，沙特阿拉伯国王阿卜杜拉也要求

---

① 关于阿拉伯复兴社会党和沙特阿拉伯瓦哈比教义之间的竞争关系，参见沈昌纯《阿拉伯世界当代主要思潮》，《阿拉伯世界研究》1998年第2期，第29~34页。
② Paul Aarts and Joris Van Duijne, Saudi Arabia after US-Iranian Détente: Left in the Lurch, *Middle East Policy*, Vol. XVI, No. 3, p. 30.
③ Benedetta Berti, Lebanoon's Quest for Independence: Between Fragmentation, Political Instability and Foreign Intervention, in Sai Felicia Krishna-Hensel eds., *Religion, Education and Governance in Middle East: Between Tradition and Modernity*, London: Ashgate, 2012, p. 32.

叙利亚政府"停止屠杀机器"。① 2011年11月，在沙特阿拉伯等国的支持下，"阿拉伯国家联盟"宣布，中止叙利亚政府的阿拉伯国家联盟成员国资格，在2013年"阿拉伯国家联盟"宣布将成员国资格授予了叙利亚反对派"全国联盟"。2012年1月，沙特阿拉伯撤离了阿拉伯国家联盟驻叙利亚维和部队中的沙特军队，并且关闭了驻大马士革的大使馆，同时驱逐了叙利亚驻沙特大使。② 在2015年9月俄罗斯直接出兵叙利亚之前，沙特阿拉伯曾经多次向俄罗斯许诺以经济支持和援助，来换取俄罗斯放弃叙利亚政府。沙特阿拉伯还与卡塔尔、阿联酋和科威特等海湾国家一道，多次劝说美国直接介入叙利亚内战。当2013年8月叙利亚化学武器事件在东古塔（Eastern Ghouta）爆发之后，沙特阿拉伯多次向美国表示，"武装干预叙利亚是最佳的选择"。③

另一方面，沙特阿拉伯试图通过支持叙利亚反对派武装来直接干预叙利亚内战进程。2011年以来，沙特阿拉伯、卡塔尔和阿联酋等海湾阿拉伯国家纷纷对叙利亚反对派武装进行援助，目的在于通过资金支持来帮助叙利亚反对派武装打击叙利亚巴沙尔政府。在2013年沙特阿拉伯成立了以时任国家安全委员会（National Security Council）秘书长班达尔·本·苏尔坦·萨乌德（Bandar bin Sultan Al Saud）为首的军事情报小组，专门负责援助叙利亚反对派武装，策动推翻叙利亚政府。④ 但是沙特阿拉伯等海外阿拉伯国家并没有过多地援助西方国家尤其是美国支持的所谓"温和""世俗"反对派

---

① Adrian Blomfield, Syria unrest: Saudi Arabia calls on "killing machine" to stop, *The Telegraph*, August 8, 2011, http://www.telegraph.co.uk/news/worldnews/middleeast/syria/8687912/Syria-unrest-Saudi-Arabia-calls-on-killing-machine-to-stop.html, accessed 12 December 2017.

② Yoe Goldmanl, Saudi Arabia, Italy and Holland close embassies in Syria, *The Times of Israel*, March 15, 2013, http://www.timesofisrael.com/saudi-arabi-italy-and-holland-close-embassies-in-syria, accessed 12 December 2015.

③ Adam Entous, Nour Mallas and Margaret Coker, A Veteran Saudi Power Player Works to Build Support to Topple Assad, *The Wall Street Journal*, August 25, 2013, http://online.wsj.com/article/SB10001424127887323423804579024452583045962.html, accessed 12 December 2015.

④ Adam Entous, Nour Malas and Margaret Coker Connect, A Veteran Saudi Power Player Works To Build Support to Topple Assad, *The Wall Street Journal*, August 25, 2013, https://www.wsj.com/articles/SB10001424127887323423804579024452583045962, accessed 12 December 2015.

武装，如"叙利亚自由军"（Free Syrian Army），而是支持秉持伊斯兰政治理念的武装力量，如"伊斯兰军"（Jaysh al-Islam）和"解放沙姆阵线"（Ahrar al-Sham）等。但是沙特阿拉伯对于某些秉持极端主义意识形态的叙利亚反政府武装，如极端组织"伊斯兰国"（ISIS）和"基地组织"叙利亚分支"征服阵线"（Jabhat al-Nusra），保持着较高的警惕，并不认同这些极端组织的政治理念，也号召阿拉伯国家和伊斯兰世界共同打击和抗击这些伊斯兰极端组织。在2014年3月，沙特阿拉伯正式将极端组织"伊斯兰国"和"征服阵线"列为"恐怖组织"。①

在2015年9月，随着叙利亚政府军在战场上发动大规模反击，叙利亚战场形势发生逆转，叙利亚反对派形势岌岌可危。在此背景下，沙特阿拉伯先是加大了针对美国的斡旋力度，希望能够促成美国直接出兵叙利亚。在2017年特朗普政府上台之后，沙特阿拉伯曾经加大游说力度，希望能够促成特朗普直接出兵叙利亚。当2017年4月和2018年4月叙利亚境内两次爆发化学武器事件，沙特阿拉伯一方面不断游说美国直接出兵，对叙利亚政府军展开大规模军事打击；另一方面，沙特阿拉伯也加大了对所支持的叙利亚反政府武装的援助力度，向"伊斯兰军"和"解放沙姆阵线"等组织提供反坦克导弹、防空武器等装备，力图增强反政府武装抗击叙利亚政府军的实力。但是随着特朗普政府出兵叙利亚意愿的减弱②，以及叙利亚政府军在战场上不断取得突破，沙特阿拉伯也逐渐放弃了传统的军事对抗，转而亲近俄罗斯，同时通过游说叙利亚反对派政治和军事团体，参与在日内瓦和索契举行的叙利亚问题和谈，来实现保存叙利亚反对派势力，遏制伊朗在叙利亚影响力的目标。③

---

① Lori Plotkin Boghardt, "Saudi Funding of ISIS", *Washington Institute*, June 23, 2014, http://www.washingtoninstitute.org/policy-analysis/view/saudi-funding-of-isis, accessed 12 December 2015.

② Joe Macaron, Trump is Offering Saudi Arabia a "Bad Deal" on Syria, *Al-Jazeera*, April 25, 2018, https://www.aljazeera.com/indepth/opinion/trump-offering-saudi-arabia-bad-deal-syria-180425053232930.html, accessed 12 June 2018.

③ 王晋：《土豪国王访问莫斯科——俄美势力在中东消长》，观察者网，2017年10月9日，http://www.guancha.cn/WangJin/2017_10_09_430206_s.shtml，2017-11-21。

四 伊朗在叙利亚问题上的立场与影响

1979年伊斯兰革命以来,伊朗就与叙利亚长期保持亲密的关系。一方面双方在地缘政治博弈中,长期面临来自伊拉克和沙特阿拉伯等"共同敌人"的威胁;另一方面伊朗和叙利亚都坚持"反对以色列"的政治立场,长期支持黎巴嫩"真主党"和巴勒斯坦"哈马斯"等武装团体。① 2011年叙利亚内战爆发以来,伊朗也积极地帮助叙利亚政府,直接派出武装人员进入叙利亚参战,并且组织和协调来自黎巴嫩、伊拉克和阿富汗等地的什叶派武装团体,帮助叙利亚政府军打击反对派武装。

伊朗坚决地支持巴沙尔政府为叙利亚"唯一合法政府",将叙利亚国内的政治动荡和内战冲突归咎于"西方世界的阴谋"。② 伊朗副外长胡赛因·阿米尔·阿卜杜拉希安(Hossein Amir Abdollahian)就曾表示:"我们并不是希望能够让巴沙尔·阿萨德成为终身总统,而是不希望看到极端分子和恐怖分子推翻巴沙尔和叙利亚政府。"③ 为了能够帮助叙利亚政府打击反政府武装,从2012年开始,伊朗派出以"伊斯兰革命卫队"为主的军事和情报人员进驻叙利亚,并且协调黎巴嫩"真主党"武装人员参与叙利亚内战。④

---

① Karim Sadjadpour, Iran: Syria's Lone Regional Ally, *Carnegie Endowment for International Peace*, June 9, 2014, http://carnegieendowment.org/2014/06/09/syria-s-lone-regional-ally-iran, accessed 12 June 2015.

② Ruth Sherlock, Iran Boosts Support to Syria, *The Telegraph*, February 21, 2014, http://www.telegraph.co.uk/news/worldnews/middleeast/iran/10654144/Iran-boosts-support-to-Syria.html, accessed 12 June 2015.

③ Moghtader Michelle, Iran does not seek indefinite power for Assad, senior diplomat says, *The Daily Star*, April 4, 2014, http://www.dailystar.com.lb/News/Middle-East/2014/Apr-04/252258-iran-does-not-seek-indefinite-power-for-assad-senior-diplomat-says.ashx#axzz2y7sng6sf, accessed 12 June 2015.

④ 比如在2012年初,伊朗伊斯兰革命卫队"圣城旅"领导人伊斯玛仪·贾阿尼(Ismail Gha'ani)在接受伊朗媒体采访时,承认已经有伊朗武装人员进驻叙利亚。Saeed Kamali Dehghan, Syrian Army Being Aided by Iranian Forces, *The Guardian*, May 28, 2012, https://www.theguardian.com/world/2012/may/28/syria-army-iran-forces, accessed 12 June 2015.

2014 年随着战场争夺陷入白热化，叙利亚政府军兵员数量不足，伊朗开始协调来自伊拉克的什叶派武装"真主党旅"（Kata'ib Hezbollah）、"义士联盟"（Asa'ib Ahl al-Haq）和阿富汗西部什叶派武装"法蒂玛旅"（Liwa Fatemiyoun）进驻叙利亚。随着战争的进行，来自伊朗的武器和后勤供应对于叙利亚来说越来越关键，伊朗也积极地开辟其他的运输渠道，如开辟连接黎巴嫩到叙利亚的运输通道，向叙利亚政府提供大批的军火、资金和补给。[①]

在 2015 年 9 月之后，随着俄罗斯直接介入叙利亚战事，叙利亚政府军武装开始在多个战线发动反击。伊朗"伊斯兰革命卫队""圣城旅"（Niru ye Qods）直接参与了在叙利亚北部阿勒颇省和伊德利卜省、中部霍姆斯省和代尔祖尔省、南部德拉省和库奈特拉省等地的军事行动，帮助叙利亚政府军和支持叙政府军作战的什叶派武装，打击盘踞在叙利亚中部、北部和南部的极端组织"伊斯兰国"、"征服阵线"、"伊斯兰军"和"叙利亚自由军"等反对派武装。有学者估计，在 2014 年伊朗每月向叙利亚政府提供 7 亿美元的经济、军事和其他援助，帮助叙利亚政府挺过国际和地区国家的经济封锁与制裁。[②]

除了直接的军事参与，伊朗还积极地与俄罗斯和土耳其一道，共同组织了"叙利亚问题阿斯塔纳和谈进程"。通过积极地协商与谈判，俄罗斯、土耳其、伊朗和叙利亚内战相关当事方，在 2017 年达成协议，在叙利亚境内设立四个"冲突降级区"[③]，帮助稳定叙利亚国内局势，积极推动叙利亚战后政治和经济重建。伊朗对于叙利亚的支持，在帮助稳固叙利亚巴沙尔政府的同时，也使得伊朗对叙利亚政府的影响力上升。2012 年叛逃的叙利亚前总理利亚德·希贾布（Riad Hijab）曾认为："叙利亚已经被伊朗占领。现在管理国家机构的不是巴沙尔·阿萨德，而是卡塞姆·苏莱曼尼

---

① 参见王晋《叙利亚重建面临的政治、经济和外交挑战》，《国际关系研究》2018 年第 2 期，第 27～45 页。
② Benedetta Berti and Yoel Guzansky, Saudi Arabia's Foreign Policy on Iran and the Proxy War in Syria: Towards a New Chapter? *Israel Journal of Foreign Affairs*, Vol. Ⅷ, No. 3, 2014, p. 25.
③ 王晋：《这半个月来，普京原来在忙这事儿》，观察者网，2017 年 5 月 9 日，http://www.guancha.cn/WangJin/2017_05_09_407350.shtml，2017 - 5 - 21。

（Qassem Sulaimani）。"[1] 尽管希贾布的说法不免夸张，但是2011年后伊朗在叙利亚境内影响力上升，是一个不争的事实。

伊朗对叙利亚的介入，也付出了巨大的代价。首先，伊朗为了帮助和支持叙利亚政府军和其他活跃在叙利亚境内的什叶派武装，人员伤亡较大。比如在2017年10月，伊朗伊斯兰革命卫队高级将领阿卜杜拉·霍斯拉维（Abdullah Khosravi）就在叙利亚阵亡，而伊朗军事人员在叙利亚阵亡的消息也时有报道。其次，介入叙利亚内战也使得伊朗国内社会背负了较大的经济负担，在2017年底伊朗国内爆发的大规模游行示威中，就有不少伊朗民众高呼"离开叙利亚""想想我们"的口号，显示出伊朗国内部分民众对于政府介入叙利亚内战的不满和担忧。[2] 最后，伊朗介入叙利亚局势，还引发了以色列和约旦等周边国家的担忧，更引发了沙特阿拉伯等阿拉伯国家对于伊朗所代表的"什叶派扩张"的忧虑。[3] 对于伊朗来说，如何能够在稳定叙利亚巴沙尔政权的同时，协调好地缘利益、国内发展和地区国家关切之间的关系，是一个需要认真思考的难题。

五 土耳其在叙利亚问题上的立场与影响

土耳其在叙利亚问题上的立场，主要出于两方面的关切。一方面土耳其执政党"正义与发展党"秉持"新奥斯曼主义"（Neo-Ottomanism）政治思想[4]，同情和支持"穆斯林兄弟会"和其他具有"泛伊斯兰主义"的政治力量，

---

[1] 卡塞姆·苏莱曼尼是"伊斯兰革命卫队""圣城旅"的指挥官。Joshua Hersh, Bobama: Syrian President Assad Must Step Down, *Huffington Post*, October 18, 2011, https://www.huffingtonpost.com/2011/08/18/obama-assad_n_930229.html, accessed 12 June 2015.

[2] 王晋：《在新年之际，伊朗怎么了？》，《新京报·快评》，2018年1月1日，http://www.bjnews.com.cn/opinion/2018/01/01/470786.html，2018-1-2。

[3] 王晋：《以色列与伊朗危险对峙，战争一触即发？》，《新京报·快评》2018年5月14日，http://www.bjnews.com.cn/opinion/2018/05/04/485652.html，2018-5-21。

[4] 有学者将"新奥斯曼主义"总结为"泛伊斯兰主义"和"泛突厥主义"的叠加，笔者以为此比喻十分贴切。See Omer Taspinar, Turkey's Middle East Policies: Between Neo-Ottomanism and Kemalism, *Carnegie Endowment for International Peace*, No. 10, September 2008, pp. 14-25; Deniz Bingol McDonald, Imperial Legacies and Neo-Ottomanism: Eastern Europe and Turkey, *Insight Turkey*, Vol. 14, No. 2, 2012, pp. 101-120.

因此反对叙利亚巴沙尔政府,支持叙利亚反对派;另一方面,2011年叙利亚内战爆发后,叙利亚库尔德人"民主联盟党"趁机在叙利亚北方的哈塞克、拉卡和阿勒颇等省站稳脚跟,而土耳其则将"民主联盟党"视为其国内反对派"库尔德工人党"(Kurdish Workers' Party, PKK)在叙利亚的分支。由于土耳其将"库尔德工人党"视为"恐怖组织",因此对于"民主联盟党"在叙利亚境内的活动保持警惕。

土耳其在叙利亚问题上的政策可以分为两个时期。前一个时期是从2011年叙利亚动荡爆发到2016年7月土耳其发生未遂军事政变,这一时期土耳其在叙利亚问题上积极与美国和欧洲合作,力求通过支持叙利亚反对派武装和政治团体,推翻叙利亚巴沙尔政府;而自2016年7月未遂军事政变之后,土耳其与美国和欧洲国家关系出现裂隙,与俄罗斯关系趋近,而且随着叙利亚政府军在战场上不断推进,土耳其事实上放弃了推翻叙利亚政府的政治目标,转而谋求在叙利亚北部建立"缓冲区",最大限度地打压盘踞在叙利亚北部的库尔德人武装。

2011年叙利亚动荡爆发之初,土耳其政府曾经号召叙利亚政府实施政治改革,与叙利亚反对派政治力量分享权力。叙利亚内战爆发之后,土耳其政府同情和支持叙利亚反政府力量。在2012年4月,土耳其主办了第二届"叙利亚之友"国际会议,帮助协调叙利亚反对派阵营内部不同派别的关系,争取西方世界和一些阿拉伯国家的援助。与此同时,土耳其在土叙边境地区开始组建叙利亚反政府武装"叙利亚自由军",并向"叙利亚自由军"提供武器弹药。为了削弱叙利亚政府的力量,土耳其甚至默许和纵容一些活跃在叙利亚境内的极端组织,在土耳其境内招募人员、建立营地和争取募捐,包括极端组织"伊斯兰国"在内的一些极端组织和恐怖组织,都将土耳其视为自己的"大后方",给国际、地区乃至土耳其自身的安全形势造成了非常恶劣的影响。[①] 随

---

① Lauren Williams, The Islamic State and Partisanship in Turkey, Carnegie Endowment for International Peace, December 17, 2014, http://carnegieendowment.org/sada/?fa=57544, accessed 12 June 2015; 王晋:《打击"伊斯兰国",土耳其欠叙利亚的债也该还了》,观察者网,2014年10月9日, http://www.guancha.cn/WangJin/2014_10_09_274140.shtml, 2015-5-21。

着俄罗斯在2015年9月直接出兵叙利亚,为了维护自己支持的反政府武装在叙利亚北部的控制区,土耳其在2015年11月击落了俄罗斯战机,与俄罗斯之间的双边关系跌入低谷。①

随着2016年未遂军事政变的爆发,土耳其在叙利亚问题上逐渐与西方产生裂痕,与俄罗斯和伊朗则逐渐走近。一方面土耳其认为,美国和欧洲是此次军事政变的幕后策划者,而且在军事政变失败后,一些政变军人被德国和希腊等欧洲国家庇护,土耳其认为政变的"总策划者"——土耳其宗教学者法鲁士·葛兰(Fethullah Gülen)被美国保护,而与之相反,俄罗斯则在政变爆发之前就向土耳其政府提出了预警,并且与土耳其一道抨击此次政变行为,因此土耳其"正义与发展党"政府对于俄罗斯十分信任②;另一方面,美国和西方世界将叙利亚库尔德人视为打击极端组织"伊斯兰国"的重要盟友,因此反对土耳其介入叙利亚北部打击当地的库尔德武装。③ 土耳其由于自身力量有限,无法全面干预叙利亚内战,只能选择性地介入最为关切的地区和议题。

2017年以来,土耳其一方面在外交领域,积极和俄罗斯、伊朗一道,参与"叙利亚问题阿斯塔纳和谈进程",通过谈判,获得了在叙利亚西北部伊德利卜省主导建立"冲突降级区"的资格,将伊德利卜省作为自己所支持的"叙利亚自由军"和其他反政府武装的"大本营";另一方面,土耳其分别在2016年和2018年初发动了代号为"幼发拉底盾牌"(Shield Euphrates)和"橄榄枝"(Olive Branch)的军事行动,旨在肃清叙利亚北部阿勒颇省

---

① 王晋:《土耳其想告诉俄罗斯,别忘了我!》,观察者网,2015年11月25日,http://www.guancha.cn/WangJin/2015_11_25_342500.shtml,2015-11-27。
② 王晋:《土耳其政变 总统和精神领袖的对决》,《联合早报》2016年7月21日,第A14版。
③ 关于土耳其与美国在库尔德问题上分歧的文章,可以参见Richard Sololsky, Trump Said What? How Chaos on Turkey, Kurds, and Syria Could Work for U. S., *Carnegie Endowment for International Peace*, December 27, 2017, http://carnegieendowment.org/2017/11/27/trump-said-what-how-chaos-on-turkey-kurds-and-syria-could-work-for-u.s-pub-74837; Michael Gunter, Trump, Turkey and the Kurds, *Middle East Policy*, Vol. 24, No. 2, June 2017, pp. 78-86。

幼发拉底河以西地区的"民主联盟党"和"人民保卫军"。土耳其的战略目标，已经不再是全面地推翻叙利亚政府，而是转为谋求在叙利亚北部建立"缓冲区"，安置境内数百万叙利亚难民，同时将伊德利卜省和阿勒颇省北部建成其支持的反对派武装"大本营"。[1]

土耳其在叙利亚的介入，面临着两方面的挑战。一方面，尽管土耳其已经被不少学者誉为"中等强国"（middle power）[2]，但是仍然缺少抗衡其他地区和域外大国的实力。在叙利亚内战战场上，土耳其必须与俄罗斯和美国保持充分的沟通，从而实现自己的战略利益。而事实上，美国和土耳其关系依旧僵冷，俄罗斯和土耳其也有着一些潜在的矛盾议题[3]，这些问题都可能会影响土耳其未来在叙利亚问题上的影响力。另一方面，库尔德议题是土耳其国内敏感议题，随着总统埃尔多安领导的"正义与发展党"在叙利亚境内持续打击库尔德人，其在土耳其国内库尔德群体中的支持率也大幅下跌，只能逐渐与秉持民族主义的右翼政党"民族行动党"（Nationalist Movement Party，MHP）走近。而这很可能会进一步加深土耳其国内社会和政治裂痕，不利于土耳其未来的国家社会秩序稳定。[4]

六 结论

经过国际社会的数年努力，和平解决叙利亚危机已成为普遍的共识，叙利亚各派力量积极参与围绕战后重建而开展的多边会谈。随着叙利亚政府军控制全国大部分领土，盘踞在叙利亚的"伊斯兰国""征服阵线"等极端组

---

[1] 王晋：《土耳其出兵阿夫林，在向谁"秀肌肉"？》中国网，2018年1月24日，http://opinion.china.com.cn/opinion_89_177889.html，2018-5-21。
[2] 关于土耳其是"中等强国"的表述，参见 Andrew Fenton Cooper, Niche Diplomacy: Middle Powers after the Cold War, London: Macmillan, 1997, pp. 184-196。
[3] 参见王晋《当前土耳其对俄罗斯政策探析》，《中东问题研究》2017年1月，第121~135页。
[4] 王晋：《土耳其大选，新哈里发诞生？》观察者网，2018年6月26日，http://www.guancha.cn/WangJin/2018_06_26_461426.shtml，2018-6-28。

织被基本消灭，俄罗斯宣布从叙利亚撤军，叙利亚和平进程朝着积极方向发展。目前，大国正在加大政治解决叙利亚危机的斡旋力度，叙利亚各派开始勾勒战后重建蓝图。但是鉴于叙利亚问题相关当事方，尤其是域外大国和地区大国相互之间错综复杂的关系，以及彼此交织的关切，未来叙利亚问题的解决，恐怕仍然将面临巨大的挑战，需要更多的耐心。

B.7
黑暗中的探索
——论欧盟对叙利亚政策

〔奥地利〕鲁迪格·洛克（Rüdiger Lohlker） 赵 娜*

摘 要： 欧盟与叙利亚的双边或者地区协议因受到叙利亚及地区形势的影响而难以执行。欧盟通过举办国际会议参与叙利亚事务，其关注的重点主要集中在与叙利亚的经济交往以及对叙利亚难民的人道主义援助方面。欧盟支持联合国关于政治解决叙利亚问题的原则，但从国际社会调解和欧盟政策实施的结果来看，欧盟内部的分裂以及其现实主义指导原则影响了对叙利亚政策的效力。

关键词： 叙利亚 欧盟 《欧盟与叙利亚联系协议》

在对欧盟（European Union）[①]与叙利亚关系进行研究之前，我们必须

---

* 鲁迪格·洛克（Rüdiger Lohlker），维也纳大学东方研究院教授、博士生导师，研究领域及学术成果涵盖阿拉伯国家宗教、政治、社会、文化等各个方面。代表作：《萨拉菲主义者：虔诚的叛乱者，沙特阿拉伯与伊斯兰教》（德语）（*Die Salafisten: Der Aufstand der Frommen, Saudi-Arabien und der Islam*, Verlag C. H. Beck, 2017）；主编关于吉哈德主义的系列杂志（英语），《吉哈德主义研究的新方法：线上与线下》（*New Approaches to the Analysis of Jihadism: Online and Offline*, Vienna University Press, 2012），《吉哈德主义：网络话语及其表征》（*Jihadism: Online Discourse and Representations*, Vienna University Press, 2013）。赵娜，西北大学历史学院博士研究生，研究方向为中东史。2017年10月至2018年6月受奥地利政府奖学金（Ernst-Mach-Eurasia Pacific Union）资助在维也纳大学东方研究院访问学习。

① 在本文写作过程中，英国仍被包含在欧盟成员国中，即使在脱欧公投后，英国去留的形势仍非常不明朗。

明确的是，欧盟及其成员国并没有统一的外交政策应对叙利亚问题。因此，我们无法将欧盟对叙利亚政策作为一个整体来研究，只能通过多样化的方法，从各个角度进行阐释。尽管如此，我们或许能从欧盟曾和叙利亚阿拉伯共和国（Syrian Arab Republic）签署过的两份协议中窥得两者关系的概貌。

一 双方协议的缔结与局限

从以下欧盟—叙利亚官方协议的引文中我们可以了解欧盟驻叙利亚代表（Delegation of the European Union to Syria）的官方意见：①

当前叙利亚与欧盟关系是在 1977 年《欧洲与叙利亚合作协议》（European-Syrian Cooperation Agreement）的框架下开展的。该协议主要是针对双方贸易，特别是大部分叙利亚工业产品可以免税进入欧盟市场，同时，欧盟将对叙利亚的生产和经济基础设施提供援助，鼓励双方开展经济对话。

双方分别于 1986 年和 1994 年对该协议进行了修订。1995 年开启巴塞罗那进程（Barcelona Process）② 之前，《欧洲与叙利亚合作协议》是欧盟发展与叙利亚合作的资金来源的保障与依据。

《欧盟与叙利亚联系协议》（EU – Syria Association Agreement）

双方经过谈判初步确定协议意向，但尚未正式签署。欧盟已经与所有参加欧洲—地中海伙伴关系的成员国（包括阿尔及利亚、埃及、约旦、以色列、黎巴嫩、摩洛哥、巴勒斯坦和突尼斯）签署了类似的协议，并通过该协议建立双边关系的主要框架。该协议涵盖三个主要领域：

---

① http://collections.internetmemory.org/haeu/content/20160313172652/；http://eeas.europa.eu/delegations/syria/eu_ syria/political_ relations/agreements/index_ en.htm, accessed December 7 2017.

② 欧洲—地中海伙伴关系（Euro-Mediterranean Partnership），指 1995 年召开的巴塞罗那欧洲—地中海会议（Barcelona Euro-Mediterranean Conference）中制定的加强地区关系的倡议，目前加入该伙伴关系的包括 27 个欧盟成员国和 9 个地中海国家和地区，以及 3 个候选国（克罗地亚、马其顿和土耳其）。https://www.barcelona.com/barcelona_ news/the_ barcelona_ process_ or_ euro_ mediterranean_ partnership, accessed December 24, 2017.

·政治关系：建立双方定期开展政治对话的制度机制，就共同关心的双边、地区和国际事务进行协商并促进相互理解。

·经贸关系：解除关税壁垒，在欧盟和叙利亚之间建立为期12年的自由贸易区。通过制定类似的制度监管或进行立法、行政、经济改革促进贸易。

·合作领域：协议涵盖几乎所有的合作领域，从教育和科学合作到文化遗产和环境保护，从卫生、农业到投资和打击有组织犯罪。

《欧盟与叙利亚联系协议》草案提出后，双方于1998～2004年间展开协商，但欧盟认为当时的政治环境不适合签署该协议。[①] 2008年12月，协议被重新提出，更新了一些技术性的条款，这些条款反映了当时欧盟的扩大及叙利亚自2004年启动的改革。2009年10月，欧盟成员一致希望与叙利亚正式签署该协议，而叙利亚则希望延后签署以便进一步考察该协议将给叙利亚经济造成的影响。

叙利亚危机发生后，欧盟对叙利亚实行武器禁运，多个欧洲国家关闭驻叙利亚的大使馆，协议的签署也因此被搁置。

二 双方经济往来与欧盟对叙利亚的支援

欧盟曾经是叙利亚最重要的贸易伙伴之一，在叙利亚巴沙尔政府遭受反对派武装及其他反对力量的严重打击后，欧盟对叙利亚的制裁影响到双边经济关系。在这场危机中，经济是各方经常讨论的话题，但诸如在叙利亚国土上架设输油管道等想法，在当前的政治环境中只是一种空谈，而且对政治发展毫无用处。由于政治因素，任何与油气管道相关的协商都陷入僵局。

不可否认，某些西方公司与"伊斯兰国"（ISIS）开展油气交易，

---

① 指2000年6月叙利亚前总统哈菲兹·阿萨德去世，2000年7月，其子巴沙尔·阿萨德继任总统，欧盟担心叙利亚国内政局不稳，影响协议的效力。

叙利亚蓝皮书

以确保其油气工程在"伊斯兰国"控制的区域顺利进行,同时也参与了"伊斯兰国"的石油走私。① 目前一家法国水泥公司遭受的法律制裁,也许提醒我们有必要了解叙利亚及其周边地区的地下经济及其对政治的影响。

总体来看,在目前的形势下,欧盟远没有显示出其对叙利亚局势的任何影响力。内战前欧洲在叙利亚的政治影响截至2013年已经消失殆尽。由于欧盟不存在一致的外交政策,欧洲对叙利亚政策只能依赖较大的欧盟成员国是否有能力和意愿在叙利亚投放地面军事力量。假如这些行动无法实现,叙利亚局势将处在俄罗斯、美国、中国、伊朗②、以色列③、土耳其和沙特阿拉伯等国家的影响之下。相较而言,其他地区的力量都不那么重要,而所谓欧洲强国只是作为其他强国的辅助力量而已。

自2016年以来,欧洲对叙利亚政策的潜在动机是对来自叙利亚等中东北非地区(the MENA region)战乱国家的难民数量增长的恐惧。而欧盟及其成员国对叙利亚最重要的政策主要是由德国发起。

为了应对难民危机,欧盟已经提出了很多不同的方案。其中,欧盟与土耳其的协议或许是其中最具争议性的方案。2016年3月18日,欧盟与土耳其发表"九个行动要点"(nine action points)的联合声明,旨在减少从土耳其至欧盟的走私及非法移民。该声明是2015年10月制定的"联合行动计划"(Joint Action Plan)的一部分,其主要意图是应对叙利亚的难民危机,

---

① Julian Robinson, "Letters reveal that French cement firm paid taxes to ISIS to protect its business in Syria... that has now become a base for Western special forces", *Mail Online*, 22 June 2016. http://www.dailymail.co.uk/news/article-3653896/Letters-reveal-French-cement-firm-paid-taxes-ISIS-protect-business-Syria-base-Western-special-forces.html, accessed 9 December 2017.

② 因为核查伊朗在叙利亚的基地有困难,参见 Thomas Pany, "Iranische Militärbasen in Syrien?", *Telepolis*, 4 December 2017, https://www.heise.de/tp/features/Iranische-Militaerbasen-in-Syrien-3908257.html, accessed 19 December 2017。

③ 有关以色列的立场,参见 Lihi Ben-Shitrit, Israel's Strategy in the Evolving Syrian Conflict, 14 December 2017, http://studies.aljazeera.net/mritems/Documents/2017/12/14/2337d2d89b1542f3a7950ab4330841df_100.pdf, accessed 19 December 2017。

目标是减少从土耳其前往希腊的非法移民数量。一旦达成降低难民数量的共识，欧盟与土耳其即开始实施自愿人道主义接纳计划（voluntary humanitarian admission scheme）。①

在此有必要强调，"该协议并非国际合约，对同等的组织和国家不具有约束力。因此，违背协议只会影响彼此的政治互信"。② 由此看来，欧盟与土耳其的协议并没有给叙利亚难民问题提供可持续的解决方案，难民危机的进展很大程度上影响着新一轮人道主义援助的启动。正如欧盟高级代表费代丽卡·莫盖里尼（Federica Mogherini）在 2017 年一次欧盟高级别会议中所言："欧盟很愿意为叙利亚冲突降级区和解放区的初步恢复提供援助，同时继续致力于为这个国家的未来投资。"③

叙利亚战争还没有结束，叙利亚人民仍在遭受战乱之苦。战争持续时间越长，恢复越慢，实现和解更难也更加痛苦。欧盟是对叙利亚国内和该地区的叙利亚人的主要捐助者。自叙利亚冲突伊始，欧盟已调用了将近 100 亿欧元对其进行人道主义、地区发展、经济和社会稳定的援助。

2017 年 9 月，莫盖里尼在接受阿拉伯天空新闻电视台（Sky News Arabia）的采访中说道："我们是努力构建解决方案的人，从人道主义、政治、经济、社会等方面解决问题。"同时，莫盖里尼代表欧盟在联合国大会宣布："欧盟已经准备好采取下一步措施，支持地区稳定。该地区暴力已经降级，我们将这一进程与阿斯塔纳（Astana）和谈、日内瓦和谈相联系，并

---

① Gloria Fernández Arribas, "The EU – Turkey Agreement: A Controversial Attempt at Patching up a Major Problem", *European Papers*, Vol. 1, No. 3, October 2016, pp. 1097 – 1104. http://www.europeanpapers.eu/en/system/files/pdf_ version/EP_ EF_ 2016_ I_ 040_ Gloria_ Fernandez_ Arribas_ 2. pdf.

② Gloria Fernández Arribas, "The EU – Turkey Agreement: A Controversial Attempt at Patching up a Major Problem", *European Papers*, Vol. 1, No. 3, October 2016, pp. 1097 – 1104. http://www.europeanpapers.eu/en/system/files/pdf_ version/EP_ EF_ 2016_ I_ 040_ Gloria_ Fernandez_ Arribas_ 2. pdf.

③ Gloria Fernández Arribas, "The EU – Turkey Agreement: A Controversial Attempt at Patching up a Major Problem", *European Papers*, Vol. 1, No. 3, 2016, p. 1098. http://www.europeanpapers.eu/en/system/files/pdf_ version/EP_ EF_ 2016_ I_ 040_ Gloria_ Fernandez_ Arribas_ 2. pdf.

开始计划未来的重建工作。但高级代表也明确表示必须在日内瓦和谈认同政治转型的前提下才能开展重建工作。"

第二次欧盟高级别会议于2018年4月24~25日召开,欧盟与国际社会一道启动"布鲁塞尔进程"(Brussels Process),主要议题是对叙利亚难民(包括叙利亚境内和黎巴嫩、约旦、土耳其等邻国的难民)提供人道主义援助,以及支持恢复联合国领导的政治和谈,实现叙利亚的和平政治转型。但此次会议是在大马士革近郊的杜马镇发生化武袭击以及美国对叙发动导弹袭击之后召开的,其政治解决前景备受怀疑。总体来看,由于军事、政治、经济、人道主义的发展现状,欧盟的承诺在短期内无法兑现。欧盟对叙利亚政策从人道主义角度来看并不大可能实现。

三 对单一国家方案的追求和受挫

自2011年叙利亚爆发危机以来,叙利亚人民遭受越来越多的苦难,大量难民逃亡欧洲,国际社会曾尝试寻求各种解决冲突的方案。

在联合国前任秘书长科菲·安南(General Kofi Annan)领导的第一轮谈判中,欧洲只起到非常小的作用。和谈开始于大规模武装冲突爆发之前,那时候是阻止战争的最佳时机。安南提出的六点计划获得了欧盟、五个安理会常任理事国以及阿盟的支持。尽管如此,这个提议从一开始就注定失败,因为和谈以及谈判达成的计划本身并不是建立在公正的基础上的。根据国际和平机构(International Peace Institute)2016年的报告,会议议程受到对巴沙尔·阿萨德持有偏见以及反对派内部分裂等诸多因素的影响。反对派得到美国和法国的支持,充满底气,但过于急躁。当巴沙尔·阿萨德按照谈判要求撤回军事攻击时,反对派反而乘机推进其占领区域。可以预料,巴沙尔·阿萨德会予以回击,导致局势发展到军事冲突阶段。2012年8月,安南退出,并承认调解失败。

在叙利亚问题上,欧盟及其成员国法国、英国采取了类似于他们在利比亚内战中的政策。法国前总统萨科齐(Sarkozy)和英国前首相戴维·卡梅隆（David Cameron）起初是强烈反对军事干预利比亚冲突的，但外交和非暴力方案被忽略了。在叙利亚，"（阿萨德政权）妥协的条件主要是停止对反对派的资金和武器援助，但其要求被无情地拒绝了"。①

四 对安南计划的评价

"安南计划的主要弱点在于完全依赖外部力量对叙利亚政权施加压力，但并没有给巴沙尔·阿萨德正面的激励。欧洲几乎未能说服反对派做出任何妥协，同样未能将逾70个反对派整合为统一的谈判实体。法国则提出更进一步的要求，即支持反对派迫使巴沙尔·阿萨德下台。至2014年初，法国一直非法向反对派提供武器装备。

相比之下，德、法曾作为中间方，促成了乌克兰和俄罗斯的协议，即两度签署《明斯克协议》（Minsk Protocol）。两国对乌克兰施加强大的压力，迫使乌克兰做出巨大让步以求得和平。同样，在伊朗核问题谈判中，法、英、德、欧盟扮演着重要的角色，同美、俄、中一起促成了协议的签署。

欧洲对乌克兰、伊朗以及对叙利亚、利比亚、塞尔维亚的区别对待可能正是由于他们惧怕与俄罗斯和伊朗爆发冲突。在2003年伊拉克战争中欧盟成员国的不同立场也可以从这个角度来理解。海湾战争结束后，美、英联合对伊拉克进行轰炸，法国退出了那场令人质疑的行动，和俄罗斯一道改善与伊拉克的关系。从法国所处的地位能够更清楚地体会到入侵伊拉克将付出的代价。但无论如何，法国显然通过争取新的安理会授权得到了更多的利益，包括赢得维护国际法的好名声。②

---

① Mary Ellen O'Connell, "Europe and Syria: Diplomacy, Law, War", *European Papers*, Vol. 2, No. 1, 2017, pp. 15-21. http://www.europeanpapers.eu/en/system/files/pdf_version/EP_EJ_2017_1_4_Overview_Mary_Ellen_O_Connell.pdf.
② Mary Ellen O'Connell, "Europe and Syria: Diplomacy, Law, War", *European Papers*, Vol. 2, No. 1, 2017, pp. 15-21. http://www.europeanpapers.eu/en/system/files/pdf_version/EP_EJ_2017_1_4_Overview_Mary_Ellen_O_Connell.pdf.

不同于长期支持叙利亚反对派的一贯立场,法国新一届政府放弃了以巴沙尔·阿萨德下台为谈判前提的要求,但仍然坚持巴沙尔·阿萨德不能在未来的叙利亚长期执政。① 英国仍继续坚持以推翻阿萨德政权作为政治转型的前提。② 那些自称"叙利亚之友"的团体和欧盟成员国未来将采取的立场都不明朗。德国对叙利亚政策则取决于新一届政府的抉择。

然而,在欧盟内部还存在更有影响力的政治观点。如倾向于"更现实"的外交政策,即欧盟通过法律途径实现其承诺的和平,而现实主义在外交政策的语境中等同于付诸武力。如果这种观点的最终目的是武力解决,那将会是严重的错误,之前的军事干预就曾遭遇可悲的失败。就欧盟自身来看,这也有悖于其捍卫国际法的义务。③

2017年召开的"慕尼黑安全会议"(Munich Security Conference)的报告中提出,欧盟必须能够领导像2011年对利比亚空袭那样的行动。报告称:"简而言之,因为欧洲的安全形势变得更具挑战性,美国似乎越来越不愿意继续为捍卫这片大陆承担责任。不管欧洲人喜不喜欢,都必须面对这个问题。"④

环绕欧盟的不是一圈统治有方的国家,相反,欧盟面对的是一条政治、经济动荡的弧线。正如瑞典总理、海安会顾问委员会(MSC Advisory Council)成员卡尔·比尔特(Carl Bildt)所言,"欧盟处在一个火圈中"。除了这些威胁,网络空间也出现了新战场。网络上不断出现针对欧洲公司、

---

① https://www.reuters.com/article/us-mideast-crisis-syria-france/france-says-powers-must-impose-transition-onsyrians-no-role-for-assad-idUSKCN1BC4I4, accessed December 21, 2017.

② https://www.reuters.com/article/us-un-assembly-syria/anti-assad-nations-say-no-to-syria-reconstruction-untilpolitical-process-on-track-idUSKCN1BT1WP, accessed December 21, 2017.

③ Mary Ellen O'Connell, "Europe and Syria: Diplomacy, Law, War", *European Papers*, Vol. 2, No. 1, 2017, p. 20. http://www.europeanpapers.eu/en/system/files/pdf_version/EP_EJ_2017_1_4_Overview_Mary_Ellen_O_Connell.pdf.

④ Munich Security Conference/McKinsey & Company/Hertie School of Governance, More European, More Connected and More Capable: Building the European Armed Forces of the Future, München: Stiftung Münchner Sicherheitskonferenz 2017, p. 10. https://www.securityconference.de/de/debatte/european-defence-report/, accessed December 12, 2017.

国家机构和社会的网络攻击和信息战。①

慕尼黑安全会议的报告认为，未来欧洲的主要任务，是建立能够进行多样性作战能力的军队。② 在 2003 年入侵伊拉克前，美国外交政策评论员罗伯特·卡根（Robert Kagan）曾经用"美国人来自火星，欧洲人来自金星"③来比喻美国和欧洲维护权力的不同方式，但这个观点未来可能或者可以说已经被证实是错误的了。从欧盟不同成员国的外交政策中我们可以证明："欧盟已经意识到其在国际舞台上的地位已经被削弱，同时，由于面临内部的严重分裂，在 2016 年的全球战略中，欧盟采取'原则性实用主义'（principled pragmatism）作为未来指导其对外行动的原则。这种模糊的措辞说明了欧盟外交政策的前提是安全，以及在其外围建立有缓解冲突与压力的国家和社会。这个政策表明欧盟已不同于一些局外人在过去 25 年所了解的指手画脚的传教士形象。"

虽然欧盟仍然受制于《欧盟条约》（Treaty on European Union）④ 第 21 条规定的宪法责任，即向外传播其价值观，同时仍然明确表示出对国际法的尊重，但不得不承认，欧洲正在以一种更加现实的方式接近世界。这一对外行动的新原则可能有助于应对严重分裂的中东，在中东问题上，需要依赖环境而非偏好来决定政策。2016 年 5 月 23 日的欧盟外交事务委员会（Foreign Affairs Council）确认了遏制和击败"伊斯兰国"（DAESH，"伊斯兰国"阿

---

① Munich Security Conference/McKinsey & Company/Hertie School of Governance, More European, More Connected and More Capable: Building the European Armed Forces of the Future, München: Stiftung Münchner Sicherheitskonferenz 2017, p. 10. https://www.securityconference.de/de/debatte/european-defence-report/, accessed December 12, 2017.
② 参见德国外交政策网，https://www.german-foreign-policy.com/news/detail/7471/, 7 December 2017, accessed 12 December 2017。
③ 白宫前官员罗伯特·卡根在其著作《天堂与权力》（*Of Paradise and Power*）中借用火星和金星的比喻，认为美国和欧洲对于权力的维护方式完全不同，美国拥有军事实力，也有意愿付诸武力，而欧洲总是采用协商和妥协的外交手段。http://www.telegraph.co.uk/news/worldnews/northamerica/usa/1423535/Americans-are-from-Mars-Europeans-from-Venus.html, accessed December 12, 2017.
④ 1992 年在荷兰马斯特里赫特（Maastricht）签订，是欧洲诸国决定建立欧盟的基本条约之一。

拉伯语名称的首字母）这一迫在眉睫的战略目标，制定了欧盟应对叙利亚、伊拉克以及"伊斯兰国"威胁的区域战略，明确其首要目标是努力实现叙利亚、伊拉克和其他地区的长治久安。在这一点上，欧盟作为军事力量欠发达的国际组织几乎起不到任何实际作用。但是其成员国作为个体活跃在针对叙利亚空中和地面的打击行动中，法、德、英和其他欧盟成员国参加了美国主导的、针对叙利亚和伊拉克境内的"伊斯兰国"的军事打击。一些国家是因为在法国遭受2015年11月巴黎恐袭后，启动欧盟集体自卫条款而参加军事行动的。欧盟其他成员国，如克罗地亚、捷克、丹麦、爱沙尼亚和匈牙利则参与武装和训练伊拉克的"自由斗士"（Peshmerga）①、支持欧盟对难民，包括伊拉克的"自由"库尔德地区流离失所的人，进行人道主义援助。这些都为欧盟参与重建工作提供了铺垫，但到目前为止，这些重建活动尚未从伊拉克扩展到叙利亚。②

近期形势的发展表明欧盟成员国在叙利亚（包括中东北非地区）问题上，彼此的立场存在深刻分歧。考虑到目前叙利亚的局势，无论在地面还是空中，欧盟都将无法在叙利亚或中东北非地区实施有效的军事行动。当前，来自全球的参与者如美国、俄罗斯和中国起着更重要的作用，而区域参与者如伊朗、以色列、土耳其，某种程度上包括沙特阿拉伯与大国一起，决定着地区事务。

最近发生的国际事务可以说明这一点。且不论最近美国总统特朗普发表的关于耶路撒冷地位的声明，或者也门战争中沙特阿拉伯领导的联军声称要打击伊朗的影响（截至目前还没有得到证实），我们注意到美国和俄罗斯在叙利亚的影响力得到了增强。比如俄罗斯和美国支持的"叙利亚民主力量"（Syrian Democratic Forces）③——由库尔德人领导的联盟在地区事务中崛起，

---

① 伊拉克库尔德武装力量，因为伊拉克军队不能进入库尔德地区，因此，该地区的安全事务主要由该武装力量负责。
② Steven Blockmans, *In Search of a Role to Play*: *The EU and the War in Syria*, *Carnegie Europe*, 18 August 2016, pp. 1 – 23. https://carnegieendowment.org/files/CP_284_Pierini_Syria_Final.pdf, accessed December 12, 2017.
③ 根据美国国防部的信息，库尔德人占到40%。https://en.wikipedia.org/wiki/Syrian_Democratic_Forces, accessed 24 December 2017.

但这股力量遭到土耳其的强烈反对。①

可以说，欧盟成员国的严重分歧将意味着欧盟不会在叙利亚起到其本应该起到的重要作用，未来欧盟的作用将取决于叙利亚在危机中对国家政策的调整。

---

① Elke Dangeleit, "SDF: Im Boot mit den USA und Russland?", *Telepolis*, 10 December 2017, https://www.heise.de/tp/features/SDF-Im-Boot-mit-den-USA-und-Russland-3914807.html?seite=all, accessed 20 December 2017. 有关俄罗斯对叙利亚的外交政策行动，参见 Al Jazeera Centre for Studies, *Between Astana and Geneva: The outlook of conflicting agendas in the Syrian crisis*, 1 March 2017。http://studies.aljazeera.net/mritems/Documents/2017/3/1/6fba8f853ff74a6fb9e95515b6186367_100.pdf, accessed 20 December 2017.

B.8
叙利亚库尔德问题的历史演变与当前发展

闫 伟*

摘　要： 叙利亚独立后，以阿拉伯文化构建国家民族认同，库尔德人沦为"二等公民"。叙利亚复兴党上台后，对库尔德人采取同化和拉拢相结合的政策，打压库尔德民族运动。这使库尔德民族运动严重分裂，无力抵制复兴党的统治。巴沙尔·阿萨德就任总统后，库尔德人的反抗加剧，2004年爆发了骚乱。2011年初，叙利亚危机发生后，在叙政府与反对派的冲突中，库尔德人受益，基本控制叙利亚库尔德地区。叙利亚库尔德问题是当前影响叙利亚问题走向的重要因素。

关键词： 库尔德问题　叙利亚问题　复兴党　民族关系

叙利亚具有多元化的民族和教派构成。截至2018年8月，叙利亚总人口约1980万，其中80%以上为阿拉伯人，其余为库尔德人、亚美尼亚人、土库曼人等。从宗教上看，85%的叙利亚人为穆斯林，14%为基督徒。在穆斯林中，逊尼派约占80%，什叶派（阿拉维派、德鲁兹派、伊斯玛仪派等）约占20%。[①] 2011年以来，叙利亚政局动荡，并演变为高烈度的内战。叙

---

* 闫伟，西北大学中东研究所、叙利亚研究中心副教授。
① 《叙利亚国家概况》，http://www.fmprc.gov.cn/web/gjhdq_676201/gj_676203/yz_676205/1206_677100/1206x0_677102/。

利亚内战一定程度上使库尔德人受益，后者建立了自己的武装，并且控制了库尔德地区，成为国中之国。当前，叙利亚库尔德问题已成为影响叙利亚问题走向的关键因素。鉴于此，本文系统梳理叙利亚库尔德问题的演变，进而为审视当前库尔德问题乃至叙利亚问题提供帮助。

一 叙利亚库尔德问题的衍生

在十字军东征之前，库尔德人开始大规模迁往叙利亚，一些库尔德军人和封建主在叙利亚定居。当时，库尔德人也迁往叙利亚北部重镇阿勒颇附近的库尔德山区（Kurd-Dagh）。历史上，统治叙利亚和埃及的阿尤布王朝就是由库尔德人建立的。叙利亚独立后，叙利亚库尔德人零星分布于叙北部和东北部地区，并未连为一体。当前，库尔德人是叙利亚人口最多的少数民族，总人口约 200 万，① 大部分属于逊尼派。

（一）法国委任统治时期库尔德民族主义的兴起

第一次世界大战结束后，奥斯曼帝国作为战败国行将解体。依据英法秘密签订瓜分中东地区的《赛克斯—皮科协定》，叙利亚在一战后脱离土耳其，成为法国的委任统治地。法国与土耳其于 1921 年划定了叙土边界，库尔德人分居于两国。叙利亚库尔德人主要分布于叙北部和东北部地区，在地理分布上相互隔绝。从社会构成上看，当时叙利亚库尔德人仍以部落社会为主，大都为 17 世纪后逐渐由土耳其迁至此地，因此与土耳其库尔德人存在紧密的联系。在奥斯曼帝国统治下，库尔德人尤其是军人具有一定的特权。法国在叙利亚建立委任统治后，库尔德人主要以部落认同为主，民族认同十分虚弱。随着委任统治的进行，以及民族主义的传播，叙利亚库尔德人的民族认同开始出现。

20 世纪 20 年代，土耳其境内的一些库尔德民族主义者流亡叙利亚，并

---

① Kerim Yildiz, *The Kurds in Syria: The Forgotten People*, Pluto Press, 2005, p. 23.

且得到委任统治当局的庇护。这些流亡者社会构成复杂，既有受到西方文化尤其是民族主义影响的知识阶层，也有传统的部落民和宗教人士。他们也没有形成统一的主张，运动的目标大致有：反对凯末尔的民族主义和土耳其化的政策，要求实现库尔德社会和文化的发展。但是，这些流亡者没有提出库尔德独立建国的主张。① 他们在土耳其发动的政治运动被挫败后，转向文化领域，着力加强库尔德语言、文化、历史等方面的普及和统一，试图以此强化库尔德人的民族认同。②

法国委任统治建立后，叙利亚国内派系复杂，各种民族主义运动破土而出。法国为了维系委任统治，在叙利亚推行"分而治之"政策，以便挑拨叙利亚各派的矛盾，达到维持殖民统治的目的。法国以民族归属和宗教信仰为标准，将叙利亚划分为阿拉维派、德鲁兹派、亚历山大塔勒等不同的区域，并授予其自治权。③ 受此影响，库尔德人也逐渐获得自治权和文化自主权。1928年，法国提出了"泰瑞尔方案"，允许库尔德人在加兹拉实行自治，默许库尔德文化运动。库尔德人的力量在叙利亚北部迅速膨胀。20世纪20、30年代，库尔德人控制了叙北部一些地方的政府和军队，在叙利亚流亡的库尔德人还获得了公民权。

1936年，叙利亚独立后，阿拉伯人开始掌握政权，打压库尔德人。阿拉维派和德鲁兹派自治区域和特殊地位得以保留，但库尔德人则受到压制，未能获得民族权利。借此，库尔德人发起了民族主义运动，要求获得与阿拉维派、德鲁兹派类似的自治权利和地位，但遭到叙利亚新政权的拒绝。④

法国结束委任统治后，叙利亚面临着如何处理复杂的族际和教派关系的难题。即在缺乏历史基础却具有多元和分裂的社会构成前提下，如何构建民

---

① Jordi Tejel, *Syria's Kurds*: *History, Politics and Society*, Routledge, 2009, p. 19.
② David McDowall, *A Modern History of the Kurds*, I. B. Tauris, 2007, p. 468.
③ Moshe Ma'oz, *Modern Syria*: *From Ottoman Rule to Pivotal Role in the Middle East*, Sussex Academic Press, 1999, pp. 2 - 3.
④ 1936年后，阿拉伯人组建了新政府，法国开始退居幕后。

族国家认同的问题。法国委任统治客观上激发了不同民族和派系的矛盾。在叙利亚独立的背景下,库尔德人在新的国家的地位问题成为叙利亚的一个重要挑战。叙利亚库尔德问题也由此产生。

(二)叙利亚独立后库尔德问题的形成

叙利亚在历史上没有建立过自己的国家。如何界定新生国家的历史与文化属性,并以此为继承构建民族国家的认同,是叙利亚独立初期面临的重要问题。叙利亚独立后,随着法国的撤离,各派脆弱的平衡被打破。不同民族和派系争权夺利。叙利亚独立初的20余年中,发生了16次军事政变,政局动荡异常。[①] 与此相伴随,阿拉伯人尤其是阿拉维派逐渐掌权,库尔德人的地位则急剧下降。

叙利亚独立之初,阿拉伯逊尼派掌控政权,阿拉维派、德鲁兹派、库尔德人则在军队中具有重要影响。这种独特的权力结构极不稳定。掌握军权的少数派频频发动政变,挑战逊尼派阿拉伯人的统治。叙利亚独立初发生的前三次军事政变都是由少数派策划的,而其中有两次由库尔德人主导。阿拉伯民族主义者为了维持统治,开始打压库尔德人,清洗军队中的库尔德人,军事院校停止招收库尔德学生等。

20世纪中后期,中东的阿拉伯民族主义迅速发展,叙利亚也深受影响,以阿拉伯民族属性构建民族认同,试图强化民族国家认同,削弱地方性和教派认同。叙利亚的阿拉伯民族主义者认为,库尔德人是西方殖民主义者和犹太人安插在阿拉伯世界的代理人,是威胁阿拉伯统一和团结的重要因素,因此进一步打压库尔德人。特别是1958年埃及和叙利亚合并,"阿拉伯联合共和国"成立后,开始大规模辞退各级政府中的库尔德官员,禁止在公共场合传播库尔德文化,在库尔德聚居区实行阿拉伯化。

叙利亚于1961年退出"阿拉伯联合共和国"后,库尔德人的地位仍然

[①] Amos Perlmutter, "From Obscurity to Rule: The Syrian Army and the Ba'th Party", *Political Research Quarterly*, 1969, Vol. 22, No. 4, 1969, p. 827.

叙利亚蓝皮书

低下。叙利亚 1961 年宪法规定国名为"叙利亚阿拉伯共和国",并未考虑库尔德人的感情。叙利亚随后颁布"九十一号法令",对叙利亚库尔德地区进行人口普查。库尔德人如无法证明在 1945 年前就已在叙利亚生活,其公民权将被取消。受此影响,大约 12 万库尔德人丧失了叙利亚公民权,占加兹拉库尔德人的 35% 以上。① 一些叙利亚高官也未能幸免。这些库尔德人丧失了入学、财产和政治权利。

在叙利亚去库尔德政策的刺激下,库尔德人则发起了民族运动予以回应。叙利亚库尔德人于 1956 年成立"叙利亚库尔德民主党"(下称"库民党"),但它的目标主要局限于促使叙利亚政府承认库尔德人的民族权利,推动库尔德人的自治和经济、社会发展。② 即便如此,该党还是遭到镇压,数千名党员遭到抓捕。1962 年后由于内部各派相互倾轧,库民党陷入分裂。

二 复兴党时期的叙利亚库尔德问题

1963 年,复兴党通过政变上台执政。1970 年,哈菲兹·阿萨德发动"纠正运动",确立了以阿拉维派为中心的威权制度。阿萨德政权为扩大统治基础,淡化教派差异,进而宣扬阿拉伯民族主义,大肆宣称叙利亚为"阿拉伯人的祖国",试图继续同化库尔德人。

(一)复兴党的库尔德政策

1963 年,哈塞克省的安全事务官员希拉尔向叙政府提交关于库尔德问题的秘密报告。他指出,库尔德人没有历史、文明、语言、民族起源,他们是阿拉伯民族的"恶性肿瘤",库尔德民族主义与犹太复国主义无异。他认为,叙利亚政府应当将库尔德人强制迁往叙利亚腹地,将阿拉伯人迁入叙利亚北部库尔德人聚居区,进行反对库尔德人的宣传,挑拨库尔德人内部的矛

---

① David McDowall, *A Modern History of the Kurds*, I. B. Tauris, 2007, pp. 473 – 474.
② Jordi Tejel, *Syria's Kurds*: *History*, *Politics and Society*, Routledge, 2009, pp. 48 – 49.

盾，进而压制库尔德民族认同和民族运动。① 叙利亚复兴党正是以此为基础，应对库尔德问题。

第一，复兴党在政治上对库尔德人恩威并重。复兴党以宗教少数派为基础，受到主体教派逊尼派的挑战。因此，复兴党政权在强调叙利亚的阿拉伯属性、宣扬阿拉伯民族主义和淡化教派隔阂的同时，也注重对库尔德人尤其是库尔德精英的拉拢。一方面，复兴党政权拉拢一些库尔德领袖，将其纳入复兴党和军队，允许其参选议员。库尔德人甚至曾担任叙利亚总理、部长和情报机构主管等高级职位。② 但担任高官和议员的库尔德人必须对复兴党政权效忠。另一方面，复兴党政权拒绝给予库尔德人民族权利，否认库尔德人作为民族（ethnic group）的存在，镇压库尔德民族运动，仍未恢复之前被剥夺公民权的库尔德人的权利。他们成为二等公民，不能接受教育，也不能和阿拉伯人通婚。20世纪末，仍有20多万叙利亚库尔德人没有国民的身份和相应的权利。

第二，叙利亚复兴党政权推行"阿拉伯化"。20 世纪 60～70 年代，复兴党政权推行殖民的政策，即在叙土和叙伊边境地区建立"阿拉伯地带"，强制该地区的库尔德人前往南部地区，没收库尔德人在该地区的土地，分配给阿拉伯人。复兴党政权试图通过这一政策削弱库尔德的影响和库尔德人的认同观念。哈菲兹·阿萨德上台后，推行"阿拉伯化"的政策，强调叙利亚的阿拉伯历史，弱化库尔德人在叙利亚的历史记忆，进而强化叙利亚的阿拉伯属性。20 世纪 80 年代，叙利亚政府禁止在公共场合使用库尔德语，以及在学校中以库尔德语授课。③ 但叙利亚的亚美尼亚人、犹太人等有学习和使用自己民族语言的权利。20 世纪 90 年代，复兴党政权强制规定，所有以库尔德语命名的地名、店铺、村庄必须重新以阿拉伯语命名，不许库尔德儿

---

① Philip G. Kreyenbroek, Stefan Sperl, *The Kurds: A Contemporary Overview*, Routledge, 1992, pp. 119 – 123.
② Jordi Tejel, *Syria's Kurds: History, Politics and Society*, Routledge, 2009, pp. 65 – 66.
③ 叙利亚的亚美尼亚人、亚述人和犹太人可以公开学习和使用其民族语言。

童以库尔德语起名字。① 复兴党政权不允许人们公开庆祝库尔德新年、宣传库尔德艺术和文化等。

第三,复兴党将"库尔德问题"服务于其地区外交。20世纪中后期,库尔德民族运动在土耳其和伊拉克迅速发展,对这土伊两国造成了严重威胁。叙利亚和伊拉克因复兴党领导权问题龃龉不断。叙利亚与土耳其也存在领土和水资源争端。叙利亚将库尔德问题作为向土伊两国要价的筹码。为此,阿萨德政权支持土伊两国的库尔德运动。70年代初,叙利亚介入伊拉克的库尔德民族运动。70年代中期之后,叙利亚还试图促成"库尔德斯坦爱国联盟"(PUK)和伊拉克库尔德民主党(KDP)和解,允许两者在叙利亚建立办事处,招募叙利亚库尔德人。海湾战争后,伊拉克库尔德人获得了自治权。

20世纪后期,叙利亚和土耳其在幼发拉底河河水分配问题上的冲突不断。叙利亚为了制约土耳其,开始支持土耳其的库尔德工人党,默许该党在叙利亚建立基地。该党在叙北部地区与土耳其的冲突,造成了大量叙利亚库尔德人伤亡。②

(二)库尔德民族运动的发展

20世纪60年代,叙利亚"库民党"内部在政治目标、与伊拉克库尔德民族运动的关系,以及与复兴党政权的关系等问题上分歧加剧。③ 受此影响,该党分裂为两派:其一,主要为库尔德社会中下层,由库尔德学生、教师和平民组成;其二,主要为社会精英,包括地主和宗教人士等。复兴党政权注重拉拢库尔德精英,以便削弱库尔德民族运动。20世纪60年代,叙政府任命库尔德宗教领袖库夫塔鲁(Ahmad Kuftaru)为大穆夫提,任期长达40年。达维什(Hajj Darwish)和梅洛(Daham Miro)等叙利亚库尔德知名政治领袖与阿萨德政权过从甚密。这削弱了库尔德领袖在

---

① Kerim Yildiz, *The Kurds in Syria: The Forgotten People*, Pluto Press, 2005, pp. 116 – 121.
② Jordi Tejel, *Syria's Kurds: History, Politics and Society*, Routledge, 2009, p. 76.
③ "*Who is the Syria-Kurdish Opposition?*", Berlin. *Kurd Watch*, Report 8, 2011, p. 11.

库尔德人中的威信。①

  土耳其和伊拉克两个国家库尔德运动在叙利亚的发展，一定程度上也削弱了叙本土库尔德运动的自主性。20世纪70年代，伊拉克的库尔德民主党首领巴尔扎尼曾推动叙利亚库尔德政党实现暂时的统一和团结。但20世纪70年代中期，叙利亚库尔德运动的两大主要派别再一次发生严重分裂。② 库工党遭到土耳其的打击后，逐渐转移至叙北部。该党逐渐扩大在叙利亚库尔德人中的影响。约20%的土耳其"库工党"成员拥有叙利亚国籍。③ 20世纪中后期，叙利亚本土的库尔德民族运动处于边缘化地位，分裂为十余个派别，也没有明确的政治纲领。④ 土耳其和伊拉克的库尔德力量反而在叙利亚影响巨大。正如一位叙利亚库尔德人所言："人们对叙利亚库尔德政党失望至极。将他们的要求寄希望于本土库尔德政党并不现实。"⑤

  土耳其和伊拉克的库尔德运动在叙利亚的渗透与活动客观上强化了叙利亚库尔德人的民族认同。长期以来，叙利亚的库尔德民族运动局限于文化运动，而且缺乏组织，行动十分松散。但是，境外库尔德流亡者为了获得叙利亚库尔德人的支持，必须激发后者的民族认同。因此，这些境外力量开始积极在叙利亚库尔德人中推动库尔德文化的复兴。流亡叙利亚的库工党积极支持叙利亚库尔德人庆祝库尔德节日，鼓励使用库尔德语，发展文学、艺术，编撰历史图书等。这在很大程度上激发了叙利亚库尔德人的文化和历史认同。在叙利亚北部库尔德人聚居区，数万人过库尔德传统节日，库尔德人也开始更多地穿戴库尔德传统服饰。"库工党"的到来不仅激发了库尔德的跨界民族认同，而且还积极资助叙利亚库尔德人的活动。例如，资助出版库尔

---

① Jordi Tejel, *Syria's Kurds: History, Politics and Society*, Routledge, 2009, pp. 89–90.
② 参见 David McDowall, *A Modern History of the Kurds*, I. B. Tauris, 2007, pp. 477–479。
③ Christian Sinclar, Sirwan Kajjo, "The Evolution of Kurdish Politics in Syria", *Middle East Report*, August 31, 2012.
④ 参见 ACCORD, *Human Rights Issues Concerning Kurds in Syria*, Austrian Red Cross, 2010, pp. 76–78。
⑤ Jordi Tejel, *Syria's Kurds: History, Politics and Society*, Routledge, 2009, p. 91.

德语图书和杂志。① 70年代,叙利亚库尔德人在叙黎出版的库尔德语图书合计仅3部。80、90年代,在上述两国出版的图书分别为20部、111部,库尔德语报刊达到10余种。② 因此,20世纪末,叙利亚库尔德人在民族认同和组织上都迅速发展,也开始更加积极地争取政治权利。随着2011年叙利亚危机的爆发,叙利亚库尔德人积极地参与叙利亚乱局中,并成为影响叙利亚未来发展的重要力量。

三 叙利亚乱局下库尔德问题的变迁

2000年,巴沙尔继承其父阿萨德的总统之位,叙利亚政治发展进入新时期,叙利亚库尔德运动也受到影响。事实上,叙利亚早在1998年就与土耳其签订了《阿达纳协定》,叙利亚停止支持"库工党",并将之认定为"恐怖组织",驱逐"库工党"领袖奥贾兰。③ 叙利亚本土库尔德政党的影响显著增强。与"库工党"具有联系的叙利亚"库尔德民主联盟党"成为叙利亚库尔德人的领导力量。该党的目标包括:叙利亚政府承认库尔德人的民族地位,推动库尔德人的社会经济与文化的发展,库尔德人实现自治。

巴沙尔上台之初,叙利亚出现了所谓的"大马士革之春",叙利亚的政治气氛趋于活跃,各种反对派蠢蠢欲动。库尔德人也积极参与其中,开展自治游行和示威,要求政府承认库尔德人的地位。④ 2003年,伊拉克复兴党政权倒台后,伊拉克库尔德人的地位极大地提高,从而激励了叙利亚库尔德人的民族运动。正如一位叙利亚库尔德人所言:"伊拉克战争将我们从恐惧中解放。库尔德人当选伊拉克总统后,库尔德人开始在叙利

---

① Jordi Tejel, *Syria's Kurds: History, Politics and Society*, Routledge, 2009, p. 104.
② M. Malmisanij, *The Past and The Present of Book Publishing in Kurdish Language in Syria*, Next Page Foundation, 2006, p. 14.
③ Michael B. Bishku, "Turkish-Syrian Relations: A Checkered History", *Middle East Policy*, Vol. XIX, No. 3, 2012, pp. 45 - 46.
④ Jordi Tejel, *Syria's Kurds: History, Politics and Society*, Routledge, 2009, pp. 113 - 114.

亚争取政治和文化权利。"①

2004年3月12日，叙东北部的一场足球赛中，阿拉伯人和库尔德人爆发严重冲突。双方严重对抗，阿拉伯人高举萨达姆的画像，侮辱伊拉克库尔德领袖。库尔德人则打出了美国总统小布什的画像，声称愿为小布什牺牲。② 叙利亚政府最终镇压了库尔德人。库尔德人则以袭击叙利亚主要城市的政府部门作为报复。双方的冲突造成数百人死伤，数千人被捕。其中，绝大多数是库尔德人。③ 这是1946年叙利亚独立后库尔德人首度大规模挑战阿拉伯人的统治，反映了叙利亚民族矛盾的激化，以及库尔德人民族运动的强化。一位库尔德人对此表示，"政府对我们压迫是因为我们的民族特征，我们必须团结起来"。④ 但是，叙利亚库尔德人在这次骚乱中并未提出明确的政治纲领。

2010年末，阿拉伯世界出现了严重的政治动荡，叙利亚也受到波及。2011年，叙利亚爆发抗议运动后，反对派的主要目标是要求进行政治改革。但是，随着叙利亚政府的镇压，以及外部力量的干涉，叙利亚政治危机迅速演变为内战。叙利亚内战不仅具有深刻的教派因素，也体现了严重的民族隔阂。在叙利亚政治危机爆发之后，库尔德人蠢蠢欲动。2011年10月7日，库尔德叙利亚领袖塔莫（Mashaal Tammo）遇刺身亡。库尔德人认为是叙利亚政府所为，10余万库尔德人涌上卡米什利街头，反对巴沙尔政权。由于复兴党政权属于宗教少数派阿拉维派，其主要的对手是逊尼派阿拉伯人。因此，叙利亚危机爆发后，复兴党试图拉拢同为少数派的库尔德人，给予30万库尔德人以叙利亚国籍。⑤ 在这种情况下，叙利亚库尔德运动各派实现了联合，以便在叙利亚乱局中自处。

2011年10月，叙利亚11支库尔德力量联合创建了"库尔德民族委员

---

① Joshua Landis, Joe Pace, "The Syria Opposition", *The Washington Quarterly*, Vol. 30, No. 1, 2006 – 2007, p. 53.
② Jordi Tejel, *Syria's Kurds: History, Politics and Society*, Routledge, 2009, p. 115.
③ Jordi Tejel, *Syria's Kurds: History, Politics and Society*, Routledge, 2009, p. 116.
④ Jordi Tejel, *Syria's Kurds: History, Politics and Society*, Routledge, 2009, p. 124.
⑤ "Assad Gives Syria's Kurds Citizenship", *The Australian*, April 8, 2011.

会"。此后，叙利亚"库尔德民族委员会"和"库尔德民主联盟党"联合，成立"库尔德最高委员会"（Kurdish Supreme Committee）。该组织也成为叙利亚库尔德地区的控制力量。库尔德最高委员会还创设了安全部队（People's Protection Units），控制了绝大多数叙利亚库尔德人聚居区。叙利亚库尔德地区事实上处于自治状态。

2014年以来，"伊斯兰国"在叙利亚大肆扩张，极大地威胁了叙利亚库尔德地区的安全。叙利亚库尔德武装也与"伊斯兰国"进行了长达三年多的战争。2017年末，"伊斯兰国"在叙利亚的势力基本瓦解。特别是，2018年初，随着土耳其直接出兵叙利亚，与叙利亚库尔德武装争夺阿夫林，使叙利亚国内的局势愈加紧张。另外，"伊斯兰国"败亡后，叙利亚也开启了政治重建进程。库尔德人与复兴党政权在未来叙利亚政治重建问题上也存在着尖锐的矛盾。可以说，库尔德人也成为影响叙利亚政治发展的关键因素。

如今，叙利亚库尔德人已实现自治，但叙利亚库尔德问题的前景还取决于叙利亚各派力量的博弈。从民族国家的视角看，叙利亚为有核心的多民族、多教派的国家。但是，叙利亚主体民族、教派与政治权力的分配存在错位的现象。即少数派阿拉维派掌控国家政权，多数派阿拉伯逊尼派以及库尔德人则处于从属地位。这是复兴党政权的内在症结。长达8年的叙利亚内战打破了复兴党的权力架构，为库尔德人改善地位甚至获得自治权提供了机遇。在叙利亚内战中，库尔德人成为反对派和复兴党政权拉拢和争取的对象，并获得美国的支持。叙利亚库尔德人也成为当前叙利亚内战的三大力量之一。鉴于此，类似于伊拉克战争之后的库尔德人，叙利亚库尔德人在未来的叙利亚重建中有望获得民族地位。但叙利亚库尔德人的自治仍然存在严重挑战。一是叙利亚库尔德人人口较少，实力较弱，而且较为分散。二是无论反对派还是复兴党政权，都强烈反对库尔德人自治。事实上，库尔德人未来的地位问题本质上是叙利亚不同族裔和教派的权力的分配问题。尽管当前库尔德人事实上已实现自治，但在未来的重建中仍然存在很大的不确定性。

B.9 叙利亚战乱中的难民问题及现状

王 晋*

摘 要： 自2011年叙利亚战乱爆发以来，难民问题成为国际社会关注的焦点议题之一。叙利亚难民的产生主要是受到战火影响，也受到生存环境恶化的影响。叙利亚难民主要分布在叙利亚周边邻国土耳其、约旦、黎巴嫩及欧洲地区。叙利亚难民问题的解决面临着挑战，首先是联合国难民署针对叙利亚难民的救助资金仍然缺乏，其次是叙利亚难民所在国仍然缺少足够的应对准备和举措，最后是相关国家之间缺少针对叙利亚难民问题的合作与协调。叙利亚难民问题仍然会是未来影响叙利亚问题最终解决的重要难题之一。

关键词： 叙利亚战乱 难民问题 联合国难民署

叙利亚内战自从2011年爆发以来，不仅给叙利亚造成了严重的人员和财产损失，也给叙利亚带来了巨大的人道主义危机，造成了数量庞大的难民群体。截止到2017年初，已经有约1100万叙利亚人逃离家园，600多万叙利亚人逃离叙利亚。[①] 叙利亚难民主要分布在周边各国，尤其是土耳其、黎

---

* 王晋，以色列海法大学政治学院博士研究生，西北大学叙利亚研究中心特聘研究员。
① 其中被联合国难民署（UNHCR）登记在册的约510万人，而据一些媒体估计，有600多万平民因为战火离开叙利亚。"Life and death in Syria", *BBC News*, 15 March 2016, http://www.bbc.co.uk/news/resources/idt-841ebc3a-1be9-493b-8800-2c04890e8fc9, accessed 15 July 2016.

巴嫩、约旦和伊拉克四国。其中，土耳其和伊拉克的叙利亚难民相对境遇较好，而黎巴嫩和约旦的叙利亚难民则由于所在国孱弱的经济现实，其境遇相对较差。① 曾任联合国难民署高级专员的安东尼奥·古特雷斯（António Guterres）（现任联合国秘书长）曾指出："叙利亚难民危机是我们当前面临的最严峻的人道主义危机。"②

一 叙利亚难民的分布与形成

截至2017年5月，联合国难民署已经在叙利亚周边国家建立了多个叙利亚难民营地。在土耳其，叙利亚难民的安置点主要分布在哈塔伊省的靠近叙利亚边境的阿帕伊丁（Apaydin）、亚伊拉达基（Yayladagi）、塔克尔（Takel）和吉利斯省（Kilis）的翁库比纳（Oncupinar）等地；在黎巴嫩，叙利亚难民主要分布在黎巴嫩北部靠近叙利亚边境地区，如瓦迪·哈立德（Wadi Khalid）、哈尔巴（Halba）、阿尔萨勒（Aarsal），以及一些大城市如首都贝鲁特和的黎波里；在约旦，则主要分布在靠近叙利亚边境的伊尔比德（Irbid）、阿尔·马夫拉克（Al Mafraq）和首都安曼。③ 从叙利亚难民的角度看，前往土耳其的叙利亚难民主要来自阿勒颇省、伊德利卜省和拉塔基亚省，前往黎巴嫩的叙利亚难民主要来自霍姆斯省、哈马省和大马士革省，前往约旦的叙利亚难民主要来自德拉省、苏韦达省和库奈特拉省。④ 由于绝大多数叙利亚难民并没有留住在难民营内，而是分散在土耳其、约旦和黎巴

---

① Katharina Lenner and Susanne Schmelter, Syrian Refugees in Jordan and Lebanon: Between Refuge and Ongoing Deprivation? *Mediterranean Yearbook 2016*, p. 119.

② "Syrian Refugees Biggest Humanitarian Crisis", *Middle East Star*, 30 August 2014, http://www.middleeaststar.com/news/225225113/syrian-refugees-biggest-humanitarian-crisis, accessed 15 July 2016.

③ 关于叙利亚难民营地的信息及具体分布，可以分别参见 Refugee Response—Turkey, http://data.unhcr.org/syrianrefugees/country.php? id = 224; Refugee Response—Jordan, http://data.unhcr.org/syrianrefugees/country.php? id = 107; 2017 February Statistical Data。

④ Katharina Lenner and Susanne Schmelter, Syrian Refugees in Jordan and Lebanon: Between Refuge and Ongoing Deprivation? *Mediterranean Yearbook*, 2016, pp. 121 - 123.

嫩等国境内的社会上，这对各国管理和救助叙利亚难民造成了巨大的困难。

欧洲是很多叙利亚难民的"首选目的地"。从前往欧洲的路径看，可以分为东、中、西三个路径。东部路径是，从土耳其乘船穿越爱琴海，到达希腊，或者是通过土耳其经由罗马尼亚、保加利亚、匈牙利等国进入欧洲；中部路径则从黎巴嫩乘船到达利比亚，再从利比亚向北穿越地中海到达意大利；西部路径则是从摩洛哥北部到达西班牙南部。在2015年，选择通过东部路径到达欧洲的叙利亚难民为42万人，选择通过中部路径到达欧洲的叙利亚难民达到14万人，而选择通过西部路径到达欧洲的只有约2.8万人，绝大多数叙利亚难民仍然将土耳其－希腊路径作为到达欧洲的首选路径。[①] 截止到2017年10月，总计有近100万叙利亚难民向欧盟国家提交了"庇护"申请，其中60%的申请者希望能够前往德国和瑞典生活，20%的申请者希望能前往匈牙利、奥地利、荷兰、希腊和丹麦等国生活，20%的申请者希望前往其他欧洲国家生活。[②] 德国和瑞典成为叙利亚难民前往欧洲的"首选之地"。2015年德国收容了将近35%的入境欧洲的叙利亚难民，而欧盟国家收容叙利亚难民的平均比例只有约13%。[③] 但是从2016年开始，德国一方面收紧了难民准入门槛，在2016年仅有不到5%的难民得到了德国政府颁发的合法难民身份[④]，另一方面重新在边境地区设立了检查站，防止难民大规模涌入。

前往欧洲的叙利亚难民人数仅占叙利亚内战难民人数的10%左右，余

---

① Rossen Koroutchev, "The Syrian Refugee Crisis in Europe", *Journal of Liberty and International Affairs*, Vol. 1, 2016, p. 27.
② "Syiran Asylum Applications", *UNHCR*, http://data.unhcr.org/syrianrefugees/asylum.php.
③ Rossen Koroutchev, "The Syrian Refugee Crisis in Europe", *Journal of Liberty and International Affairs*, Vol. 1, 2016, p. 32.
④ 关于德国救助叙利亚难民的概况，可以参见Suman Momin, "A Human Rights Based Approach to Refugees: A Look at the Syrian Refugee Crisis and the Responses From Germany and the United States", *Duke Forum For Law and Social Change*, Vol. 9, No. 55, 2017. https://scholarship.law.duke.edu/cgi/viewcontent.cgi?referer=&httpsredir=1&article=1066&context=dflsc.

下约90%的叙利亚难民分布在土耳其和其他阿拉伯国家境内。[①] 土耳其是叙利亚难民最大的接收国，也是受到叙利亚难民影响最大的国家。在叙利亚内战爆发之初，土耳其认为叙利亚内战将会很快结束，因此对于涌入的叙利亚难民并不担心，既不核实叙利亚难民身份，也不限制叙利亚难民在土耳其境内的活动，积极地扮演人道主义救援先锋的角色，希望能够借机提升自身的地区影响力。但是随着战事的延续，涌入土耳其境内的叙利亚难民人数激增，给土耳其的国内政治、经济和社会秩序带来极大挑战。叙利亚内战前，土耳其和叙利亚之间"互免签证"的协议，使得叙利亚难民能够相对自由和方便地前往土耳其。而基于《联合国难民公约》中的"不推回原则"[②]的要求，土耳其不能把进入土耳其境内的叙利亚难民驱逐出境。土耳其财政能力有限，在2015年就向难民提供了大约32亿美元的援助，是2014年的2倍，是2015年国内生产总值的近0.4%，比例之高居世界之首。[③] 而且一些伊斯兰极端分子往往也藏匿在难民人群中，进入土耳其，或通过土耳其进入欧洲伺机发动袭击。此外，涌入土耳其的叙利亚难民还扰乱了土耳其国内的劳动市场，鉴于难民无法获得合法的劳动资格，因此只能通过"打黑工"的方式赚取薪金，导致一些低端制造业、服务业和农业领域的薪金大幅下降，扰乱了土耳其国内就业市场秩序。

二 叙利亚难民问题的演变

叙利亚难民问题最早出现在2011年5月，当时叙利亚国内动荡刚刚开始，数百名阿勒颇地区的叙利亚人向北逃亡，进入土耳其境内。至2011年年中，土耳其境内的叙利亚难民已经达到了15000人左右。为了安置这些叙

[①] "Syrian Regional Refugee Response", UNHCR, March 2016, http：//data.unhcr.org/syrianrefugees/regional.php.
[②] 李明奇、廖恋、张广新:《国际难民法中的不推回原则》,《学术交流》2013年第4期,第54页。
[③] Republic of Turkey Prime Ministry Disaster and Emergency Management Authority, *Turkey Most Generous Country in the World*, http：//www.afad.gov.tr/en/4345/Turkey-most-Generous-Country-in-the-World.

利亚难民，土耳其政府在土叙边境小镇翁库比纳（Oncupinar）设立难民营，但是该难民营规模有限，只能容纳大约8000人。与此同时，在叙利亚内战爆发之后，大批叙利亚难民开始涌入邻国黎巴嫩和约旦。截至2011年底，已有6000~8000名叙利亚难民滞留黎巴嫩，2500名叙利亚难民滞留约旦。2012年4月10日，在联合国-阿盟叙利亚危机联合特使科菲·安南（Kofi Atta Anna）的调停下，叙利亚内战实现了临时停火。根据联合国的统计，2012年4月叙利亚临时停战时，大约有20万叙利亚民众因为战火流离失所，其中大约25000名叙利亚难民逃亡到土耳其，10000人逃亡到了黎巴嫩，7000人逃亡到了约旦，800人逃亡到了伊拉克。[1] 但是2012年中期，叙利亚内战战火重燃，叙利亚难民人数激增，2012年7月时，联合国难民署登记的叙利亚难民人数已经增至112000人。[2] 随着战火逼近叙利亚首都大马士革，大约2万名叙利亚难民出逃到黎巴嫩。[3] 除了逃亡周边邻国，一些叙利亚难民也开始乘船逃向欧洲和美洲。[4] 截至2012年底，叙利亚难民人数已突破75万，其中接近15万人涌向土耳其，54000人涌向伊拉克北部库尔德自治区，9000人涌向伊拉克中央政府控制区，15万人涌向黎巴嫩，14万人涌向约旦，15万人涌向埃及。[5] 随着战争的持续，叙利亚难民的数量持续增长。

截止到2016年12月，土耳其收容了300多万叙利亚难民，黎巴嫩收容了200多万人，约旦收容了100余万人，德国收容了约60万人，沙特阿

---

[1] "Syria: Refugees Brace for More Bloodshed", *News 24*, March 12, 2012, https://www.news24.com/World/News/Syria-Refugees-brace-for-more-bloodshed-20120312.

[2] "Number of Syrian Refugees Triples to 112000 since April", *UNHCR*, July 17, 2012, http://www.unhcr.org/500530136.html.

[3] "Free Syrian Army Seizes Control of 4 Border Crossings with Turkey, Iraq", *Al Arabiya*, July 19, 2012, https://english.alarabiya.net/articles/2012/07/19/227324.html.

[4] "Syrian refugee flees all the way to Colombia to escape the violence at home", *UNHCR*, June 24, 2013, http://www.unhcr.org/cgi-bin/texis/vtx/search?page=search&docid=51c846139&query=colombia%20syria.

[5] "UN: 150000 Syrian refugees have fled to Egypt", Yahoo, October 18, 2012, https://www.yahoo.com/news/un-150-000-syrian-refugees-fled-egypt-114105346.html.

拉伯、阿联酋、伊拉克、科威特、埃及、瑞典、匈牙利、加拿大、希腊、克罗地亚等国，也都收容了为数不等的叙利亚难民。① 世人在关注叙利亚难民本身的政治和社会权利的同时，也逐渐意识到难民对于接收国所带来的巨大的社会和经济压力。一些难民在接收国无法找到合适的工作，生活失去来源，且面临当地犯罪组织的欺辱和袭扰；而面对汹涌而来的叙利亚难民，一些接收国则经受了巨大的经济和社会压力，有限的社会公共资源无法在短时间内承受暴增的难民人口。② 特别是对部分欧洲国家造成了巨大的压力。

叙利亚难民问题，不断拷问着国际社会的良知。在 2015 年 9 月，一个因偷渡而溺水身亡的叙利亚男孩阿兰·库尔迪（Alan Kurdi）被海浪带到土耳其海滩的照片，引发了世界舆论的广泛关注，联合国难民署高级专员古特雷斯呼吁欧盟"在特殊时刻采取特殊手段……欧盟当前别无选择，只能动员一切力量来应对危机。当前欧盟及其成员国需要在责任、团结和互信的基础上，实施统一的战略"。③ 巨大的舆论压力也促使欧洲国家、土耳其、约旦和埃及等国共同采取措施，合理安置和帮助叙利亚难民。④ 比如土耳其、黎巴嫩、约旦、伊拉克和埃及等国就实施了"地区难民救助计划"（Regional Refugee and Resilience Plan，3RP）来帮助协调联合国难民署、各国政府和非政府组织之间的关系。"地区难民救助计划"将自己的职责定义为"难民救助与人道主义援助；对难民聚集中心进行人口统计和分析；为

---

① 关于叙利亚难民的具体数据，可以参见"Syria Regional Refugee Response"，UNHCR，http：//data. unhcr. org/syrianrefugees/regional. php。
② 关于难民问题的讨论，可以参见 Kemal Kiriş̧ci, Syrian Refugees and Turkey's Challenges：Beyond The Limits of Hospitality, Brookings, May 2014, https：//reliefweb. int/sites/reliefweb. int/files/resources/Syrian% 20Refugees% 20and% 20Turkeys% 20Challenges% 20% 20KKirisci%20May%2012% 202014. pdf。
③ "UNHCR Chief Issues Key Guidelines For Dealing with Europe's Refugee Crisis", UNHCR, September 4, 2015, http：//www. unhcr. org/55e9793b6. html。
④ "Patrick Kingsley and Safak Timur", The Guardian, December 31, 2015, https：//www. theguardian. com/world/2015/dec/31/alan – kurdi – death – canada – refugee – policy – syria – boy – beach – turkey – photo。

难民提供健康、教育、水源和居住服务;弥补机构、体系和基础设施上的不足和差异"。①

三 叙利亚难民的现状及原因

叙利亚难民的产生有着多方面的原因。叙利亚难民中,男性难民比例为49.3%,女性难民比例为50.7%。② 根据土耳其救助机构的调查,90%以上的叙利亚难民是因为"安全因素"而离开故土,逃亡到其他国家寻求庇护,而因为"政治迫害"和"经济原因"逃离故土的叙利亚难民比例分别为4%和2%左右。③ 大约有三分之一(37.5%)的叙利亚难民在逃亡过程中,经历了亲友的丧生,迫切需要心理救助。④ 很多难民在逃离叙利亚之后,仍然与叙利亚国内频繁联系,在2014年大约44%的叙利亚难民频繁穿越叙利亚和所在国的边境。这些往返于边境线的叙利亚难民中,大约有53.7%的难民是为了与家人亲友见面,22.6%的难民是为了回家查看自己的财产,3%的难民是为了做一些小生意贴补家用。⑤ 根据2015年联合国难民署和世界银行的一份针对约旦境内叙利亚难民的调查报告,叙利亚难民整体相对年轻,约旦境内81%的叙利亚难民是35岁以下的年轻人,受教

---

① "3RP: Regional Refugee and Resilience Plan (2015 – 2016)", *UNDP*, http://www.arabstates.undp.org/content/rbas/en/home/ourwork/SyriaCrisis/projects/3rp.html.
② "Syria Regional Refugee Response", *UNHCR*, http://data.unhcr.org/syrianrefugees/regional.php.
③ Devarajan, Shantayanan; Mottaghi, Lili; Do, Quy-Toan and Abdel Jelil Mohamed (eds), Syria: Reconstruction for Peace, MNA Economic Monitor, The World Bank, 2017, p. 18. http://documents.worldbank.org/curated/en/926891468186561984/Reconstruire – la – Syrie – sans – une – perspective – de – paix.
④ Devarajan, Shantayanan; Mottaghi, Lili; Do, Quy-Toan and Abdel Jelil Mohamed (eds), Syria: Reconstruction for Peace, MNA Economic Monitor, The World Bank, 2017, p. 19. http://documents.worldbank.org/curated/en/926891468186561984/Reconstruire – la – Syrie – sans – une – perspective – de – paix.
⑤ Mehmet Balcilar, Syrian Refugees in Turkey and the Experience of War, Working Paper, p. 26. http://www.mbalcilar.net/UPI499993.pdf.

育程度较低,80%以上的难民仅有小学或者小学以下教育程度。① 大约有30万出生于2011年以后的叙利亚儿童以难民的身份,跟随父母散布于土耳其、约旦、伊拉克、埃及、黎巴嫩等国家②,而内战以及颠沛流离的生活对于难民儿童的成长势必造成巨大的心理阴影。③

从来源地看,叙利亚难民主要来自战火频仍的地区,包括中部的大马士革地区,北部的霍姆斯、阿勒颇、代尔祖尔和伊德利卜地区,以及南部的德拉地区。由于叙利亚内战涉及派系众多,而且战场往往针对各个城市街区展开争夺,因此叙利亚平民伤亡人数也很高。比如2015年的统计显示,内战造成的平民伤亡人数占总伤亡人数的71%,而飞机轰炸造成的平民伤亡人数占总伤亡人数的比例高达92%。④ 与此同时,叙利亚国内受战火影响而逃离家园的民众,仍然可能在未来持续迁徙,直至逃离到周边邻国和其他国家。

战火使得叙利亚一些地区的民众生活难以维持。阿勒颇省将近一半的房屋在2013年底已经被战火损毁,⑤ 将近40%的叙利亚人无法获得有效和及时的医疗救助,有40万叙利亚平民因为战火而与外界失去联系。⑥ 叙利亚国内的医院和医疗机构面临着缺少设施、缺医少药的境地。截至2014年2月,大约15000名叙利亚医生逃离叙利亚。截至2015年5月,阿勒颇城内

---

① "The Welfare of Syrian refugees: evidence from Jordan and Lebanon", The World Bank, December 16, 2015, http://www.worldbank.org/en/news/feature/2015/12/16/welfare-syrian-refugees-evidence-from-jordan-lebanon.

② "No Place for Children", UNICEF, March 2016, http://www.unicef.org/media/media_90453.html.

③ Richard Akresh, Leonardo Lucchetti and Harsha Thirumurthy, "War and Child Health: Evidence from the Eritrean-Ethiopian Conflict", *Journal of Development Economics*, Vol. 99, No. 2, November 2012, pp. 330-340.

④ Abdel Jelil, The Middle Class and the Syrian Civil War, Working Paper, p. 3.

⑤ Devarajan, Shantayanan; Mottaghi, Lili; Do, Quy-Toan and Abdel Jelil Mohamed (eds), *Syria: Reconstruction for Peace*, MNA Economic Monitor, The World Bank, 2017, p. 21. http://documents.worldbank.org/curated/en/926891468186561984/Reconstruire-la-Syrie-sans-une-perspective-de-paix.

⑥ "Humanitarian Atlas", UNOCHA, https://humanitarianatlas.org/syria/#features.

原有的6000多名医务人员中,只有62人留在城内坚持工作,其他医务人员已经随着难民潮逃离城市。① 根据联合国难民署估计,有大约300万叙利亚儿童和孕妇面临营养不良的威胁,自来水供应量只相当于2011年前的三分之一。② 叙利亚国内供水设施受到战火的严重影响,大约1200万人无法获得清洁的饮用水,将近70%的叙利亚人需要冒着生命危险去获取饮用水。

在一些战火频仍的城市,如阿勒颇、霍姆斯、哈马等,人们的生活生产面临巨大的挑战。③ 相对较差的基础设施和巨大的生活需求缺口,将会继续迫使受到战火影响的叙利亚民众逃离家园。另外,叙利亚国内的难民营和安置点往往处在战火波及的城市周边地区,而由于内战的影响,各个大城市往往被不同的政治军事派别分割为不同的占领区,难民营的供给和安全无法得到有效的保证;不同的军事派别往往会直接或者间接地将难民营作为袭击目标,甚至一些武装分子也会藏匿于难民之中,威胁到叙利亚境内难民营和安置点的安全。

战火摧毁了很多叙利亚难民的生活家园。调查结果显示,有大约36%的受访叙利亚难民表示,自己的家乡已经被战火摧毁,无法继续在家乡生活;有22.5%的受访者表示,自己完全不知道家乡的情况,希望能够了解关于家乡局势的最新进展。④ 对于这些叙利亚难民来说,回到叙利亚是他们的重要目标和期望。面对"何时回到叙利亚"这一问题,将近65%的叙利亚难民表示,等到内战结束就回到叙利亚,21%的叙利亚难民表示,要等到"政府变更"之后才会考虑返回叙利亚,而有14%的叙利亚难民表示,需要

---

① Charlie Dunmore, "Doctors Face Uphill Task to Threat Syria's Mental Wounds", *UNHCR*, March 11, 2016, http://www.unhcr.org/56e2870c9.html.
② Sima L. Sharara and Souha S Kanj, "War and Infectious Diseases: Challenges of the Syrian Civil War", *Plos Pathogens*, Vol. 10, Issue1, 2014, p. 2.
③ Devarajan, Shantayanan; Mottaghi, Lili; Do, Quy-Toan and Abdel Jelil Mohamed (eds), Syria: Reconstruction for Peace, MNA Economic Monitor, The World Bank, 2017, p. 23. http://documents.worldbank.org/curated/en/926891468186561984/Reconstruire-la-Syrie-sans-une-perspective-de-paix.
④ Mehmet Balcilar, Syrian Refugees in Turkey and the Experience of War, Working Paper, p. 28. http://www.mbalcilar.net/UPI499993.pdf.

确定自己的家乡战火停止后，才会考虑返回叙利亚。①

战争完全打乱了叙利亚民众的正常生活。战争同样使得叙利亚国内电力供应出现巨大缺口，2011年内战爆发前，叙利亚国内95.7%的工厂依靠电力保证生产，但是在2014年只有56%的工厂能够获得时断时续的电力供应（每天少于三小时）。②很多企业开始自己购置发电设备，但是这造成了生产成本上升以及对于原油需求的上升，进而使得生产效率降低，利润下降，同时导致失业率上升，工资水平下降。战火同样使得叙利亚国内教育体系受到重创。受战火影响，大约200万叙利亚学龄儿童不得不离开学校。根据2015年的统计数据，在一些战火频仍的地区，如阿勒颇、马士革农村省、伊德利卜省、库奈特拉省和德拉省，学龄儿童辍学率逼近50%，而在一些地区如代尔祖尔和拉卡，近90%的学龄儿童无法正常上学。③战火不仅迫使老师们离开学校，而且也使得校舍受到了战争影响。很多校舍要么毁于战火，要么成为当地民众临时安置点，正常的教学秩序受到严重冲击。

四 各国应对叙利亚难民危机的举措

随着叙利亚难民的不断涌入，一些国家已经难以承受难民危机所带来的巨大压力，开始出台一些针对叙利亚难民的限制措施。比如2015年初，黎巴嫩就停止了针对叙利亚难民的新的审批程序，除非极端条件，否则禁止难

---

① Mehmet Balcilar, Syrian Refugees in Turkey and the Experience of War, Working Paper, p. 27. http://www.mbalcilar.net/UPI499993.pdf.
② Devarajan, Shantayanan; Mottaghi, Lili; Do, Quy-Toan and Abdel Jelil Mohamed (eds), *Syria: Reconstruction for Peace*, MNA Economic Monitor, The World Bank, 2017, p. 24. http://documents.worldbank.org/curated/en/9268914681865661984/Reconstruire-la-Syrie-sans-une-perspective-de-paix.
③ Devarajan, Shantayanan; Mottaghi, Lili; Do, Quy-Toan and Abdel Jelil Mohamed (eds), *Syria: Reconstruction for Peace*, MNA Economic Monitor, The World Bank, 2017, p. 25. http://documents.worldbank.org/curated/en/9268914681865661984/Reconstruire-la-Syrie-sans-une-perspective-de-paix.

民进入或过境黎巴嫩。① 2016 年初开始，约旦以防止极端组织"伊斯兰国"武装分子渗透的名义，长期关闭与叙利亚之间的边界，阻止叙利亚难民的大规模涌入。根据约旦军方的观点，一些"伊斯兰国"极端分子藏匿于叙利亚难民中，"卢克班（Rukban）和哈达拉特（Hadallat）难民营……藏匿有极端分子的分支机构，策划袭击约旦边境警察"。② 进入 2017 年，尽管叙利亚战场局势有所缓和，但是叙利亚难民人数仍然持续增长。2017 年上半年，在联合国难民署登记的叙利亚难民已经达到 550 万人，③ 其中有 5 万叙利亚难民试图以"难民"身份长期滞留欧洲，但是各国普遍难以接收人数众多的叙利亚难民。④ 叙利亚难民仍然面临着巨大的生存压力，其境遇仍将受到世界的广泛关注。

欧盟在应对叙利亚难民涌入的问题上，一方面加强针对非法移民的打击和稽查力度，限制非法移民进入欧洲；另一方面寻求与相关国家合作，共同应对和限制非法移民的涌入。在加强打击和查处方面，欧盟协调各个国家一起发起了"海神波塞冬"（Poseidon）和"海神特里同"（Triton）行动，针对南地中海地区人口走私网络展开军事行动，搜查可疑的船只，查扣犯罪人员。而在寻求与相关国家合作方面，欧盟与土耳其、约旦和黎巴嫩等国加强了边境管理和难民安置合作，提供资金帮助这些国家安置境内的叙利亚难

---

① "Syrians Entering Lebanon Faces New Restrictions", BBC, 5 January 2015, http://www.bbc.com/news/world-middle-east-30657003.
② Jordanian Chief of Staff Lieut.-Gen. Mahmoud Freihat: ISIS Controls Syrian Refugee Camps Near Jordanian Border; By the End of 2017, ISIS Will be in its Final Stages, *Middle East Media Research Institute TV Monitor Project*, December 31, 2016, https://www.memri.org/tv/jordanian-chief-staff-lieut-gen-mahmoud-freihat-isis-controls-syrian-refugee-camps-near-jordanian/transcript. "Turkish Foreign Ministry Rejects Claims of Killing on Syrian Border", *Hurriyet Daily News*, June 20, 2016, http://www.hurriyetdailynews.com/turkish-foreign-ministry-rejects-claims-of-killings-on-syrian-border-100689.
③ "Syria Regional Refugee Response", *UNHCR*, December 18, 2017, http://data.unhcr.org/syrianrefugees/regional.php.
④ Kristy Siegfried, "So, your country isn't keen to resettle refugees. Are you?", *Refworld*, June 19, 2017, http://www.refworld.org/docid/5948ef1c4.html.

民，在2016年3月还与土耳其签订了难民合作协议。① 根据协议，土耳其承诺将会接纳从土耳其偷渡至欧盟但是不符合欧盟资格的叙利亚难民，而欧盟负责承担难民往返费用并且提供额外的财政补贴。欧盟每遣返一名叙利亚难民至土耳其，将从土耳其接收一名叙利亚难民，以此鼓励叙利亚难民通过合法的途径进入欧盟，减少因为偷渡而造成的人身安全风险。

2012年11月土耳其政府规定，没有有效身份证件的叙利亚人不得进入土耳其境内。与此同时，土耳其开始在靠近叙利亚边境一侧，设置一些临时难民安置点，希望能够减少进入土耳其境内的叙利亚难民人数。随着难民人数的增加，土耳其也感受到巨大的经济和社会压力。土耳其一方面在2013年成立了新的"移民管理总局"（Directorate General of Migration Management），协调土耳其国内各个机构，管理移民事务；另一方面，土耳其还积极地与其他国家尤其是欧盟国家展开合作，并获得了来自欧洲国家的援助。2014年叙利亚问题第二次日内瓦会议上，土耳其提出了要求国际社会分担难民责任的诉求。从2015年开始，土耳其政府开始对边境地区进行严格管控，在3月关闭了边境口岸，仅允许伤病患者和其他特殊情况的叙利亚难民入境。2015年11月，欧盟与土耳其达成协议，承诺在2018年前向土耳其提供30亿欧元的援助，用于改善土耳其境内难民的境遇。2017年12月，欧盟宣布根据协议已经拨付了30亿欧元援助土耳其。②

除了土耳其和欧盟，海湾国家同样接收了不少叙利亚难民。但是海湾国家对于叙利亚难民的准入十分严苛。2011年叙利亚内战爆发之后，海湾各国纷纷收紧针对叙利亚的签证政策，在学生签证和朝觐签证的签发问题上，严格限制叙利亚国籍人士进入沙特阿拉伯。在限制叙利亚难

---

① 王晋：《土耳其向欧盟索要60亿，真是强盗绑了劫匪》，观察者网，2016年3月11日，http://www.guancha.cn/WangJin/2016_03_11_353597_2.shtml，2016-3-12。

② "EU Vows Allocation of 3 Billion Euros to Syrian Refugees in Turkey to be Completed before 2018", Hurriyetdaily, December 10, 2017, http://www.hurriyetdailynews.com/eu-vows-allocation-of-3-billion-euros-to-syrian-refugees-in-turkey-to-be-completed-by-2018-123888.

民入境的同时,海湾国家则通过向联合国难民署"捐款"的方式,来彰显在叙利亚难民救助上的"积极性"。比如2015年9月阿联酋"向联合国难民署捐赠了1100万美元,外加1700万美元私人捐赠"。[①] 而沙特阿拉伯、卡塔尔和科威特,也多次向联合国难民署和其他伊斯兰慈善机构捐款,用于救助叙利亚难民。

五 当前解决叙利亚难民问题面临的挑战

当前国际社会应对叙利亚难民危机,主要面临几方面问题。首先是资金缺口仍然很大。根据2017年联合国难民署估计,安置叙利亚难民,大约需要46亿美元,但是当前只筹措到了大约24亿美元,仍然有22亿美元的缺口。[②] 巨大的资金缺口,使得联合国难民署无法为叙利亚难民提供足够的帐篷、食品、药品和其他生活设施。根据联合国难民署2016年的统计,在黎巴嫩只有不到17%的叙利亚难民居住在难民营中,其余的叙利亚难民或是投亲靠友,或是露宿街头[③];而在土耳其,仅有不到1%的叙利亚难民居住在难民营中[④],其余的叙利亚难民都流散到了土耳其各地,这导致对叙利亚难民的管理和安置困难重重。

其次是各国对于叙利亚难民的安置措施不力。一方面,各国对于叙利亚战争的长期性和复杂性预估不足,对于汹涌而来的叙利亚难民缺少应对准备。在叙利亚内战爆发初期,绝大多数国家认为,叙利亚巴沙尔政府将会像利比亚卡扎菲政府那样迅速被推翻,叙利亚战事也将很快趋于终结。2012

---

① A Note on Syrian Refugees in the Gulf: Attempting to Assess Data and Policies, *Gulf Labour Markets and Migration*, No. 11, 2015, p. 8.
② "Syria Regional Refugee Response", *UNHCR*, December 18, 2017, http://data.unhcr.org/syrianrefugees/regional.php.
③ "Vulnerability Assessment of Syrian Refugees in Lebanon 2016", *UNHCR*, http://data.unhcr.org/syrianrefugees/download.php?id=12482.
④ WFP: Food Security Report, Off-Camp Syrian Refugees in Turkey—April 2016, https://data2.unhcr.org/en/documents/details/54523.

叙利亚蓝皮书

年8月,时任土耳其外长的恰武什奥卢甚至乐观地认为,叙利亚难民人数将不会超过十万人。① 因此当战事延长,难民数量激增,叙利亚的周边邻国难以承受。另一方面,土耳其、黎巴嫩和约旦等国确实无力接纳汹涌而来的叙利亚难民。以黎巴嫩为例,2016年黎巴嫩国内总人口约600万,② 而当前境内的叙利亚难民人数已经接近200万,接近合法人口的三分之一,这必然导致黎巴嫩孱弱的经济社会能力无力承担巨大的负担。

最后是相关国家之间缺少协调。尽管当前联合国难民署和"地区难民救助计划"在协调各国在叙利亚难民问题上的立场,但是当前各国基本上是"以邻为壑",一方面管控叙利亚难民的准入机制;另一方面希望其他国家能够接纳更多的叙利亚难民。比如2017年初特朗普上任后,美国接收难民的数量从2016年的8.5万人骤减至2017年的5万人。③ 各个国家实际上既缺少意愿,也缺少能力,来安置规模庞大的叙利亚难民群体。叙利亚周边的中东国家,如埃及、约旦、黎巴嫩、伊拉克和土耳其,都不愿意接收安置更多的叙利亚难民。比如土耳其尽管在国内接纳了大量难民,但是并不打算通过赋予叙利亚难民"难民身份",承担相应的国际责任,而是通过玩"文字游戏",通过将滞留的叙利亚人称为"被救助者"而不是"难民"的方式,来减少自己在难民事务上的义务。④

叙利亚难民产生于2011年以来叙利亚国内持续的战争与动荡之中,数量庞大的难民,不仅影响了周边邻国的政治、经济和社会秩序,还造成了严

---

① Oguz Esen and Alya Ogus Binatli, "The Impact of Syrian Refugees on the Turkish Economy: Regional Labor Market Effects", *Social Science*, Vol. 6, Issue 4, October 2017, p. 129. https://r.search.yahoo.com/_ylt = AwrgCqRvpzFbQU8AtsRXNyoA;_ylu = X3oDMTByb2lvbXVuBGNvbG8DZ3ExBHBvcwMxBHZ0aWQDBHNlYwNzcg - -/RV = 2/RE = 1530009583/RO = 10/RU = http%3a%2f%2fwww.mdpi.com%2f2076 - 0760%2f6%2f4%2f129%2fpdf/RK = 2/RS = 6hS0umQ5EyRsS5jskOQXy.wwBQs - .
② https://data.worldbank.org.cn/country/lebanon?view = chart.
③ Kristy Siegfried, "So, Your Country isn't Keen to Resettle Refugees. Are You?", *Refworld*, June 19, 2017, http://www.refworld.org/docid/5948ef1c4.html.
④ Omar Dahi, Breaking Point: The Crisis of Syrian Refugees in Lebanon, *Carnegie Endowment for International Peace*, 25 September 2013, http://carnegieendowment.org/sada/?fa = 53226.

重的人道主义危机。而由于叙利亚难民人数众多，单独一个国家难以妥善安置，以联合国难民署为代表的国际组织也在救助叙利亚难民问题上面临资金不足等窘境。叙利亚难民问题的解决，不仅需要依靠国际社会大力援助，还需要叙利亚国内和平谈判和政治进程的重启，而叙利亚难民危机将会成为未来叙利亚重建过程中一个敏感而复杂的难题。

中叙关系篇
Sino-Syria Relations

B.10
叙利亚战争进入新阶段与中国的对叙政策

唐志超 王利莘*

摘 要： 2017年以来，叙利亚局势发生四个方面的重大变化。一是政府军进一步占据主导地位，彻底扭转战局。二是反恐战争取得重大阶段性胜利，"伊斯兰国"穷途末路。三是在围绕叙利亚问题上的大国博弈中，俄罗斯主导地位日益确立并在反恐、推动停火、政治对话等方面发挥重要作用。四是叙战场力量格局由四分天下演化为"两大一小"的新格局。随着"伊斯兰国"的覆灭，叙问题由此进入新阶段。2018年各方围绕叙利亚问题将展开新一轮角逐，并主要在三个方面展开：

---

* 唐志超，博士，中国社会科学院西亚非洲研究所中东研究室主任，研究员；王利莘，中国社会科学院研究生院西亚非洲系硕士研究生。

叙利亚战争进入新阶段与中国的对叙政策

由军事斗争转向政治斗争,"日内瓦进程"和"阿斯塔纳进程"加深博弈;叙库尔德问题上升,土耳其与美俄叙伊等国的矛盾加剧并扩大;围绕伊朗在叙影响力,美国、以色列、沙特阿拉伯与伊朗在叙展开激烈对抗。随着叙问题进入新阶段,中方的政策也需随之积极调整,在推动政治对话、实现停火、着力反恐、关注难民问题的同时,着手参与叙利亚战后重建的相关准备工作。

关键词: 叙利亚局势 和平进程 中国对叙政策

一 叙利亚战争进入新阶段

2018年3月,叙利亚战争已进入第8个年头。战争给叙造成巨大破坏,国破山碎,40多万人死亡,1000多万人流离失所,600多万人沦为难民。叙利亚战争引发了当今国际社会最严重的人道主义危机。叙利亚战争爆发以来,战争的性质几经改变,由最初的内战发展为代理人战争,2014年以来又演化为以打击"伊斯兰国"为核心的反恐战争。但三种形态并非非此即彼的关系,而是同时并存的复杂关系,只是在不同阶段,不同形态占主导而已。2017年,可谓转折性的一年,随着"伊斯兰国"终于走向覆灭,叙利亚战争开始进入新的发展阶段。

2017年,叙利亚战争发生一系列重大变化。第一,由于俄罗斯的强力军事介入以及得到伊朗、黎巴嫩真主党的支持,叙政府军在战场上接连收复失地,2018年初已控制全国近70%的领土和80%的人口[①],巴沙尔政权地位日益巩固。联合国秘书长叙利亚问题特使斯塔凡·德·米斯图拉表示,希望反对派"做好面对现实的准备",他们"并没有赢得对巴沙尔·阿萨德的

---

① 叙利亚领土约18万平方公里,截至2018年8月叙政府控制约11.23万平方公里土地。

六年半的战争"①。军事上的胜利,为巴沙尔政府赢得了更多的政治主动权,其与反对派政治对话的热情下降,态度日益强硬,对参与"日内瓦进程"态度并不积极。

第二,阿斯塔纳进程启动,"冲突降级区"建立,政府军与反对派的武装冲突有所降温,在实现停火和冲突降级方面取得积极进展。在俄罗斯、土耳其和伊朗的三方调解下,叙政府军与反对派多次达成停火协议。2016年底,俄罗斯、土耳其和伊朗三国发表莫斯科宣言,三国作为保障国,推动叙各派停火。2017年初,阿斯塔纳进程启动,截至2017年12月已举行8轮和谈。2017年5月,三方达成了建立"冲突降级区"协议,在叙全国各地建立了4大"冲突降级区"(包括叙西北部伊德利卜省、中部霍姆斯省、大马士革郊区东古塔、叙南部地区),实现了部分停火。俄罗斯驻叙停火协调中心称,2017年与非法武装组织签署了140份停止军事行动的文件,签署了1000多份有关居民点加入停火的协议。阿斯塔纳进程的启动及取得的进展,凸显了日内瓦进程的边缘化。联合国主导的日内瓦和谈步履维艰,困难重重,双方在巴沙尔去留等关键问题上仍无法妥协。值得一提的是,在围绕叙利亚问题的大国博弈中,逐步形成了"俄主美辅"的格局,俄罗斯在反恐、政治对话和冲突降级三个轨道同时取得重要进展,并占据了主导地位。

第三,国际社会打击极端组织"伊斯兰国"的军事斗争取得重大进展,"伊斯兰国"基本覆灭。2017年以来,叙利亚境内打击极端恐怖组织"伊斯兰国"的行动取得了突破性进展,"伊斯兰国"失去包括"首都"拉卡在内的叙境内所有重要据点。受恐怖主义活动影响较大的省份基本被收复。3月,叙政府军二度收复巴尔米拉古城;5月26日起,政府军发动代号为"伟大黎明"(the Grand Dawn)的军事行动,在多条战线大力打击恐怖分子,夺取霍姆斯省、伊德利卜省和拉卡省的多个战略要地;8月收复霍姆斯省东部最后一个"伊斯兰国"据点——苏赫奈;9月,政府军收复代尔祖

---

① "Syrian conflict: Opposition must face reality it lost war against Assad, UN says", *ABC News*, 7 September 2017, http://www.abc.net.au/news/2017-09-07/syrian-opposition-must-accept-it-lost-the-war-un/8880180, accessed 5 January 2018.

尔；10月，哈马省宣告清除完毕"伊斯兰国"武装。10月17日，美国支持的"叙利亚民主军"宣称解放拉卡。11月，叙国防部表示已将"伊斯兰国"武装完全赶出代尔祖尔市。截至2017年底，叙境内"伊斯兰国"控制的领土已解放98%，仅少数残余武装盘踞在西南部边境地区、代尔祖尔省与拉卡省交界处以及拉卡省与霍姆斯省的交界处。[1] 2017年1月，"伊斯兰国"在伊拉克和叙利亚控制着44030平方公里的土地，到了12月则萎缩到5180平方公里。[2] 12月6日，俄罗斯宣布叙利亚已基本上从"伊斯兰国"手中获得解放。12月11日，俄罗斯宣布从叙撤军。从2014年"伊斯兰国"兴起到2017年基本覆灭，四年时间以打击"伊斯兰国"为主要任务的国际反恐斗争几乎左右了叙利亚问题。"伊斯兰国"的覆灭与俄罗斯、美国所采取的军事行动有很大关系。特朗普上台改变了对"伊斯兰国"的政策，在外交、军事战线同时加大力度，通过增兵和加强与库尔德武装的合作，加速了"伊斯兰国"的垮台。据统计，自2014年8月到2017年底，美国领导的联军共对在叙利亚的"伊斯兰国"进行了14236次军事打击。值得注意的是，"伊斯兰国"仍未被彻底剿灭，仍在叙利亚和伊拉克控制一小部分领土。

第四，战场形态发生重要分化，四分天下的格局向两极格局转化。此前，叙战场主要有四支力量：政府军及其支持者、反对派武装、"伊斯兰国"等极端组织、叙库尔德武装，四大势力各自控制一定的地盘。但2017年这一状况已发生重要变化：形成"两大一小"的新格局，即叙政府军、库尔德武装两大势力不断扩大，分别占领了"伊斯兰国"原先控制的势力范围，而叙反对派几乎没有进展，"伊斯兰国"则大幅萎缩。

"伊斯兰国"退出舞台后的叙利亚，各方激烈争夺地盘，为未来的和

---

[1] "Islamic State and the crisis in Iraq and Syria in maps", BBC, 10 January 2018, http://www.bbc.com/news/world-middle-east-27838034, accessed 10 January 2018.
[2] Paul D. Shinkman, "ISIS by the Numbers in 2017", U.S. News & World Report, 27 December 2017, https://www.usnews.com/news/world/articles/2017-12-27/isis-by-the-numbers-in-2017, accessed 29 December 2017.

谈或进一步冲突积蓄力量。2018年，叙利亚问题主要围绕以下四场斗争展开。一是围绕叙未来政治安排的较量。这场斗争的核心仍然是巴沙尔去留问题；二是围绕伊朗及真主党的较量；三是围绕库尔德问题的较量；四是美俄之间的新一轮较量。在主要矛盾"伊斯兰国"问题接近解决后，传统矛盾重新上升。共同的打击目标"伊斯兰国"退场，俄美矛盾再度走上前台。库尔德武装与土耳其的矛盾，沙特阿拉伯、以色列、美国与伊朗、黎巴嫩真主党在叙利亚的矛盾也在上升，并存在爆发严重直接冲突的可能。此外，鉴于"冲突降级区"的建立，美俄伊土以及逊尼派、什叶派民兵组织和"圣战"分子等外部军事力量在叙的广泛存在，叙面临武装割据、国家分裂的严峻形势。

由于内外各种矛盾仍存，叙和谈推进和政治解决的前景暗淡，各方对叙和谈在短期取得突破并实现和平并不乐观，再次爆发大规模冲突的可能性依然存在。反对派武装依然拥有一定实力，并得到西方以及部分地区国家的支持，不会轻易放弃要求巴沙尔总统下台这一关键砝码。另外，除了围绕库尔德问题、伊朗影响力的冲突外，政治斗争不可避免地还将伴随军事斗争，政府军与反对派的军事冲突将持续。

二 域内外大国的政策调整与新一轮博弈

随着叙利亚局势发生变化，域内外大国也进行了政策调整，俄美以及土耳其、伊朗、沙特阿拉伯、以色列等国展开了新一轮博弈。

美国对叙政策发生重要变化。与奥巴马时期相比，特朗普对叙政策进行了调整。奥巴马政府对叙政策总体上是消极无为，无论是对推翻巴沙尔政权还是军事打击"伊斯兰国"都不积极。特朗普批评奥巴马划了一条"红线"然而却"毫无作为"[1]，认为正是奥巴马不采取军事行动的政策导致美国不

---

[1] "Trump: Obama policies set us back in Syria", CNBC, 5 April 2017, https://www.cnbc.com/video/2017/04/05/trump-obama-policies-set-us-back-in-syria.html, accessed 5 April 2017.

得不重返叙利亚。特朗普在叙问题上有新的思路,主要包括四个方面的内容。一是对巴沙尔政权,基本延续奥巴马的政策,并不再主张推翻。2018年4月6日,特朗普下令对叙政府军发动军事打击,主要也是为了回应发生的化武事件,警告巴沙尔政权。2017年7月,特朗普下令停止对叙利亚反对派武装的武器援助。① 二是主张加大军事打击"伊斯兰国"的力度。与奥巴马相比,特朗普在打击极端主义和恐怖主义问题上态度激进又强硬,他强烈批评奥巴马在"伊斯兰国"政策上的软弱无力,认为这一政策导致养虎为患。他上台不久就下令制订消灭"伊斯兰国"的时间表。2018年5月,他访问沙特阿拉伯,重组反恐国际联盟,同时,下令向叙利亚增兵,扩大对驻当地美军司令官的授权。2017年3月,美向叙派遣400名海军陆战队员,2017年底美军人数已达2000余人。特朗普政府更加倚重当地库尔德武装参与军事打击"伊斯兰国"的行动,加大对叙库尔德武装的支持。2017年1月,美开始对叙库尔德武装提供首批重型武器,这是一个重要突破。2017年美向叙反对派武装提供了多批次的装备和弹药。② 三是加强对伊朗在叙利亚影响力的遏制。这一点与奥巴马时期也有很大变化。这与特朗普对伊朗的态度和政策,以及其受盟友以色列、沙特阿拉伯的影响有很大关系。特朗普逆转了奥巴马的对伊政策,不仅威胁要撕毁伊核协议,还要遏制伊朗并对伊朗在地区影响的扩大予以反制。奥巴马时期一度面临崩溃的反伊(朗)联盟重新组建,并以美国、以色列和沙特阿拉伯为核心。三国决心在核问题、弹道导弹、恐怖主义、地区扩张等方面对伊进行反击。遏制伊朗、黎巴嫩真主党在叙利亚的存在以及影响的持续扩大是三国联盟的中心任务之一。在

---

① Jaffe, Greg and Adam Entous, "Trump ends covert CIA program to arm anti-Assad rebels in Syria, a move sought by Moscow", *The Washington Post*, 19 July 2017, https://www.washingtonpost.com/world/national – security/trump – ends – covert – cia – program – to – arm – anti – assad – rebels – in – syria – a – move – sought – by – moscow/2017/07/19/b6821a62 – 6beb – 11e7 – 96ab – 5f38140b38cc_ story.html? noredirect = on&utm _ term = .d1df28555ea7, accessed 10 March 2018.

② 参见俄罗斯卫星通讯社相关报告,《美国对叙利亚库尔德武装的援助》,http://sputniknews.cn/politics/201802071024656903/,2018 – 3 – 10。

"伊斯兰国"基本瓦解之后,美军并未从叙利亚撤军。而以防止"伊斯兰国"死灰复燃为由继续在叙保留13个军事基地,驻军2000余人。美保留驻军有一箭三雕的功效。一是继续打击"伊斯兰国";二是助力反对派,为政治谈判向巴沙尔施压;三是威慑在叙的伊朗及黎巴嫩真主党势力。美国的这一政策导致了美与巴沙尔政府、俄罗斯、土耳其以及伊朗的矛盾扩大。

俄罗斯在叙利亚问题上的主导地位进一步确立。叙利亚危机爆发以来,俄罗斯与西方之间一直进行着激烈的博弈。最初,美国及西方占主导地位,俄罗斯相对被动。随着时间的推移和叙事态的发展,俄逐步赢得主导地位,而美欧成为配角。俄罗斯之所以能够赢得主导地位,主要有两个原因。一是美国从中东的战略收缩以及对叙政策的犹豫;二是"伊斯兰国"的兴起。普京抓住这两个有利因素,果断出手,一举扭转局面。从策略上讲,普京的做法包括几点。第一,加强军事存在。第二,组建三大联盟:一是俄罗斯、叙利亚、伊朗和黎巴嫩真主党"三国四方"的核心联盟;二是俄罗斯、伊朗、叙利亚三国针对"伊斯兰国"的反恐联盟;三是俄罗斯、土耳其和伊朗三国保障联盟,旨在缓解矛盾,降低冲突。第三,推动俄主导的政治进程——阿斯塔纳进程。第四,采取多样化手法对付叙反对派,建立"冲突降级区",缓解政府军的压力,逐步瓦解反政府武装。俄提出在叙设立4个"冲突降级区",在其周边划定安全线、设立检查站,防止冲突发生。2017年5月初,俄罗斯、土耳其和伊朗三国代表在哈萨克斯坦首都阿斯塔纳签署关于建立"冲突降级区"的备忘录。根据备忘录,作为"冲突降级区"担保国,俄、土、伊可派兵监督区内停火执行情况。第五,分化土美关系。俄上述对叙政策取得了很大成功,在一定程度上主导了叙利亚问题,并由此扩大了在中东地区事务上的影响。2017年12月10日,俄罗斯总统普京宣布俄军在叙军事行动已实现预期目标,并宣布从叙撤军。与此同时,俄开始积极推动其主导的政治谈判进程,但是将军事胜利转换成政治胜利还面临很大的阻力和障碍。美国与叙反对派的态度仍是主要障碍。2018年1月29~30日,俄在索契举行叙利亚全国对话大会,但仍有40个叙反对派团体不出席会议,并坚持要求巴沙尔下台。

2017年美俄在叙利亚问题上展开了一系列新的博弈。俄罗斯虽然占据上风，但美国借助打击"伊斯兰国"扩大了在叙的军事存在，对俄也有较多制约，如美在叙军事存在、叙库尔德武装、反对派武装以及欧盟、沙特阿拉伯、以色列等国的支持。2017年，双方围绕政治对话、停火、化武调查、设立冲突降级区等问题展开了一系列激烈斗争，俄罗斯在安理会总共四次否决涉叙利亚草案，6月因美军击落叙战机，俄中断与美热线联系。但是，双方维持斗而不破的态势。美国国防部长马蒂斯称，美俄在叙未发生冲突，双方有着非常活跃的预防冲突热线。这一热线是多层级的，从参谋长联席会议主席到国务卿，到战地指挥官等都有直接联系。① 普京与特朗普也原则同意在叙进行合作，除反恐协调，还就建立南部冲突降级区达成协议。在2017年7月二十国集团汉堡峰会上，普京与特朗普就"冲突降级区"的设立达成一致。俄罗斯、美国和约旦共同划定叙南部"冲突降级区"边界，并达成在这一地区停火的协议。7月下旬，俄军派军人在叙南部"冲突降级区"驻守，设立了2个检查站和10个观察哨，用于隔离叙反对派武装和叙政府军。普京称，在叙利亚南部建立"冲突降级区"是俄美"协同行动的具体成果"。不过，双方的合作是有一定限度的。美俄双方的根本冲突在于双方对叙战后政治未来的设计以及主导权的争夺，以及如何平衡和维护好各自利益。对美而言，美国的主要任务是确保叙政治和安全事务不能完全由俄罗斯说了算，必须确保美国及其盟友的利益。而赢得战争主动权的俄罗斯则必须确保在政治进程上的主导权。

除了美俄的竞争，还存在区域内外大国的博弈，其中土美库尔德问题的矛盾，围绕真主党以及伊朗在叙军事存在的美国、以色列、沙特阿拉伯与伊朗的矛盾最为尖锐，此外，俄土之间，伊朗与土耳其之间，沙特阿拉伯与土耳其之间也存在诸多矛盾与冲突。

库尔德问题是土美矛盾的核心问题之一。近年来，土美间危机不断，危

---

① "Media Availability with Secretary Mattis en route to Europe", 27 June 2017, https://www.defense.gov/News/Transcripts/Transcript-View/Article/1231010/media-availability-with-secretary-mattis-en-route-to-europe/, accessed 10 March 2018.

叙利亚蓝皮书

及双边关系的重大事件接连发生,双方围绕叙利亚战争、打击"伊斯兰国"、库尔德问题、居伦运动、土俄伊(朗)关系等问题矛盾骤增,土美战略伙伴关系风雨飘摇,土与西方渐行渐远。美公开支持并武装叙利亚库尔德武装,是土美在此问题上的核心所在。自奥巴马政府后期开始,土耳其就一直指责美支持叙北部库尔德武装并向其提供武器,谴责其与"恐怖组织"为伍。随着"伊斯兰国"基本被剿灭,先前被压制的矛盾爆发出来。特朗普时期,美对叙库尔德武装的支持进一步升级,进一步依赖当地库尔德武装打击"伊斯兰国"。库尔德武装在击败"伊斯兰国"的军事行动中发挥了关键性作用。2017年5月,特朗普签署命令向叙库尔德人提供重型武器。随着反恐战争的结束,叙库尔德武装不仅军事实力得到很大提升,而且控制的地盘也极大增加,远超出了传统的库尔德地区范围。美在宣布反恐战争胜利后,不但不撤军,反而继续驻留库尔德地区,并加强与库尔德武装的合作,这严重触怒了土耳其。2018年1月14日,美国防部宣布将在叙组建3万人的"边境安全部队",而这一武装将以"人民保卫军"(YPG)为主体。美国防部新年度预算还拨款3亿美元援助"人民保卫军"。土方立即做出激烈反应,对美计划予以谴责,宣布此举"不可接受"。埃尔多安总统表示,"边境安全部队"已对土国家安全构成威胁,土方将消灭该部队。1月20日,土对叙利亚北部阿夫林地区展开代号为"橄榄枝行动"的军事行动,打击美国支持的叙库尔德武装"人民保卫军"。此举使得近年来已十分紧张的土美关系进一步恶化。土总统埃尔多安多次公开指责美国,谴责美支持恐怖组织,土方甚至还威胁关闭境内的美军事基地(因切尔利克空军基地),威胁攻击有美军驻守的曼比季,两个北约盟友爆发直接军事冲突的风险陡增。尽管美国接连派国家安全顾问、国务卿访土,但两国危机并未平息。土耳其敢与美国抗争,主要原因在于其认为美国严重触犯了土核心利益,损害了土国家安全。库尔德问题是土国内重大政治和安全问题,也是外交上的红线。在土看来,所谓"人民保卫军",实际上就是被土视为恐怖组织的库尔德工人党(PKK)在叙利亚的分支。而美国却公开支持"恐怖组织",土对此难以接受。土总理比纳利·耶尔德勒姆批评美国"不能武装一个恐怖组织来对付另一个"①。对"人民保卫军"与库尔德工人党的关系，美国人其实也是心知肚明。但为了实现在叙目标，除依靠"人民保卫军"，美别无其他更好的选择。因此，在此问题上，美国是理亏的。为此，美国政府一方面要求土尽量限制行动范围和时间；另一方面不得不承认土"对恐怖分子越境进入土耳其并发起袭击的担忧是正当的，我们理解他们保卫自己的权利"。不过，埃尔多安对此并不买账，强调土军在阿夫林不达目标誓不罢休，指责特朗普违背不向库尔德武装提供武器援助的承诺。2018年2月15~16日，美国国务卿蒂勒森紧急访土，经过紧张会谈后双方发布了"关于土美战略伙伴关系的联合声明"，再度确认了两国的盟友和战略伙伴关系，双方还承诺将于3月建立两国关系正常化的机制。不过，蒂勒森前脚刚走，2月24日，安理会通过在叙利亚全境实现停火决议的第2401号决议后，美土之间又起争执。美批评土未遵守决议在阿夫林停火。对此，土予以反击。2月12日，土耳其外长恰武什奥卢直言，土美关系处于危机之中，面临彻底破裂的可能，土美盟友关系已坠入70年来的历史最低点。在土美关系疏远的同时，土俄关系、土伊关系则持续改善，土耳其也悄然调整对叙政策。俄土伊三国共同推动了阿斯塔纳和谈和"冲突降级区"的建立。2017年8月，伊朗武装力量总参谋长穆罕穆德·巴盖里出访土耳其，伊土关系升温。9月，土俄签署协议，土耳其购买俄S-400防空导弹系统。此举在美国以及北约中掀起轩然大波。美国威胁对土实施制裁。

伊朗在叙利亚的活跃身影引起了美国及其地区盟友的警惕，双方以叙利亚为战场展开激烈对抗。2017年以来美国对伊朗公布多轮制裁，且不断加码。美加大了与以色列、沙特阿拉伯在对叙政策上的协调。在2017年5月利雅得峰会上，特朗普呼吁阿拉伯国家联合孤立伊朗，体现了其一如既往的遏制伊朗的政策。针对以色列提出的所谓北部安全问题和伊朗建立从德黑兰到地中海的战略走廊问题，特朗普几乎完全接受。因此，三国同盟在叙利亚

---

① "'One terrorist group can't destroy another', PM Yildirim", *Anadolu Agency*, 13 May 2017, http://www.turkiyenewspaper.com/turkey/10391.aspx, accessed 13 May 2017.

的重要目标就是遏制伊朗及亲伊朗势力的扩大,具体包括阻止伊朗和真主党接近以色列边界;阻止伊朗在叙建立大规模军事存在;阻止真主党拥有大规模杀伤性武器;阻止伊朗和真主党、叙利亚政府构成的"什叶派轴心"的扩大;等等。以色列日益卷入叙利亚战争。以色列多次对叙利亚境内的叙政府军、伊朗以及真主党目标实施军事打击,警告黎巴嫩真主党等亲伊朗势力不得接近戈兰高地和靠近以色列边界。以色列极度警惕地区"敌人"伊朗对边界的渗透,因此采取"先发制人"措施,防止伊朗借叙利亚内战影响以色列对于戈兰高地的控制。以色列视真主党为重大安全威胁,并指责伊朗通过叙利亚陆地走廊向真主党输送武器。以色列曾多次以打击该组织为由,对叙境内目标实施空袭。2018年2月9日,以色列军方指责一架伊朗无人机从叙利亚基地起飞进入以色列控制区,并立即出动武装直升机将其击落。随后,以军出动数架战机空袭叙境内多个伊朗军事设施,参与空袭的以军一架F-16战机被叙方防空火力击落。为报复叙利亚击落以色列战机,以军次日再次出动战机,对叙利亚防空系统和叙境内的伊朗军事设施等总共12个目标进行空袭。以色列总理内塔尼亚胡发表声明称,伊朗当天的行动表明其在叙利亚建立军事基地,就是要借叙利亚领土对以色列发动攻击,直至达到其宣称的"消灭以色列"的目的。以色列总理内塔尼亚胡此后威胁称,将采取行动直接打击伊朗及其代理人,以阻止其在叙利亚开辟一条针对以色列的新战线。美国国家安全顾问麦克马斯特在2018年慕尼黑安全会议上表示,"我们认为,现在是采取行动打击伊朗的时候"。《金融时报》称,这是一场新战争的可怕前兆,这场战争可能把该地区的很大一部分变成一个巨大的血腥冲突集群。①

三　中国对叙利亚政策及调整

叙利亚战争爆发以来,中国在叙利亚问题上的立场与政策逐步赢得

---

① 戴维·加德纳:《以色列与伊朗开战的可怕前兆》,英国《金融时报》(中文版)2018年2月26日,http://www.ftchinese.com/story/001076454? page = rest, 2018 - 3 - 11。

了多方认可,中国在推动政治解决、劝和促谈、国际反恐、人道主义救助等方面发挥了重要的建设性作用。2016 年 3 月,中国政府任命叙利亚问题特使。随着叙利亚问题进入新阶段,中方对叙政策也随之变化与调整。2017 年 11 月,外交部长王毅在会见叙利亚总统政治与新闻顾问夏班时表示,叙利亚形势正在转入以政治解决为主的新阶段,反恐、对话和重建是解决叙利亚问题的三个着力点,反恐是基础,对话是出路,重建是保障。① 因此,未来中方将主要围绕三个方面做工作。具体而言,主要包括以下内容。

(一)继续推动叙利亚问题的政治解决进程,发挥劝和促谈的积极作用

2017 年,反恐取得突破性进展,"伊斯兰国"覆灭,和平对话出现曙光,阿斯塔纳进程、索契对话和日内瓦进程多轨并举。2018 年 1 月,索契叙利亚全国对话会议取得重要进展。这为中方推动政治对话、劝和促谈开展斡旋提供了良好条件。中国继续坚持政治对话的方针,积极参与各个轨道的政治进程,积极接触叙内战各方,倾听不同意见,交换意见,鼓励求同存异,发挥劝和促谈的作用。针对大国博弈异常激烈以及叙利亚面临分裂的现实危险,中方着力强调五个原则。一是坚持对话谈判是解决叙利亚问题的唯一出路。二是维护和尊重叙利亚的主权、独立和领土完整。三是坚持"叙人主导、叙人所有"原则,叙利亚问题由叙人主导,叙利亚未来政治安排由叙利亚人民自主做出选择。四是开展叙内部对话和大国协调,充分考虑各方面利益。五是支持以联合国为主渠道,支持有利于叙利亚问题和平解决的各种轨道的政治进程,推动政治解决进程在正确轨道上向前发展。

---

① 王毅:《反恐、对话、重建是新阶段解决叙利亚问题的三个着力点》,外交部网站,2017 年 11 月 24 日,http://www.fmprc.gov.cn/web/gjhdq_676201/gj_676203/yz_676205/1206_677100/xgxw_677106/t1513696.shtml,2017 - 12 - 13。

（二）继续推动国际反恐协调与合作，进一步加强与相关各方的反恐合作

"伊斯兰国"作为一个政治实体消亡，武装分子四处溃散。短期内，该组织在伊拉克和叙利亚的威胁被大大削弱。但是，"伊斯兰国"的威胁会长期存在，叙反恐形势依然严峻。未来相当长时期里，"伊斯兰国"与"基地"组织将继续构成国际恐怖主义主要威胁源和国际"圣战"主义的核心思想渊源。该组织依然拥有大量残余武装分子以及支持者，其海外分支并未受到重创。美国主导的国际反恐联盟称，2018年初在伊拉克和叙利亚仍有约3000名极端组织武装残余分子，伊拉克和叙利亚依然面临严峻的反恐形势。更重要的是，包括伊拉克和叙利亚在内的中东地区的动荡和冲突状况短期不会发生根本改变，因此"伊斯兰国"的生存空间仍然存在。除了"伊斯兰国"的威胁继续存在，"基地"组织等其他极端组织的威胁不可小视。鉴于恐怖主义对中国的国家安全构成的实际威胁，一方面中方应继续支持在叙利亚和伊拉克的国际反恐合作；另一方面中方应重点围绕打击在叙"东突"恐怖残余势力寻求与俄罗斯、土耳其、叙利亚、伊拉克、以色列、伊朗和埃及等国的合作。

（三）积极准备参与叙利亚战后重建工作

"伊斯兰国"恐怖组织阴影逐渐退去，叙利亚各城市迎来了战后重建。目前，叙百废待兴。基础设施、卫生、住房等方面重建需求很大。重建工作不能等待到一切尘埃落定才进行。目前，在政府军控制领土以及库尔德地区，局势相对稳定，及时开展重建不仅对解决实际民生具有重要意义，对推进和平进程也有很大助益。在当前形势下，推进政治对话、推动停火与冲突降级、反恐、开展重建，四个轨道可以同时进行，彼此并不冲突。在经济重建方面，中国具有独特优势。中方积极参与伊拉克战后重建并取得积极进展，就是一个很好的例子。对中国在经济重建方面所具有的能力、优势以及可能发挥的积极作用，叙利亚以及国际社会都有共识，也怀有很大期待。叙

利亚总统巴沙尔在 2017 年 8 月表示，叙利亚今后要"在政治、经济和文化上转向东方"①。在此形势下，中方应着手研究参与叙重建的方案。值得强调的是，鉴于叙利亚局势仍很复杂，中方参与经济重建必须确定优先任务，坚持稳步迈进方针，强调开展地区与国际合作，注重安全风险防范。

推进"一带一路"建设是参与叙重建的重要方式。"一带一路"既是发展之路，也是和平之路。共建"一带一路"也为叙利亚冲突各方提供缓解矛盾、实现合作的机会。2017 年 5 月，叙利亚政府派代表团参加在北京举行的"一带一路"国际合作高峰论坛，并签署了经贸合作协议。2017 年 9 月，外交部长王毅在会见叙利亚副总理兼外长穆阿利姆时指出，叙利亚是古代丝绸之路的重要节点，"一带一路"建设可以成为未来两国合作的重要抓手。中方欢迎叙方积极参与"一带一路"建设，愿在此框架下与叙开展合作，实现共同发展。②

---

① 《叙利亚总统巴沙尔：叙利亚以后要向东看》，新华网，2017 年 8 月 22 日，http://www.xinhuanet.com/world/2017-08/22/c_129685625.htm，2018-3-12。
② 《王毅会见叙利亚副总理兼外长穆阿利姆》，外交部网站，2017 年 9 月 23 日，http://www.fmprc.gov.cn/web/gjhdq_676201/gj_676203/yz_676205/1206_677100/xgxw_677106/t1496166.shtml，2018-3-15。

B.11
"一带一路"与中国的叙利亚政策

李伟建 赵 婧*

摘 要： 叙利亚内战已近尾声，虽然局势在相当长时间内依然难以完全稳定，但叙利亚战后重建已被提上议事日程，中国更是被寄予了更多期待。中国参与叙利亚重建势在必然，但需将其置于中国未来会更多地参与中东安全事务及中国将把参与中东治理与发展作为中东外交的重要一环的背景下来观察，中国与中东国家共建"一带一路"是践行中国"和平发展，合作共赢"的重要路径。在当前中东形势下，促进与中东国家达成治理和发展理念上的共识应该是中国中东外交的重要任务之一，也是与中东国家共建"一带一路"主题之中的应有之意。中国参与叙利亚重建也应在这一视角下予以思考和积极推进。

关键词： 叙利亚问题 战后重建 "一带一路"

起始于2011年初的叙利亚危机如今已经进入第8个年头，大致可分为三个阶段：前4年主要表现为叙政府与反对派之间的博弈乃至内战，获得域外国家和势力支持的反对派一度将巴沙尔政权逼入绝境；2014年6月"伊斯兰国"恐怖组织的出现以及2015年9月底俄罗斯的军事介入改变了叙内

---

* 李伟建，博士，上海国际问题研究院外交政策研究所研究员，中国中东学会副会长；赵婧，上海国际问题研究院外交学专业2016级硕士研究生。

战态势，政府军开始由被动转向主动；2017 年下半年以来，随着"伊斯兰国"等恐怖组织被全面击溃，政治解决叙利亚问题已成国际共识，反对派与政府及相关国家之间的博弈逐渐由战场转移到谈判桌上。同时，关于叙利亚战后重建的话语也开始越来越多地见诸叙利亚及国际舆论场。在整个叙利亚危机发展过程中，中国始终予以密切关注，但相较于美俄等国对叙利亚危机的直接介入，中国更多是在联合国框架内发挥作用。中国始终坚持的政治解决以及由叙利亚人民决定自己国家命运的政策立场已被证明是解决叙利亚问题的唯一正确途径。随着叙利亚战后重建的启动，中国更是被寄予了更多期待。笔者认为，未来中国加大对包括叙利亚问题在内的中东热点问题和安全事务的参与力度并在其中发挥积极作用，既是地区国家的普遍期待，也是践行中国大国外交理念的应有之意。但中国的作用一是"应以力所能及和符合自身理念的方式进行"；① 二是建立在对中东形势及其发展趋势的准确判断之上；三是体现中国的特色，突出重点，注重在国际合作中发挥独特作用；四是始终将共建"一带一路"置于中国积极推进中东和平稳定及参与地区发展治理的框架下思考和规划。本文重点分析当前中东形势下叙利亚问题的发展前景及"一带一路"视角下的中国的叙利亚政策。

一 当前中东及叙利亚形势若干特点

中东学界对于当前中东形势的发展有不同的判断，悲观论者居多。与全球其他地区相比，中东确实是当今世界最不稳定的地区之一。除了诸如巴勒斯坦问题等地区原有热点问题矛盾至今悬而未决之外，中东变局以来地区出现的一系列新热点，尤其是以"伊斯兰国"为代表的极端主义势力的"崛起"，以及持续至今的叙利亚内战强化了中东的乱象。2017 年以来，中东接连发生也门向沙特发射导弹、也门前总统萨利赫被胡塞武装打死以及沙特等

---

① 傅莹：《全球化进退中的中国选择》，《中国新闻周刊》总第 842 期，中国新闻网，2018 年 3 月 1 日，http://www.chinanews.com/gn/2018/03-01/8457402.shtml，2018-3-5。

国与卡塔尔断交等事件,而这一切都被认为与沙特和伊朗博弈密切相关。在叙利亚,"伊斯兰国"被击垮之后,政府军与反对派武装再次陷入内战。土耳其军队则在叙利亚北部的阿夫林地区对库尔德武装展开"橄榄枝"军事行动,而后又与美国达成所谓"安全路线图",由土耳其军队进入曼比季与美军联合执勤来"维护曼比季长期安全稳定"。尽管土美声称联合维护曼比季的安全与稳定,但使叙利亚局势更趋复杂。所有这一切也被学界和媒体用来证明当前中东形势依然十分严峻,"动荡"、"战乱"等词也因此成为许多学者评估中东形势的关键词。

毋庸置疑,当前中东仍处于不稳定之中。许多学者针对地区热点问题的分析和判断不无道理,但也有不少评论和分析文章未对"乱象"背后的原因、性质、新的变化及发展趋势进行深入细致的研究和客观分析,只是简单地在"乱"的基调上做文章,甚至夸大其词。这样的声音进一步固化了人们长期以来对中东印象的思维定式,不仅误导了国内舆论,某种程度上还会影响外交决策。笔者认为,当前中东局势总体上呈趋稳向治之势没变,虽然局部依然乱象纷呈,但乱中却有变化。与过去几年相比,一些新的特点和新的发展趋势值得关注。

第一,地区转型持续深入发展,变革的内涵已发生本质性的变化。从变局之始的激进政治运动,逐渐转向求治理、谋发展的国家内部变革。这一变化有着不容小觑的积极意义,意味着这些国家的战略和政策也将更加符合当前世界发展的潮流和趋势。

第二,地区秩序处于变局以来最深刻的调整之中,地区格局已呈现出更为平衡发展的趋势。从表象看,地区大国间竞争和博弈加剧,实际上反映的是各国希望在新的地区格局中占据有利地位。从地区力量对比看,尽管零和思维在一些国家依然有广泛市场,但一国独大或多国压制一国的局面已难再现,均势格局初步形成。从国际层面看,特朗普政府中东政策的不确定性及明显的亲以色列和反伊朗倾向增加了地区国家关系的复杂性,不过事实上自奥巴马以来美国在中东事务上的介入意愿和能力均有所下降,特朗普关于美军将从叙利亚撤军的表态①,也是这一态势的印证。而俄罗斯对中东事务的影响力继续呈扩大之势,欧盟的作用也逐步上升,多元国际力量参与中东事务总体上有利于地区构建起相互制衡、相对稳定的地区新格局。

第三,中东热点问题曲折中有新变化:特朗普关于耶路撒冷地位问题的表态增添了各方推动中东和平进程的难度,但美国因此陷入空前孤立,一度被边缘化的巴勒斯坦问题也重新进入国际社会视野;特朗普上台后对伊朗采取强硬政策,但其意欲拿伊核问题全面协议开刀的企图因遭相关国家的一致反对而未能得逞;"伊斯兰国"被击溃后伊拉克和叙利亚安全局势依然脆弱,但总体趋势向好。叙利亚内战进入尾声,尽管谈判进程中存在很多困难,但是政治解决和战后重建已然成为新的焦点和趋势。

第四,沙特和伊朗的地区影响力竞争和博弈长期存在,但沙特未来关注的重点是其内政的变革和调整,伊朗政策的重点是如何应对特朗普退出伊核协议后美伊关系的迅速恶化,沙特和伊朗发生直接冲突的可能性并不存在。近年来,沙特内政外交面临前所未有的挑战,沙特王室有很强的不安全感和迫切的改革愿望。沙特王储穆罕默德·本·萨勒曼正是在这种背景下走上政坛并主动求变:他对内强力推出经济和社会文化一系列新政,迅速集中和巩固权力,为顺利接班奠定基础;对外,抓住特朗普上台的机会,努力修复奥巴马时期遭到削弱的美沙关系,为参与地区影响力竞争争取筹码。另据路透社3月15日报道,沙特和胡塞武装眼下正在进行秘密对话,试图结束战争。② 伊朗近期爆发大规模示威游行表明,社会治理和经济发展才是民众的核心关注和利益诉求。因此,对于前一阵沙特和伊朗关系紧张以及双方对外政策的变化均置于两国内部正在酝酿着重要的变革这个背景下来考察。此外,在全球关注的叙利亚问题上,2017年以来也出现了一些值得关注的新

---

① 据美国有线电视新闻网(CNN)30日报道,美国总统特朗普29日在俄亥俄州一次集会上称,美军将很快撤出叙利亚。"我们正击溃IS,美军将尽快从叙利亚撤出,回到祖国。让别人去管吧。"转引自《环球时报》2018年3月30日。

② 郭光昊:《战场后继无力 沙特与胡塞武装正秘密对话试图结束也门内战》,观察者网,2018年3月16日,http://www.guancha.cn/Third-World/2018_03_16_450455.shtml, 2018-3-18。

动向。

其一,叙利亚问题已经由政府与反对派之间生死存亡的内战开始进入以战后重建为重心的博弈。2017年以来"伊斯兰国"极端组织在叙利亚已经溃败,内战虽然还未平息,但叙利亚政府军在俄罗斯支持下将向盘踞在伊德利卜省的极端分子发起总攻,除了接受谈判,反对派武装的选择已经不多。收复最后一块失地之后,叙利亚有望进入"由乱而治"的战后重建阶段。2017年以来关于战后重建的话语已越来越多地被叙利亚官方及国际舆论提及,美俄等世界大国及沙特、土耳其、伊朗等地区相关国家也在积极调整政策,加大介入政治和安全事务的力度,为参与战后的政治重构和经济重建谋篇布局。

其二,美俄在中东尤其在叙利亚问题上的影响力出现此消彼长迹象,趋向一种新的平衡态势。虽然美国在相当长时期内对中东依然有重要的影响力,但是考虑其他大国和国际力量的介入以及地区国家的政策立场的变化,美国的影响力事实上是在走弱。一方面,2017年特朗普的中东政策迟迟未明确到位,在处理中东问题上表现出明显的功利性。其对沙特的访问对沙特等国与卡塔尔的关系起了误导作用,让沙特以为有美助力便可迅速迫卡塔尔就范,但事实是,美国在沙卡两头获利,不仅未能有效斡旋各方分歧,反而加深了海合会的分裂,也导致美国在海湾国家的声誉受损。此外,特朗普关于伊朗、伊拉克和叙利亚等问题的言论和政策以及将美国驻以色列使馆迁往耶路撒冷的做法对地区局势具有很大的破坏性,使得中东国家对美国中东政策的信任度下降。另一方面,俄罗斯利用美国主导力的式微,通过持久深入地介入叙利亚危机,不仅确立了在叙利亚问题上的话语权,还扩大了在中东地区的影响力。随着沙特与俄罗斯的走近以及土耳其由亲美转向亲俄,美俄在中东呈现出一种影响力再平衡的态势。

其三,欧洲将有可能在美俄之间发挥相对独立的作用,以扩大欧洲在中东的影响。欧洲外交关系委员会(ECFR)2017年9月12日发文认为,当前美俄关系恶化,可能对叙利亚问题的解决产生负面影响,这为欧洲人提供了一个发挥有益作用的空间。该文认为,美俄在叙利亚问题上介入很深,但到目前为止都注重于军事和安全领域,缺乏行之有效的政治框架。美俄虽然都是叙利亚国际支持小组(ISSG)的成员国,但俄罗斯支持叙利亚政权,而美国则支持叙利亚反对派。因此,该文主张叙利亚国际支持小组的欧洲成员要提出一个新的政治框架,其核心是,在承认阿萨德政府生存,并确认中央政府拥有对所有叙利亚领土主权的前提下,将政府的部分权力下放给非政府控制的地区,为叙利亚各方能进行长期的内部会谈提供稳定的环境,而叙利亚问题的最终解决方案仍需经过广泛的内部谈判后产生。

其四,西方和中东的部分国家如土耳其与沙特等国已经开始调整政策,减少或不再支持叙利亚反对派,并且事实上默认了巴沙尔·阿萨德参与正在进行的政治进程的必然性。沙特王储穆罕默德2018年3月29日在接受美国《时代周刊》采访时表示,叙利亚总统巴沙尔不会被赶下台。"沙特事实上的统治者的这一言论是对利雅得主张在大马士革实现'政权更替'的叙利亚政策的惊人反转。"① 事实上,当前巴沙尔领导的叙利亚政府地位已经十分稳固,军事实力已达到自2011年初危机爆发以来的最强水平,而反对派实力则大为削弱。此外,在俄罗斯、土耳其和伊朗的推动下,政府军与反政府武装之间基本实现停火,双方政治谈判也在断断续续地进行中。2017年下半年以来的对话未能取得实质性成果,主要原因一是叙利亚反对派山头林立,在很多问题上意见和主张不一,且境内与境外反对派也始终没能形成统一力量;二是各方在总统巴沙尔去留问题上未达成一致。但无论是在地区还是国际层面,认为在可预见的将来巴沙尔将继续掌权的看法正在增加。

其五,特朗普治下的美国对叙利亚的兴趣正在迅速减弱。继3月29日特朗普在俄亥俄州出席活动时声称美国将"很快"从叙利亚撤军之后,《华尔街日报》3月30日援引匿名美国官员的话报道称,特朗普获悉美方近期承诺将额外提供超过2亿美元用于叙利亚早期重建工作,立即表示美国不应该支出这笔资金。当然美国不会甘心把叙利亚乃至中东的主导权拱手让给俄罗斯。美国虽然无意继续在包括叙利亚在内的中东投入更多资源,但又不愿

---

① 泰国《亚洲时报》网站4月1日报道,转引自《参考消息》2018年4月3日。

看到其在这一地区的主导力逐渐被俄罗斯取代,2018年8月以来美国对俄罗斯帮助叙利亚政府军向反对派武装盘踞的伊德利卜省发起攻击发出"严厉警告"便是这种心态的真实写照。但这一切并不会改变美国总体退出的态势。

综上,中东地区原有的美国主导下的地区国家关系和地缘政治格局正在发生深刻的变化,多元国际力量参与中东事务的局面正在逐渐形成,这是一个各种力量重新平衡的过程,虽然有时会以互相博弈乃至发生短暂冲突的态势体现,但全球力量格局重新调整是大势所趋,多极化的全球大趋势会推动地区局势向着更为多元、稳定和均衡的方向发展。

二 中国的叙利亚政策

中国在叙利亚问题上的政策立场是一贯的。第一,政治解决是叙问题的唯一现实出路。叙利亚主权、独立和领土完整,应当得到维护和尊重,叙国家的未来应由叙利亚人民自主决定。第二,联合国应在叙利亚问题上发挥斡旋主渠道作用。叙利亚危机爆发以来,中国在各种国际场合呼吁有关各方根据联合国安理会第254号决议等共识精神,通过包容性的政治对话,找到符合叙利亚实际,兼顾各方关切的解决方案。第三,中方积极推动叙问题的和平解决。早在2012年3月,中方就提出了关于政治解决叙问题的"六点主张"①,这些主张中的核心思想即劝和促谈被联合国叙利亚问题特使安南赞同并采纳。此后,中方在多项官方文件的基础上,结合最新的形势提出"四点倡议",即"停火止暴、开启谈判、国际斡旋和人道主义援助"。此外,在整个危机过程中,中国始终与叙利亚问题有关各方保持沟通,同时保

---

① 中国的六点主张是:叙利亚政府及有关各方停止一切暴力行动;叙利亚政府和各派别立即开启包容性政治对话;支持联合国发挥主导作用,协调人道主义救援努力;国际社会尊重叙利亚的独立、主权、统一和领土完整;中方欢迎联合国与阿盟共同任命叙利亚危机联合特使;安理会成员应恪守《联合国宪章》宗旨和原则及国际关系基本准则,维护安理会的团结。参见《中国外长代表访叙阐述六点主张,叙利亚积极回应》。中国新闻网,2012年3月8日,http://www.chinanews.com/gj/2012/03-08/3728238.shtml,2015-3-18。

持与叙政府和温和反对派接触，寻求对话途径，做劝和促谈工作。中国在向叙利亚人民提供人道主义援助方面也做出了努力，多次通过双边和多边渠道向叙利亚人民，包括已逃往境外的叙利亚难民提供大量的物资、现金和现汇援助。"中国是在真正维护叙利亚人民的根本利益，坚定维护中东地区的和平与稳定，捍卫的是联合国宪章和国际关系准则"[1]。时任中国外交部亚非司司长陈晓东在安理会就叙利亚问题第二次投票后接受半岛电视台驻北京分社社长伊扎特的专访时指出，中国主张积极维护《联合国宪章》的宗旨和原则，维护地区和平与稳定，从叙利亚人民的根本利益出发考虑解决问题的方式和方法。[2] 2014 年 1 月 20 日，外交部长王毅在前往日内瓦出席第二次叙利亚问题国际会议之前，再次代表中国提出政治解决叙利亚问题的五点主张，[3] 并在会议上呼吁叙利亚各方寻求"中间道路"。

叙利亚危机爆发 8 年以来，形势发生了巨大的变化，但中国的原则立场始终没变。并且，在事关叙利亚命运的外交政策选择上，中国能够正视国际上存在的来自一部分国家的质疑和批评，坚持采取了正确的政策，为推动政治解决叙利亚问题发挥了重要的作用。具体体现在两个方面。其一，中国坚决反对外部对叙利亚动武。中国在联合国安理会连续 4 次投否决票，反对通过使用或威胁使用武力解决问题。这四张否决票对中国而言是史无前例的。以美国为首的部分国家对中国的这一举动表示不满和指责，但随着形势的发展，越来越多的国家认识到，政治解决才是唯一正确之道。2015 年 12 月 18 日，联合国安理会一致就政治解决叙利亚问题通过 2254 号决议。此举表明，政治解决叙利亚问题已经成为国际共识。该决议的基本原则是政治解决叙利

---

[1] 吴思科：《西亚北非剧变与世界新安全观的构建》，《阿拉伯世界研究》2013 年第 1 期，第 7 页。

[2] 《中国日报》国际在线专稿：《外交部：中国是推动政治解决叙利亚问题的积极力量》，中国日报网，2012 年 5 月 31 日，http://www.chinadaily.com.cn/hqgj/jryw/2012 - 05 - 31/content_ 6059323_ 3. html，2015 - 3 - 18。

[3] 五点主张是：第一，坚持通过政治手段解决叙利亚问题；第二，坚持由叙利亚人民自主决定国家的未来；第三，坚持推进包容性政治过渡进程；第四，坚持在叙利亚实现全国和解和团结；第五，坚持在叙利亚及周边国家开展人道救援。载《人民日报》2014 年 1 月 21 日，第 21 版。

亚问题，以叙人民的根本利益为出发点，将联合国作为政治解决的主要平台和渠道，这些原则与中国在叙问题上的立场高度一致。当前，国际社会更期待中国在叙战后重建中发挥更大的作用。

其二，中国始终坚持不干涉内政原则，反对外部势力干预叙利亚内政，主张由叙利亚人民决定叙利亚的未来。众所周知，叙利亚问题源于中东变局，变局是本地区国家内部政治转型的一种表现，具有明显的内生性。但是，叙利亚问题从一开始就被西方定性为"民主与独裁"的斗争，西方利用其对世界舆论的主导优势，将"站在人民一边，还是站在独裁者一边？"塑造成为叙利亚问题的核心话语，推翻巴沙尔政权也成了引发叙利亚内战的导火索。在外部势力的直接介入下，叙利亚内战最终演变成了代理人战争。① 叙利亚危机爆发以来，中国一直保持着与叙利亚政府的正常关系，同时也与叙利亚有关各方保持接触和沟通，积极做劝和促谈工作。早在2012年11月，中国外交部在一些国家纷纷表示要以承认"叙利亚反对派和革命力量全国联盟"来取代叙利亚政府时明确表示，叙利亚的前途命运应由叙利亚人民自主决定。② 但中国的这一原则立场一直受到西方的质疑，一些西方舆论指责这是中国对叙利亚"独裁政府"的支持。而在中国提出"任何解决方案，只要为叙利亚各方普遍接受，中方都持积极和开放态度"③ 的时候，美国和西方一些国家舆论又主观地认为中国可能要放弃巴沙尔政府。叙利亚危机发展的事实证明，中国旨在促进叙利亚和平及地区稳定的政策经受住了时间的考验，得到了叙利亚人民支持和国际社会的认同。相反，越来越

---

① 外界一般将叙利亚危机爆发以来发生在其境内的战争称为"叙利亚内战"，但参加2018年5月13日国内首次在上海举办的"叙利亚问题的出路与前景"国际研讨会的叙利亚代表巴萨姆·阿布·阿卜杜拉并不认同"内战"的说法，他认为那其实是一场"由外国支持、介入、插手甚至操纵的战争"。笔者认为，叙利亚战争大致可分为两个阶段，前期主要表现为叙利亚政府与武装反对派之间的"内战"，但随着外部势力不断地介入和干预，这场战争就越来越具有了"代理人战争"的色彩。
② 《外交部：叙利亚前途命运应由叙人民自主决定》，中国新闻网，2012年11月14日，http：//www.chinanews.com/gn/2012/11 – 14/4329273.shtml，2015 – 3 – 18。
③ 《外交部：对叙利亚问题解决方案　中方持积极和开放态度》人民网，2013年1月30日，http：//world.people.com.cn/n/2013/0130/c1002 – 20380271.html，2015 – 3 – 18。

多的人认识到美国和西方的叙利亚政策给叙利亚带来的是持久的动荡和内战。

而今，中国正以更积极的姿态参与推动联合国框架下的叙利亚问题政治解决进程，但破坏性的外部因素依然在很大程度上影响着叙利亚问题的发展。人们不难发现，每到一个关键的节点，总会有破坏性事件发生。我们看到，美国已经数次在没有十足证据的情况下，以叙利亚政府使用了化学武器为由，向叙利亚发动了导弹袭击。2018 年年初以来以色列也以受到伊朗威胁为由，对叙利亚发动了多次导弹袭击。以色列与伊朗在叙利亚问题上的较量日益公开化，增加了叙利亚问题解决的难度。但这一切改变不了叙利亚。当前，中国宜在促成各方停火、提供人道主义援助及推动各方对话谈判等方面加大参与力度，强化在叙问题上的存在感，适时提出促进政治解决叙利亚问题的中国话语乃至中国方案，为中国成为政治解决叙利亚问题国际机制的主要参与方以及未来参与叙利亚的重建奠定重要基础。我们相信中国未来一定会在推动叙利亚问题政治解决过程中发挥更积极的建设性作用。

三 "一带一路"与叙利亚重建

叙利亚 2017 年下半年以来局势发展表明，虽然大局已定，叙利亚政府收复最后失地已成定势，但是叙利亚离政局全面稳定、国家进入全面重建还有很长一段路要走。一方面，美国等反叙利亚国家和境内外反对派势力并不甘落败，将会利用一切机会制造新的事端。2018 年 8 月，随着俄叙联军向盘踞在叙利亚伊德利卜省的极端组织"征服阵线"发起最后一战，美俄围绕叙利亚问题展开了新一轮博弈。此前不久还宣布要从叙利亚撤军的美国总统特朗普，又批准了将要"无限期延长"在叙利亚驻军时间的新版叙利亚战略。[1] 美国将这一战略视作与俄罗斯等国博弈的一枚棋子，会给叙利亚局势发展带来新的不确定性，并对叙利亚问题的最终

---

[1] 《改主意，不走了！特朗普批准叙利亚新战略：不撤军　驻军无限延长》，环球网，2018 年 9 月 8 日，http://world.huanqiu.com/exclusive/2018 - 09/12957669.html，2018 - 9 - 9。

解决造成新的隐患。另据俄罗斯卫星通讯社援引俄国防部发言人伊戈尔·科纳申科夫少将的话称，9月7日，包括"征服战线"、"伊扎布特"（"突厥斯坦伊斯兰党"）、"白头盔"等恐怖组织领导人，在位于叙利亚伊德利卜一所学校内的指挥所举行大会，"大会最终确定了所拍视频的脚本，其中将上演所谓的叙政府军对吉斯尔舒古尔、萨拉齐布、塔夫塔纳斯和沙敏镇平民使用化学武器的事件"。①

另一方面，政治解决叙利亚问题虽然已经成为国际共识，但相关国家的合作意愿并不强烈，进而导致具体的合作行动困难重重。冷战思维依然是这一地区盛行的思维模式，"相对利益"是这些博弈方更为看重的方面。当前中东地区的安全局势依然十分脆弱，国与国之间关系紧张，地区国家普遍缺乏安全感，非常遗憾的是，部分国家仍然希望通过对抗阵营的新的分化组合来应对安全威胁，而不是通过协商合作来缓解这种"不安全感"，这是叙利亚问题久拖不决的症结所在。

但从更广阔的地区发展背景看，中东变局对地区局势造成的冲击虽然余波未尽，中东总体上却已呈现出明显的"由乱到治"态势。叙利亚问题本质上是中东政治转型的一部分，这种大趋势的出现必将对叙利亚的政治进程和重建产生深远影响。而今，战后重建已经开始被纳入叙利亚政府的议事日程。事实上，2016、2017年叙利亚政府收复阿勒颇和霍姆斯等地之后，已开始在当地着手开展重建工作，一些工厂已恢复运转。由于多年战乱导致劳动力缺乏，电力供应也缺乏保障，重建面临很大困难，但是重建的势头不减。2017年8月，时隔6年后大马士革国际博览会再次举办，来自43个国家的1600多家企业参展。一些分析人士认为，这是叙利亚政府在向外界表明重建国家的决心和信心。② 此前叙利亚领导人已在多个场合谈及重建事

---

① 《俄国防部："白头盔"化武袭击视频脚本已最终确定》，环球网，2018年9月8日，http：//world.huanqiu.com/exclusive/2018－09/12962049.html，2018－9－9。
② 新华社大马士革2017年9月12日电：《"伊斯兰国"溃败 叙利亚离和平还有多远》，新华网，2017年9月12日，http：//news.xinhuanet.com/world/2017－09/13/c_1121655786.htm，2017－9－12。

宜，相关话语也越来越多地出现在叙利亚官方乃至一些国际媒体之上，相关国家也纷纷把视线焦点和政策重点转向了叙利亚战后重建。

叙利亚重建主要包括两个方面。一是国家政治和安全体系的重建；二是国家经济的恢复和遭战火破坏的包括交通、医疗、教育及通信等一系列城市基础设施和公共服务领域的重建。后者需要投入大量的资金和各种资源，是国际政治和安全重建的保障，而前者是一切经济重建得以顺利开展的前提条件，因此也是当前乃至未来很长时间里各方博弈的重点。2017年7月，美国总统特朗普在前往法国访问与法国总统马克龙举行会晤时两人就一致表示，在叙利亚问题上，两国将尽快采取行动，确立叙利亚战后重建路线图。俄罗斯也正在就启动叙利亚战后重建工作进行研究。俄罗斯《消息报》2017年6月1日引述俄罗斯外交部消息人士的话披露，俄罗斯认为，国内经济恢复和发展问题及难民返乡问题是叙战后重建需要考虑的重点，与此同时，组建新政府、制定新宪法等议程也在日内瓦协议框架内展开推进。①

在国际社会参与叙利亚重建问题上，叙利亚总统巴沙尔·阿萨德曾多次表示，将给俄罗斯提供相应优先权。叙利亚外长在接受采访时也表示：俄罗斯帮助叙利亚反恐，叙利亚将为俄罗斯提供优先参与重建的机遇，"这将是叙利亚人民对俄罗斯领导层表示感谢的方式"。② 与此同时，叙利亚政府也高度期待中国参与叙利亚重建。叙利亚总统巴沙尔·阿萨德及多位部长表示，中国、俄罗斯和伊朗在重建方面有优先权。一些国际媒体也认为中国具有雄厚的实力优势。俄罗斯高等经济学院东方学研究室主任阿列克谢·马斯洛夫在接受俄《独立报》采访时表示："叙利亚的重建需要数千亿美元资金。这意味着时间和实力的投入，但目前只有中国具备此类实力，能自如地向叙提供资金。"③ 叙利亚驻华大使伊马德·穆斯塔法2017年5月4日在中

---

① 《俄媒：俄正研究叙战后重建工作 单凭叙政府无法承担》，环球网，2017年6月2日，http://world.huanqiu.com/exclusive/2017-06/10782246.html，2017-6-3。
② 《叙外长：中国、印度等国也有兴趣参与叙利亚重建》，观察者网，2018年9月3日，https://www.guancha.cn/international/2018_09_03_470666.shtml，2018-9-3。
③ 《俄媒称中国欲参与叙利亚重建：需数千亿美元 只有中国有实力》，参考消息网，2017年12月1日，http://www.cankaoxiaoxi.com/china/20171201/2245628.shtml，2017-12-3。

国国内首次举办的"叙利亚的安全形势与重建机遇"会议上的致辞中也表示,自叙利亚危机爆发以来,中国一贯坚持政治解决的方式。"我们相信只有中国才能发挥主力军的作用,帮助叙利亚实现重建。中国正在进行的供给侧结构性改革和去产能等举措,与叙利亚的重建进程可以实现对接。同时,中国提出了伟大的'一带一路'倡议,和巴沙尔总统提出的'向东看'战略高度契合,这种相向而行的战略完全符合中叙两国和两国人民的利益,我们希望通过重建,进一步扩大中叙友好合作。"①

中国参与叙利亚重建势在必然,中国的有关部门和企业已在为参与叙利亚的重建做积极准备,叙利亚方面也高度期待中国的参与。从这个层面看,中国参与叙利亚重建有良好的基础和条件。但是,中国在参与叙利亚重建过程中必须保持清醒头脑,量力而行。中国叙利亚问题特使解晓岩在2017年9月访问俄罗斯时在莫斯科新闻发布会上表示:"中国政府鼓励企业参与重建工作,因为叙利亚需要重新建设被毁的道路、医院、学校。中国是世界第二大经济体,但中国独自无法完成重建工作。重建需要大约2000至3000亿美元资金。因此,不仅是中国,本地区国家和整个国际社会都应共同努力,实现叙利亚的重建。"② 此外,从外交层面看,中国实质性地参与包括叙利亚问题在内的中东安全事务并在其中发挥积极作用,更是地区国家的普遍期待。因此,如何在地缘政治环境及宗教文化关系复杂且充满安全风险的中东地区践行中国以和平发展、合作共赢为核心的大国外交理念,如何在政局尚不稳定的地区和国家推进合作共建"一带一路",正是当前中国中东外交面临的新的课题。

笔者认为,当前情况下,中国首先要将参与叙利亚内战后重建置于中国未来必将更多地参与中东安全事务的大趋势下予以思考和谋划。中国参与中东事务既要践行中国的安全与发展观,也要强调国际合作的重要性,在国际

---

① 《首届叙利亚重建项目洽谈会在京举行》,人民网,2017年7月10日,http://world.people.com.cn/n1/2017/0710/c1002-29395150.html,2017-7-11。
② 《中国政府叙问题特使:鼓励中企参与叙利亚重建工作》,环球网,2017年9月22日,http://world.huanqiu.com/exclusive/2017-09/11272833.html,2017-9-23。

合作中发挥独特作用；既要着眼长远，通过长期的努力构建中国参与中东安全事务的外交话语体系，并以此引导世界和中东地区舆论，超越地缘政治博弈意识，达成合作共赢的国际共识。更要关注当下，更积极主动地参与包括解决叙利亚问题在内的地区热点问题的国际机制，增强在包括叙利亚问题政治进程和稳定地区安全局势等问题上的存在感和参与度，为中国参与重建营造有利的国际和地区舆论环境。

其次，要将参与叙利亚战后重建作为中国未来参与中东地区治理与发展整体外交战略的一部分来全面设计和落实相关政策。当前中东国家已渐次进入持久转型，各国都面临国家政治和经济重建以及社会治理的艰巨任务，能否做到良治和善治，越来越被公认为评判政府合法性及考验当政者治国能力的基本标尺。换言之，人民支持的是能带领国家发展，并能有效管控各类矛盾的国家领导人。这是中东政治发展的一个基本趋势，与我国近年来提出的一系列治理和发展理念有着很高的切合度。中国中东外交将帮助中东地区以治理和发展促进地区稳定和平为重点，既贴切地区国家的现实需求，更符合当前国际社会普遍关注全球治理的世界潮流。

最后，要将中国参与叙利亚战后重建与中国在中东地区推进共建"一带一路"进行合乎逻辑的结合起来。中国在参与叙利亚问题的解决过程中，应始终按照自己的总体对外政策及对中东总体外交的原则把握节奏。如上所述，当前及未来相当长一段时期内，中国中东外交的重点是通过与相关国家共建"一带一路"来促进地区治理和发展，帮助实现地区稳定。中国在叙利亚问题上的政策立场以及中国参与叙利亚重建理应被视作以推动中东稳定发展为重点的中国中东外交理念和政策的一个重要组成部分。很长一段时间以来，人们在讨论中国与中东国家合作共建"一带一路"时，思路往往为中东复杂的地区形势所困，认为中东动荡不安，更何况叙利亚战乱不断，当前在中东推进"一带一路"建设无疑将充满风险。这在很大程度上与很多人潜意识中只是简单地将共建"一带一路"视作关于经济或基础设施合作的一个倡议有关。事实上，"一带一路"倡议所包含的"和平发展，合作共赢"的理念和精神与近几年中国提出的具有中国特色的外交理念内涵一脉

相承。它既是一项实践性规划,更是中国主张的"共商共建共享"的全球理念的具体体现。在当前中东形势下,促进与中东国家达成治理和发展理念上的共识应该是中国中东外交的重要任务之一,也是与中东国家共建"一带一路"主题之中的应有之意。中国参与叙利亚重建也应在这一视角下予以积极推进。

附 录

Appendix

B.12
2016~2017年国内叙利亚研究述评

杨玉龙*

摘　要：　2016~2017年国内叙利亚研究，可以划分为两种研究趋向：其一是对叙利亚危机及相关问题的现实和理论研究；其二是对叙利亚历史、民族、宗教等问题的历史与学术研究。其中叙利亚危机与国际关系是近两年来国内叙利亚研究最为重视和成果最为丰富的领域，以叙利亚危机研究为契机，有力地拓展了我国学术界对中东地区国别研究的广度和深度。目前国内叙利亚研究存在几点亟待加强的方面：首先，需要加强叙利亚危机与中东域内国家关系的相关问题研究；其次，叙利亚问题和谈、难民问题、反恐问题仍需要持续关注，深化相关研究；再次，叙利亚历史和民族宗教问题方面，仍存在

---

* 杨玉龙，西北大学历史学院世界史专业博士研究生，研究领域为中东政治与国际关系及库尔德问题等。

相当多的研究薄弱环节。

关键词： 叙利亚研究　叙利亚危机　叙利亚问题

2011年叙利亚危机爆发以来，国内外学术界对叙利亚危机的根源、演变、影响等相关问题高度关注，学术研究成果丰富。当前对叙利亚危机及其相关问题研究已成为国内叙利亚研究乃至中东研究的重中之重。根据不完全统计，2016~2017年，国内叙利亚研究的相关专业期刊论文发表量为50余篇，出版叙利亚政治史研究专著一部，另有若干关于叙利亚危机局势的时评文章。

2016~2017年国内叙利亚研究，总体上可以划分为两个不同的研究趋向：其一是对叙利亚危机及其相关问题的现实和理论研究；其二是对叙利亚历史、民族、宗教等问题的历史与学术研究。以学科而论，叙利亚危机及其相关问题研究更多地依托政治学、国际关系学、国际法学等学科的理论和方法；叙利亚历史、民族宗教问题主要依靠历史学、民族学和宗教学的理论和方法。从研究重点来看，叙利亚危机与国际关系是近两年来国内叙利亚研究最为重视和成果最为丰富的领域。其中俄罗斯、美国、欧盟国家对叙利亚危机的政策和措施、大国间博弈是主要的研究方向，域内大国对叙利亚危机的政策也是研究重点之一。叙利亚危机衍生的相关研究方面，叙利亚难民、极端主义、叙利亚和谈等是主要的研究趋向。叙利亚历史、民族、宗教研究方面，现代叙利亚国家政治演进、阿萨德政治体制、库尔德问题、阿拉维派认同等是主要的研究热点。

根据2016~2017年国内叙利亚研究趋向和重点问题，本文将分别从叙利亚危机与国际关系、叙利亚危机相关问题和叙利亚历史、民族、宗教问题三个维度述评相关研究成果，以此分析总结国内叙利亚研究的成果与研究不足，提出未来亟待加强的研究方向和重点问题。

一 叙利亚危机与国际关系

（一）俄罗斯、美国、中国与叙利亚危机

俄罗斯对叙利亚危机的军事介入行动，标志着俄罗斯中东政策从消极机会主义转向积极机会主义，反映了俄罗斯面对国内外困局下的战略考量。姜毅的《评析俄罗斯在中东的机会主义外交》[①]认为，俄罗斯的中东政策正在转型为把握事态发展方向和塑造地区新议题的积极机会主义外交政策。毕洪业的《中东战略的支点：俄罗斯地缘外交中的叙利亚》[②]主要分析了叙利亚在俄罗斯地缘战略中的重要地位。战略考量方面，俄罗斯军事介入叙利亚，通过打击"伊斯兰国"等极端势力，保障俄南部地区安全，遏制宗教极端主义蔓延；稳定巴沙尔政权，保障俄罗斯在叙利亚的战略利益；以军事介入叙利亚危机争取筹码，力争摆脱因乌克兰危机承受的经济制裁和政治孤立；俄罗斯还借反恐插手中东地缘政治调整，扩大俄罗斯的国际影响力。

国内学界还从国际关系理论中的情感动机[③]和国家地位信号释放视角对俄罗斯军事介入叙利亚危机给予了充分的解释，弥补了理性主义的权力利益视角下地缘政治、安全、外交分析的不足。情感动机理论认为，俄罗斯军事介入叙利亚危机是因为美国干预叙利亚危机对俄罗斯大国身份的蔑视，激发了俄罗斯的"道德悲愤"和"羞辱"等"指向情绪反应"，其干预目的是为了彰显俄罗斯的尊严。国家地位信号释放理论认为，俄罗斯军事干预叙利亚危机，主要目标是通过干预行动向不同的目标观众传达一系列的地位信号，以巩固和重塑俄罗斯的大国地位。

[①] 姜毅：《评析俄罗斯在中东的机会主义外交》，《西亚非洲》2016年第3期，第4~17页。
[②] 毕洪业：《中东战略的支点：俄罗斯地缘外交中的叙利亚》，《俄罗斯东欧中亚研究》2016年第2期，第26~35页。
[③] 周明、李泽：《俄罗斯军事干预叙利亚危机的情感动机》，《国际安全研究》2016年第5期，第95~121页。

从俄罗斯在叙利亚的反恐军事行动的手段、效果和实际影响而论，反恐军事介入为俄获取了诸多政治红利，满足了俄罗斯对外战略基本诉求。朱长生的《俄罗斯在叙利亚反恐军事行动评析》[1] 认为，俄罗斯在叙利亚的反恐军事行动得到了相应的战略回报，促成有利的国际反恐形势，在与西方国家的国际竞争中赢得一定程度的主动，实现了俄重返中东的战略目标，增强了独联体和集安组织的向心力，顺应了"向东看"的外交转型。俄罗斯应对叙利亚危机的军事行动，成为"撬动"中东地缘政治板块的机遇，俄罗斯与伊拉克关系急剧升温，莫斯科与德黑兰关系全面深化，俄罗斯还试图以反恐军事行动介入阿富汗事务。[2] 俄罗斯的对叙外交前景方面，《评析俄罗斯在中东的机会主义外交》认为，俄罗斯对叙利亚危机的介入，也面临一系列问题与挑战，包括巴沙尔去留问题、俄土关系、中东教派政治、中东政策持续性等，都在考验着俄罗斯未来中东外交的实践。

美国对叙利亚危机的政策和应对，是影响叙利亚危机走向的另一个主要外部变量。2011年叙利亚危机爆发之际，正值美国全球战略调整阶段，美国的中东战略呈战略收缩态势。美国对叙利亚危机的政策制定和应对方略，深受奥巴马主义外交战略影响。马晓霖的《"奥巴马主义"与叙利亚危机》[3] 认为，美国对叙利亚危机的参与方式是"以压促谈"，避免直接军事卷入而重蹈伊拉克战争覆辙，注重发挥多边作用的新现实主义思路，以力量制衡和利益置换稳定叙利亚局势。《美国在叙利亚危机上的战略布局及其角色定位》[4] 认为，叙利亚危机爆发后，美国对叙利亚的政策制定和应对举措可划分为两个阶段。2011~2013年美国对叙利亚政策主要表现为：向叙政府

---

[1] 朱长生：《俄罗斯在叙利亚反恐军事行动评析》，《俄罗斯东欧中亚研究》2017年第5期，第17~35页。

[2] 毕洪业：《叙利亚危机、新地区战争与俄罗斯的中东战略》，《外交评论》2016年第1期，第60~81页。

[3] 马晓霖：《"奥巴马主义"与叙利亚危机》，《阿拉伯世界研究》2017年第1期，第61~74页。

[4] 侯宇翔、叶萌：《美国在叙利亚危机上的战略布局及其角色定位》，《阿拉伯研究论丛》2016年第1期，第34~47页。

施压，要求巴沙尔下台，积极向反对派提供军事支持；2013 年以后，战略重心从打击叙利亚政府转向打击"伊斯兰国"等极端主义势力。《"奥巴马主义"与叙利亚危机》一文，对"奥巴马主义"应对叙利亚危机的效果做出了判断，认为美国对叙政策基本有效，符合奥巴马主义的政策预期。美国避免了直接军事介入叙利亚危机对国家利益的损害，维护了美国在中东的核心利益和战略诉求；有效打击了极端主义和恐怖主义的扩张，避免了深度介入中东地区复杂的政治纠葛，有助于平衡中东地区的权力格局。

中国作为联合国常任理事国，对国际危机的处理和调解持有"负责任的大国"担当和立场，反对任何外来国际势力对一国内政的干涉，积极倡导以联合国为中心的多边平台，促进以政治途径合理解决地区热点问题，维护国际社会和平与发展。《中国在联合国多边外交平台下在叙利亚问题上的立场与政策》① 指出，中国政府自叙利亚危机爆发以来，始终坚持"政治解决是叙利亚走出危机的唯一出路"的外交立场。在叙利亚问题和谈方面，中国政府以协调沟通者的身份平衡叙利亚政府和反对派，在化武护航、危机和谈进程中发挥了负责任的大国作用，以《联合国宪章》和国际法基本准则推动叙利亚问题的解决，积极倡导通过政治途径解决叙利亚问题，主张由叙利亚人民自己选择国家未来道路，通过人道主义援助缓解叙利亚境内持续恶化的人道主义危机。

（二）欧盟国家、域内大国与叙利亚危机

法国是欧盟国家中介入叙利亚危机最为积极和态度明确的国家之一，反映了叙利亚在法国外交战略中的重要地位。法国是叙利亚独立前的委任统治宗主国，冷战结束后法叙两国之间保持着较为密切的政治经济关系，叙利亚在法国的中东外交政策中发挥着重要的支点作用。法国在叙利亚危机爆发后，积极干涉叙利亚危机演变进程，《法国的叙利亚政策析论》② 认为，法

---

① 马伟：《中国在联合国多边外交平台下在叙利亚问题上的立场与政策》，《阿拉伯研究论丛》2016 年第 1 期，第 84~98 页。
② 赵纪周：《法国的叙利亚政策析论》，《欧洲研究》2017 年第 2 期，第 120~136 页。

国对叙利亚危机的政策大体经历了三个阶段发展：2011~2012年叙利亚危机爆发初期，萨科齐政府要求巴沙尔政府下台，支持叙利亚反对派，试图对叙利亚进行"民主化"改造；2012~2015年期间，奥朗德政府实施更加激进的叙利亚政策，采取政治施压、外交孤立、经济制裁、军事威胁等手段，与沙特等海湾国家建立特殊关系；2015年11月巴黎恐袭案发生后，受"伊斯兰国"等极端势力的扩张和难民危机影响，法国局部调整对叙政策，对叙外交政策向打击恐怖主义倾斜。

德国作为欧盟核心国家之一，对叙利亚危机政策已成为其外交重点，一方面反映了欧盟共同外交与安全政策框架的协调性，另一方面也表明德国相对独立的外交政策。《德国对叙利亚危机政策的演变及其原因》[①]认为，德国对叙利亚危机政策可分为三个阶段。叙利亚危机爆发初期，德国政府主张巴沙尔政府下台，支持叙利亚反对派；2013年9月化武危机后，德国反对军事介入叙利亚，积极接收难民，主张与巴沙尔政府对话；2014年"伊斯兰国"宣布建国后，德国采取积极行动打击极端主义势力，对叙外交重点转向反恐、难民等方面。德国对叙利亚危机政策的制定和演变，主要受政策、外部危机和国内舆论、民意的影响，也与德国独特的外交理念直接相关。非军事介入是德国应对国际危机的重要原则之一，体现了德国外交文化的"克制文化"理念，表明了德国外交文化的特殊性和现实性。《德国外交文化解析——以德国的叙利亚政策为例》[②]认为，德国对叙利亚危机的应对经历了从"非军事干预"政策到"有限制海外派兵"的有限干预政策的转变，这是"克制文化"对德国外交政策与行动的重要影响的表现，而反恐、难民危机和政治解决是德国应对叙利亚危机的主要政策要点。

土耳其在叙利亚拥有重要的地缘战略利益，叙利亚危机对土耳其国家安全、领土完整、社会经济、民族宗教等产生了多方面的影响和冲击，促使埃

---

① 李文红：《德国对叙利亚危机政策的演变及其原因》，《德国研究》2016年第3期，第22~30页。
② 黄萌萌：《德国外交文化解析——以德国的叙利亚政策为例》，《欧洲研究》2017年第2期，第137~154页。

尔多安政府做出了相当快速和有力的回应。土耳其对叙利亚危机的政策，危机前期以推翻巴沙尔政权为重点，试图对叙利亚进行伊斯兰改造，积极扶持反对派叙利亚全国联盟和"叙利亚自由军"。就土耳其介入叙利亚危机的动机角度而论，加入欧盟受阻后，土耳其试图扩大在阿拉伯世界的影响，[①] 叙利亚危机成为土耳其调整外交战略的"契机"。然而，叙利亚危机经过数年演进，土耳其对叙政策未能完成既定战略目标，却深陷内外困境。《土耳其在叙利亚危机中的困境：原因与前景》[②] 认为，土耳其已深陷倒巴政策失效、叙利亚库尔德武装坐大、"伊斯兰国"反噬、难民困境、外交困局等多重困境。土耳其对叙政策的困境，主要根源是土耳其以超越其自身实力和影响力制定的新奥斯曼主义外交和形势误判的产物，域内外大国博弈进一步恶化了土耳其对叙行动的能力。摆脱对叙政策困局，需要埃尔多安政府实施现实主义外交调整，也受制于叙利亚危机中大国博弈、库尔德问题走向等因素。

伊朗作为叙利亚坚定的地区联盟国家，对叙利亚危机的政策和应对以捍卫伊叙同盟关系为基础，通过政治、外交、军事、经济等多种方式支持叙利亚政府，对维系叙利亚巴沙尔政权产生了重要的支撑作用。何志龙的《论伊朗对叙利亚巴沙尔政权支持的原因及影响》[③] 认为，伊朗对叙利亚的外部支持源于自身的国家安全战略和地缘政治战略需要，伊叙同盟关系符合伊朗的国家利益需要，叙利亚巴沙尔政权的垮台很可能会导致伊叙同盟关系的瓦解，进而威胁到伊朗在中东地区的战略地位和地缘政治利益。伊朗对叙利亚的外部支持，增强了巴沙尔政权的军事力量，避免了叙利亚在中东地区的外交孤立，一定程度上减弱了域外和地区大国对叙利亚危机军事干涉的力度。

---

① 戴晓琦：《叙利亚问题大国博弈图景及其展望》，《阿拉伯研究论丛》2016年第1期，第21～33页。
② 李游、王乐：《土耳其在叙利亚危机中的困境：原因与前景》，《国际关系研究》2017年第5期，第134～151页。
③ 何志龙：《论伊朗对叙利亚巴沙尔政权支持的原因及影响》，《陕西师范大学学报》（哲学社会科学版）2017年第6期，第144～155页。

(三)叙利亚危机中的大国博弈

2011年叙利亚危机爆发以来,大国博弈导致叙利亚问题日趋复杂化,美俄两国基于自身战略考量制定和实施的叙利亚危机政策充满张力,又随着危机演变促成有限度合作。钮松的《当前美俄在叙利亚问题上的博弈与合作》①认为,以美国为首的反恐联盟在打击"伊斯兰国"上与俄罗斯存在战略目标上的分歧,美国试图借力"伊斯兰国"削弱叙利亚政府军,打击"伊斯兰国"的反恐行动收效甚微;俄罗斯出于战略利益等考量,积极军事介入打击"伊斯兰国"等极端势力的反恐军事行动,收获了较多的政治红利。不过,美俄两国在叙利亚危机应对方面也有大量的共同利益,受极端主义势力扩张的威胁,美俄在反恐问题上存在合作的必要性。2015年9月俄罗斯军事介入叙利亚反恐军事行动后,美国对叙利亚问题的态度与立场表现出一定变化,不再以巴沙尔下台为解决叙利亚问题的必须要件,反恐、难民等问题成为美国对叙利亚政策的重要考量之一。因此,虽然2016年以来美俄就叙利亚问题多次在联合国互相指责,两国未来就叙利亚问题的战略博弈和斗争不会停止。但是和平解决叙利亚问题将依然是美俄共同利益所在。②

叙利亚危机作为一场非国际武装冲突,其国际化程度已超越冷战结束以来的南斯拉夫内战,这场国际危机还体现了沙特、伊朗两国的地区战略博弈与冲突。沙特已取代埃及成为阿拉伯世界主要领导者,凭借雄厚的石油经济基础试图领导阿拉伯世界,与伊朗存在多方面的利益冲突和地区战略矛盾。《叙利亚危机中的大国博弈》③ 认为,沙特试图推翻叙利亚巴沙尔政权,削弱地区竞争对手伊朗的影响力和什叶派联盟;伊朗作为中东非阿拉伯什叶派中等强国,与叙利亚构成两国同盟,保卫叙利亚巴沙尔政权事关伊朗的中东地缘战略和国家利益。

---

① 钮松:《当前美俄在叙利亚问题上的博弈与合作》,《长江论坛》2016年第6期,第62~69页。
② 章波:《美俄在叙利亚问题上的新博弈》,《当代世界》2016年第11期,第38~41页。
③ 周烈:《叙利亚危机中的大国博弈》,《阿拉伯研究论丛》2016年第1期,第3~20页。

二 叙利亚危机相关问题研究

（一）叙利亚难民问题

叙利亚难民问题已成为叙利亚危机爆发以来最严峻和棘手的国际性问题之一。一方面，难民问题酿成了21世纪初以来最严重的人道主义危机；另一方面，难民问题外溢效应对土耳其、约旦、黎巴嫩等难民接收国构成了严峻的经济、安全、社会挑战。叙利亚难民问题波及跨地区的多个国家，其治理方式需要跨国、跨地区的共同合作，与联合国等国际组织积极配合。难民问题治理不仅关系到人道主义精神，与维护地区政治稳定、安全环境、反恐等也有紧密联系。《国际法解决叙利亚难民问题初探》[①] 从国际法角度出发，分析了难民保护的国际法依据和人道主义思想，以及接纳和保护难民的国际法义务。该文认为国际社会应完善国际难民保护的国际法律和机制，提出准确定义难民，完善难民的甄别和法律制定，加强国际协调，强化国际组织职能等。

叙利亚难民危机的外溢效应之一，造成周边国家沉重的社会、经济、安全负担，土耳其作为叙利亚难民第一大接收国，背负着沉重的难民问题成本，约旦、黎巴嫩等中东小国也承受着远远超过自身经济负担能力的重压。《土耳其对叙利亚难民危机的应对及其影响》[②] 认为，土耳其难民政策是人道性与政治性相结合的产物，难民政策从"门户开放"到"有限开放"，呈现逐步收紧的特征。受难民数量急剧增长的冲击，土耳其政府2013年出台《外国人和国际保护法》这一专门性难民法律，给予叙利亚难民合法的法律身份地位，建立起专门性的难民管理机构。难民问题给土耳其造成了深刻影

[①] 翁里、张凯琳：《国际法解决叙利亚难民问题初探》，《政法学刊》2016年第3期，第62～69页。

[②] 崔守军、刘燕君：《土耳其对叙利亚难民危机的应对及其影响》，《西亚非洲》2016年第6期，第74～90页。

响,一方面冲击着土耳其国内政治与安全、经济发展和社会传统秩序;另一方面也为土耳其加大了与欧盟进行入盟谈判的筹码,提高了土耳其的外交事务话语权和国际影响力。

面对如此庞大的难民群体和持续性的难民危机,土耳其政府和难民都面临着严峻的现实困境与选择路径。如何从根源上解决叙利亚难民问题,既关系到土耳其难民政策与措施,也需要国际层面的充分合作。《难民、客人、避难寻求者?——叙利亚避难者的身份困境与现实出路》①认为,叙利亚难民在土耳其面临着身份表述与身份困境,无论是客人身份或避难寻求者的身份定义,都无法给予难民群体充分的身份地位与权利,无名化成为难民群体生存的现实困境;难民身份困境也充分凸显了土耳其政府应对难民问题的艰难抉择,避难寻求者的身份定义与国际法层面的难民定义还有一定距离,融合还是边缘,成为土耳其政府暂时回避的现实困境。因此,明确身份定位,鼓励社会融合,建立长效机制,推动国际社会共担责任,是解决难民问题应循的路径选择。

(二)叙利亚境内极端主义问题

叙利亚危机给了国际恐怖主义和极端主义势力乘虚而入的契机。与扎瓦赫里领导的"基地"组织有密切联系的"伊拉克伊斯兰国"和"支持阵线"在叙利亚广泛渗透,嵌入叙利亚本土社区,加速实现本土化进程和组织发展。2014年"伊斯兰国"宣布建国标志着国际恐怖主义进入实体化和准国家化形态阶段;受基地组织遥控领导的"支持阵线"在叙利亚西北部地区持续发展,成为叙利亚境内仅次于"伊斯兰国"的第二大极端主义势力。包澄章的《"支持阵线"的演变与"基地"组织的战略选择》②认为,"支持阵线"的发展历经七个阶段,经历"支持阵线"、"征服阵线""解放

---

① 赵萱:《难民、客人、避难寻求者?——叙利亚避难者的身份困境与现实出路》,《国际论坛》2016年第5期,第66~71页。
② 包澄章:《"支持阵线"的演变与"基地"组织的战略选择》,《阿拉伯世界研究》2017年第6期,第63~77页。

沙姆组织"等组织名称和对外联盟演变；组织结构包括决策、军事、司法、宣传等功能部门，"支持阵线"的战略目标以推翻巴沙尔政权为首要任务，扩大在叙利亚境内的地位、影响，加速实现本土化，使用灵活行动策略壮大自身势力和影响力。"支持阵线"脱离"基地"组织是以充分的现实动因为考量，规避国际反恐联盟的打击，以脱离策略赢得叙国内温和反对派的支持，充分反映了"基地"组织新型的战略选择。

叙利亚和伊拉克境内的极端主义治理问题，已经超越了叙利亚和伊拉克政府的国内反恐治理能力，需要国际社会联合行动，通过共同治理和联合军事行动遏制恐怖主义的全球蔓延。自 2014 年以来，美国、俄罗斯先后军事介入打击"伊斯兰国"等极端主义势力，有效地遏制了恐怖主义实体化和领土化发展趋势。从国际法角度考察美俄两国对"伊斯兰国"等极端主义势力的军事打击行动，实质上美俄两国采取了不同形式的法律依据进入叙利亚实施军事打击。岳汉景的《美俄入叙军事打击"伊斯兰国"——法律依据差异及其背后的话语权之争》[1] 认为，美国入叙打击"伊斯兰国"使用的是保卫伊拉克的集体自卫行动权；俄罗斯则依靠"受邀干预"的法律依据。美俄两国入叙打击"伊斯兰国"法律依据差异的背后，反映了两国对巴沙尔政权合法性争论的国际话语权争夺，表现了对"合法政府"定义的国际规范争论。

叙利亚危机爆发至今，还形成了极端主义、恐怖主义思想与武装人员的外溢，对国际社会安全构成了巨大的现实威胁，2015~2016 年法国和其他欧洲国家境内恐怖主义袭击频发，与接受了极端主义思想影响和极端主义组织控制的武装人员构成了直接联系。[2] 大批在叙利亚危机中接受极端主义思想观念的武装人员回流原所在国，已成为未来恐怖主义威胁的潜在根源，而相关国家的防范措施还亟待加强。

---

[1] 岳汉景：《美俄入叙军事打击"伊斯兰国"——法律依据差异及其背后的话语权之争》，《国际观察》2017 年第 2 期，第 119~131 页。
[2] 汪波：《叙利亚内战中的外籍武装人员研究》，《阿拉伯世界研究》2016 年第 5 期，第 50~64 页。

（三）叙利亚危机的演变、和谈与前景

叙利亚危机演变至今，已形成较稳定的内部力量对比结构和外部干涉机制，通过国际社会不同政治行为体的积极斡旋和外部协调，建立起以联合国为主导的日内瓦和谈机制以及阿斯塔纳和谈机制，共同推动叙利亚问题的政治解决。《叙利亚危机的演变》[1] 认为，叙利亚危机历经了和平示威、武装冲突和全面内战、外部干涉等阶段，形成了叙利亚反对派、伊斯兰主义势力、极端主义武装等参战团体。"达伊什"势力的急剧扩张引起美、俄等国的军事介入，而叙利亚危机的政治解决前景仍面临着不确定性。

叙利亚危机爆发的根源，深深根植于叙利亚国内的一系列社会、政治、经济等因素，以及地区与域外大国的战略博弈和地缘竞争。气候变迁因素实际上也对叙利亚危机、阿拉伯变局构成了重要的影响。韩志斌的《气候变迁与阿拉伯变局——兼论与叙利亚危机肇端的内在逻辑关系》[2] 认为，干旱是叙利亚气候的结构性特征，是自然条件与人为因素共同导致的，叙利亚国内的持续性干旱气候是叙利亚危机爆发的重要诱因。持续性干旱气候、政府的经济政策等因素导致粮食短缺，对政治危机爆发构成了内在逻辑关系和隐性压力因素。

叙利亚问题和谈是政治和平解决冲突的有效方式。2011年叙利亚危机爆发后，联合国作为国际危机的主要调停提供方一直致力于政治解决叙利亚危机，主导了以日内瓦和谈为核心的联合国调停模式，至2017年12月，已先后召开了八轮叙利亚问题日内瓦和谈会议。《从边缘到中心：叙利亚危机中的联合国调停》[3] 认为，联合国在叙利亚危机中的调停进程中身份经历了

---

[1] 吴冰冰：《叙利亚危机的演变》，《中国国际战略评论》，2016，第238~252页。
[2] 韩志斌：《气候变迁与阿拉伯变局——兼论与叙利亚危机肇端的内在逻辑关系》，《外国问题研究》2017年第4期，第4~11页。
[3] 申文：《从边缘到中心：叙利亚危机中的联合国调停》，《国际观察》2017年第2期，第132~144页。

从边缘关注者到联合调停人至单独牵头者的角色转换,调停作用先后从提供和解方案至提供谈判便利的转型。一方面,肯定联合国调停方对解决叙利亚危机的积极作用;另一方面,联合国调停也存在诸多不足之处。联合国调停缺乏公正性、包容性,未能处理好与阿盟的分歧,致使日内瓦和谈发挥作用有限,这与联合国自身能力的局限性直接相关,也是域内大国博弈、美俄战略利益分歧所致。

2017年以来叙利亚问题和谈取得显著进展,以俄罗斯、土耳其、伊朗三国主导的阿斯塔纳和谈机制顺利推动了旨在结束叙利亚国内武装冲突的停火协议,建立起四个冲突降级区,形成了有别于联合国主导的日内瓦和谈机制。阿斯塔纳和谈机制建立的冲突降级区有效缓解了叙利亚冲突的紧张局势。阿斯塔纳和谈机制反映出叙利亚问题发展至今的新特点。其一是搁置政治分歧,先停火后促谈;其二是俄罗斯对叙利亚危机的影响日益突出,美欧、阿盟作用下降;其三是土耳其对叙利亚政府的立场发生重大转变;其四是叙利亚问题的焦点已从倒巴、反恐,进入势力争夺阶段。阿斯塔纳和谈机制的确立也反映出参与叙利亚危机的各方势力不同考量和彼此的博弈,未来叙利亚问题和谈走向,受美国对叙政策、库尔德问题、参与叙利亚危机的大国博弈和不同政治联盟阵营力量对比等因素的影响。[①]

解决叙利亚危机的前景方面,由于关涉到中东地区地缘政治力量格局重塑和域内外大国利益,叙利亚危机政治解决的和谈之路不可能一帆风顺。2017年12月初的叙利亚问题第八轮和谈的无果而终即是这一漫长进程的真实写照。目前叙利亚问题已形成俄罗斯、伊朗和美欧、沙特等两大阵营,解决叙利亚危机进程需要域外大国、地区大国多层面的互动协调,寻找共同利益。[②]

---

① 曾蕊蕊:《从阿斯塔纳和谈看各方在叙利亚问题上的新一轮争夺较量》,《当代世界》2017年第10期,第50~53页。
② 李国富:《展望解决叙利亚危机的前景》,《当代世界》2016年第5期,第36~39页。

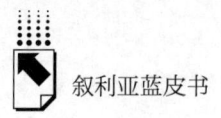

三 叙利亚历史与民族宗教问题研究

(一)叙利亚历史研究

叙利亚危机不仅是域内外大国博弈和中东地区地缘格局调整的产物,更是源于叙利亚国内多方面的因素。叙利亚政治发展进程研究有助于从历史的深层次视角剖析叙利亚国家政治稳定的隐忧和结构性缺失,长时段的而非短期变量考察其政治与社会的不稳定根源。《现代叙利亚国家与政治》[①] 全面深入地剖析了自一战至 21 世纪初叙利亚的政治发展、经济变迁和外交变革,以学术史而论,该书是国内叙利亚政治史研究的重要突破,有助于把握叙利亚政治发展历史的深层逻辑和历史脉络。首先,现代叙利亚政治发展进程中,阿萨德体制的确立与变迁,对叙利亚国家政治影响重大,既确立了党政军一体化的威权政体,又形成了现代叙利亚政治稳定发展机制。其次,叙利亚与国际关系是影响该国政治发展进程重要的外部影响因素。叙埃合并、叙伊(伊拉克)竞争、叙伊(伊朗)同盟、叙美关系、叙苏(俄罗斯)关系的演变牵引着叙利亚国家政治的走向。再次,叙利亚国家政治演进过程中,族群、教派、复兴党、军人等扮演着关键性的角色,军人政治深深影响着现代叙利亚政治发展,复兴党执政成为叙利亚政治体制变迁的关键因素,而教派因素牵动着叙利亚政治稳定的命脉。

叙利亚政治史研究中,阿萨德体制的政治稳定机制与国家治理能力是解构叙利亚政治体制的关键,对分析和思考叙利亚危机的历史根源具有重要的学术价值。《叙利亚阿萨德时期威权主义与政治稳定探析》[②] 集中分析阿萨德时期叙利亚得以维持长达 30 年政治稳定的结构性因素,解构了阿萨德威权主义体制下的不稳定结构动因,这是理解叙利亚危机产生的深层次历史根

---

① 王新刚:《现代叙利亚国家与政治》,人民出版社,2016。
② 王新刚、马帅:《叙利亚阿萨德时期威权主义与政治稳定探析》,《西北大学学报》(哲学社会科学版)2016 年第 3 期,第 10~16 页。

源因素。阿萨德体制依靠威权主义维系叙利亚政治稳定，主要统治支柱是总统集团、军事行政政党组织和辅助政治机制，其有效性在于加强政治权力集中度和政府执政能力，吸纳了社会中坚力量，扩宽了统治基础，依靠复兴党民族主义意识形态实现政治认同一体化和政权合法化，平衡政教关系，对外依靠务实政策改善外部环境。不过，威权主义作为过渡性政治体制，存在难以克服的内在弊端，政治民主化、经济发展、教派关系和地缘政治成为阿萨德体制始终面临的内在结构性矛盾或挑战。《阿萨德时期叙利亚政治稳定与国家治理能力评析》[1] 认为，20世纪80年代后，阿萨德体制的政治权威和国家治理能力开始衰减，经济危机与社会问题凸显，以叙利亚穆斯林兄弟会为代表的政治伊斯兰势力崛起，引发政教关系恶化，阿萨德统治集团内部产生裂痕；90年代后，经济自由化、政治民主化压力加剧，阿萨德体制逐步退化为弱威权主义体制，国家治理能力呈现衰减趋势。

冷战史研究方面，国内学术界日益重视美国、苏联在冷战时期对中东的外交目标与政策，冷战时期美苏等超级大国与叙利亚的外交关系史研究已有一定的学术成果。薛丹和郭永虎的《美国艾森豪威尔政府对叙利亚政策新探（1954～1957）》[2] 采取国际关系史和冷战史的研究范式，运用美国政府外交解密档案文件研究艾森豪威尔政府对叙利亚的外交目标和政策行动，分析20世纪50年代中后期美叙关系的演变和1957年叙利亚危机的根源。缓和阿以矛盾、改变中东反西方舆论与遏制苏联在中东地区扩张是艾森豪威尔制定中东政策的主要目标。艾森豪威尔主义出台后，美国政府动用隐蔽行动"徽章行动"试图颠覆叙利亚政府，扶持亲美政府，挑起叙土矛盾，致使叙利亚危机爆发，造成美叙关系渐行渐远。

冷战爆发以来，叙利亚与苏联逐步确立了联盟关系，叙苏（俄）联盟关系并未因冷战终结而瓦解，后冷战时期叙俄联盟关系在面对外部威胁时得

---

[1] 王新刚、马帅：《阿萨德时期叙利亚政治稳定与国家治理能力评析》，《陕西师范大学学报》（哲学社会科学版）2016年第6期，第69～77页。
[2] 薛丹、郭永虎：《美国艾森豪威尔政府对叙利亚政策新探（1954～1957）》，《历史教学问题》2017年第2期，第22～27页。

到巩固与发展,以应对共同的外来压力和不安全感。《俄罗斯(苏联)与叙利亚联盟关系新论》①认为,叙利亚与苏(俄)双边关系的发展体现了一种新的不对称联盟关系模式,既不属于大国控制小国的"庇护关系",也不是小国与大国相互利用的"坐庄"模式。1980年叙利亚与苏联缔结的《叙苏友好合作条约》标志着两国联盟关系的确立,两国关系进入高峰期。20世纪80年代苏联对外战略的调整、叙利亚国家安全需求的增加和叙利亚外交调整使叙苏联盟关系经历了严峻考验。冷战结束后,叙俄重塑联盟关系,2011年叙利亚危机爆发后,叙俄联盟关系得到巩固与强化。叙苏(俄)联盟关系是对地区和全球政治环境和国内的不安全感做出的一致回应,反映了两国所处环境的一致性。

叙利亚与伊朗的双边关系是考察叙利亚对外关系中非常重要的一环,叙伊同盟关系的演变,反映了中东国际关系的历史变迁,伊朗对叙利亚同盟关系的强力支持,是叙利亚政权维持政治稳定的重要外部支持条件。1979年伊朗建立伊斯兰共和国后,叙伊关系先后历经了有限接触、合作、正式联盟确立。叙伊两国的联盟关系不仅是两国利益交换的结果,还形成了对抗区域内大国和逊尼派国家的地缘政治实体。叙伊关系的演变,对中东地区权力格局具有重要意义。②

二战史研究方面,叙利亚凭借重要的地缘战略地位,成为轴心国与同盟国在中东地区争夺的重点区域之一。意大利参战、法国败降后,中东侧翼地区的亲德倾向日益膨胀,英国、自由法国联合出兵叙利亚、黎巴嫩,以此巩固双方在东地中海地区的战略优势,以许诺叙黎民族独立为方式试图控制该地区。③

中东近代史研究是目前国内中东研究相对薄弱的领域,其中叙利亚近代

---

① 孙超:《俄罗斯(苏联)与叙利亚联盟关系新论》,《阿拉伯世界研究》2017年第1期,第16~31页。
② 马玉婷:《伊斯兰革命后伊朗与叙利亚关系(1979~)》,云南大学硕士学位论文,2016。
③ 王晋超:《试论二战中欧洲大国在叙利亚和黎巴嫩的争夺》,西北大学硕士学位论文,2017。

史的研究成果也非常匮乏，推进中东近代史研究，对中东研究学科体系和拓宽研究领域都有重要的学术价值。叙利亚近代史并非某民族国家的历史进程，而是"大叙利亚"地区近代历史演进过程，这一时期叙利亚地区处于奥斯曼帝国统治之下，18世纪末19世纪初，叙利亚地区的农业、商业、手工业、人口数量均处于衰退趋势，奥斯曼帝国治下的叙利亚地区社会秩序紊乱，地方叛乱不断。[①] 19世纪早期奥斯曼帝国统治的衰败，造成叙利亚地区政治统治能力的危机。经过穆罕默德·阿里改革后的埃及军事力量强劲，试图染指地中海东部地区，重塑伊斯兰世界霸权角色，对奥斯曼帝国统治秩序构成严峻威胁。《19世纪30年代埃及在叙利亚地区的统治研究》认为，1831年埃及占领叙利亚以后的十年统治，通过政治、经济、宗教、军事等政策，对叙利亚地区发展构成了深远影响。埃及对叙利亚统治的特点是经济附庸化、宗教宽容化和社会西方化。十年统治推进了叙利亚地区早期现代化进程，促进了阿拉伯民族主义思潮早期发展；同时，对中东地区和欧洲国际政治也造成了多方面的影响。

（二）叙利亚民族宗教问题研究

叙利亚危机期间，库尔德民族势力已成为叙利亚国内政治、军事格局重要的角色之一，在叙利亚危机政治解决、叙利亚问题和谈和战后政治重建都扮演着重要角色，国内学术界正在深入对叙利亚库尔德问题、库尔德问题与叙利亚危机等相关方面进行深入的研究。董漫远的《库尔德问题与中东局势》[②] 一文认为，叙利亚危机经过多年演变，叙利亚库尔德武装力量势力逐渐坐大，已成为影响叙利亚局势未来走向的关键变量之一，"民主联盟党"主导的"民主军"已成为反对派中实力最强的一支武装。该文还认为，叙利亚库尔德问题已成为撬动美俄在中东地区战略博弈的重要因素之一，美国借助叙库尔德武装打击"伊斯兰国"等极端势力；俄罗斯也借力叙库尔德

---

① 刘渊、王新刚：《19世纪30年代埃及在叙利亚地区的统治研究》，《中东问题研究》2017年第1期，第163~190页。
② 董漫远：《库尔德问题与中东局势》，《国际问题研究》2017年第4期，第36~49页。

武装,以加强对叙利亚问题的影响力,并且作为与土耳其外交互动的筹码之一。《叙利亚库尔德武装的性质及其影响探析》[1] 对叙利亚危机时期库尔德武装的性质和多重影响进行了国际法视野的定性分析。该文认为,根据国际法一般性规范,叙利亚库尔德武装完全不符合叛乱团体或交战团体的特征,且借助反恐行动来回避自身的法律定性问题。库尔德民主联盟党提出的叙利亚"联邦制"方案表面上尊重叙利亚的主权统一与领土完整,实际上很可能成为该国走向分裂的导火索,其实质是谋取壮大自身实力。叙利亚库尔德武装秉持的库尔德民族主义意识形态有极端化色彩,对叙利亚和平进程、中东地区稳定和国际体系都会产生深远的负面影响。

叙利亚作为民族宗教构成多元化的国家,宗教问题对国家政治稳定、社会和谐、民族国家认同具有重要影响。阿拉维派是叙利亚国内伊斯兰教第二大支派,人口数量仅次于主流逊尼派群体,受特殊的政治进程和历史影响,阿拉维派在国家政治上占据着超越本教派人口比例的政治影响力,引起国内逊尼派伊斯兰势力的不满和中东逊尼派大国的冷眼;同时,叙利亚阿拉维派与伊朗又建立了特殊的宗教情感关联和交往互动。《阿萨德统治时期叙利亚阿拉维派的认同困境》[2] 认为,宗教文化、地理分布、历史记忆、法国委任统治及政策是造就阿拉维派宗教认同的主要根源;阿萨德政府为增强和巩固阿拉维派统治地位的合法性,采取阿拉伯复兴社会主义和大叙利亚的意识形态,以拉拢逊尼派精英等措施构建民族认同。然而,阿萨德体制中的一党制的本质、亲阿拉维派的倾斜政策、教派关系恶化等因素致使阿拉维认同陷入困境。经过数十年的发展,叙利亚什叶派力量的增长对国内教派关系构成了一定影响。阿萨德时期秉持的教派平衡政策逐渐被抛弃,巴沙尔时代什叶派出现了显著的增长趋势,其原因主要是逊尼派改宗、外来人口迁移、伊朗的宣教活动等。什叶派的增长趋势引起叙利亚国内部分逊尼派的不满和忧虑,

---

[1] 王琼:《叙利亚库尔德武装的性质及其影响探析》,《阿拉伯世界研究》2017年第6期,第78~90页。
[2] 王霏、张丹:《阿萨德统治时期叙利亚阿拉维派的认同困境》,《世界宗教文化》2017年第1期,第21~26页。

教派矛盾加剧，成为叙利亚社会的主要矛盾之一。① 教派认同问题方面，《试论叙利亚的族群、教派与地域忠诚问题》② 认为，造成次国家认同形成的主要原因包括地缘政治、教派族群的集中化地域构成、逊尼派主导地位与排斥、政府政策等因素。叙利亚次国家认同形成的特点包括族群教派和地域重叠、次国家认同与社会经济阶层部分重叠、军队影响。

四 结语

总体而论，近年来国内叙利亚研究已收获不少的学术成果，以叙利亚危机研究为契机，有力地拓展了我国学术界对中东地区国别研究的广度和深度，还成立了专业的叙利亚研究中心，召开了有关叙利亚问题研究的专业学术会议。

从学科建设角度而论，2017年10月西北大学叙利亚研究中心的建立对推进我国叙利亚研究，为培养相关学术人才、梯队建设等将会起到一定的促进作用。中心成立后举办了针对叙利亚问题研究的学术研讨会。2017年10月13日，"叙利亚问题的新变化及中国的应对"学术研讨会召开。会议针对"叙利亚危机的根源及走向"、"危机中的叙利亚国内冲突及影响"、"叙利亚危机与中东地缘政治"问题、"中国与叙利亚问题"和中国的政策进行了深入研讨。此外，还就中国与中东关系、叙利亚研究中心的发展规划、国别智库研究建设等问题，进行了深入的交流和探讨。

根据以上对2016~2017年国内叙利亚研究现状的综述，目前国内叙利亚研究还存在以下几点亟待加强的研究方面，充分开展以下问题的研究，对推进国内叙利亚研究应有一定的裨益。

首先，叙利亚危机与国际关系研究方面，需要加强叙利亚危机与中东域

---

① 张超：《巴沙尔时期叙利亚什叶派的增长及对教派关系的影响》，《世界宗教文化》2017年第1期，第27~32页。
② 王霏：《试论叙利亚的族群、教派与地域忠诚问题》，《阿拉伯世界研究》2016年第1期，第21~36页。

内国家关系的相关问题研究。其一，叙利亚危机爆发后，受到直接冲击的不是美欧俄等西方世界，而是约旦、黎巴嫩、以色列、土耳其、伊拉克等域内周边邻国。黎巴嫩、约旦、以色列等国对叙利亚危机的应对与政策，以及危机对这些国家的冲击和影响，是叙利亚危机研究不可忽视的重要环节。其二，阿拉伯世界、伊朗等域内国家对叙利亚危机的干预和相互间地区博弈也是影响叙利亚危机的重要因素。沙特、伊朗、黎巴嫩真主党等国家或非国家行为体干预叙利亚危机的动机、手段、影响，以及相互之间的博弈竞争，对叙利亚危机演进和格局变动构成了重要的外部变量。其三，叙利亚危机期间巴沙尔政府对外政策的制定和对外关系的调整是不可忽视的研究方向。目前国内学术界就叙利亚危机与国际关系研究方面，主要从域外大国和域内国家的视角研究叙利亚危机的影响和国际关系的变化，鲜有从叙利亚巴沙尔政府视角去分析大马士革对外政策的动态调整及其对外关系的影响。

其次，叙利亚危机相关问题研究方面，叙利亚问题和谈、难民问题、反恐问题仍需要持续关注，深化相关研究。其一，2017年叙利亚危机已进入重要拐点，叙利亚问题和谈机制及其进程和影响，应当成为未来叙利亚危机研究关注的重点问题之一。其二，叙利亚难民问题仍然是叙利亚危机相关问题中最为棘手和紧迫的人道主义灾难，叙利亚难民问题治理需要从学理角度给予更多的关注和解决路径的探索，叙利亚难民问题的外溢效应也是需要适度关注和研究的地区性问题，对所在国的社会、经济、安全、文化等影响将是长久性的问题。其三，叙利亚反恐问题仍然是不可忽视的国际安全问题。2017年"伊斯兰国"实体基本被消灭，这并不意味着叙利亚国内反恐问题得到根治，反恐问题是叙利亚危机研究需要重点关注的现实难题。

再次，叙利亚历史和民族宗教问题研究方面，仍存在相当多的薄弱环节。其一，叙利亚史研究方面，应当加强对叙利亚经济和社会结构的历史研究。对现代叙利亚经济史的研究和考察，从社会经济角度阐释叙利亚国家政治体制及其变迁具备较强的学术意义。社会结构方面，叙利亚是多种认同并存的多元社会，部落、地域、教派、阶层等因素对叙利亚社会变迁和社会运动具有重要的内在逻辑联系，运用社会学等学科方法研究叙利亚社会史，是分析叙利亚多元社会很好的切入点。其二，叙利亚对外关系史方面，可以充分利用历史学和国际关系的理论方法拓宽研究对象，加强叙利亚对外关系研究。叙利亚与中东域内大国、域外大国的双边关系研究，对充分理解叙利亚国家政治变迁也有着重要的学术价值。其三，叙利亚民族宗教问题方面，库尔德问题、教派问题是影响叙利亚国家认同建设面临的重要困境，通过对库尔德问题、宗教少数派问题形成的历史根源和现实问题研究，反思民族、教派认同与国家认同的关系，进一步提出兼具学术和现实借鉴意义的认同一体化解决路径。

B.13
2017年叙利亚大事记

杨玉龙　吕高锁　郝红梅*

1月

1月2日　叙利亚总理伊马德·哈米斯表示，政府将出台阿勒颇重建计划。

1月3日　俄罗斯与土耳其达成共识，同意召集叙利亚冲突各方（不含IS等极端组织），定于1月底在哈萨克斯坦首都阿斯塔纳就叙利亚全国实现停火举行谈判。

1月5日　美国国务卿克里表示，美国未在外交解决叙利亚冲突中与俄罗斯、土耳其和伊朗竞争，而是支持相关的工作。

1月6日　俄罗斯武装力量总参谋长格拉西莫夫宣布，俄"库兹涅佐夫"号航母编队6日开始驶离叙利亚地中海水域，返回俄北部港口北莫尔斯克。

1月7日　叙利亚北部阿勒颇省北郊阿扎兹市当天遭到汽车炸弹袭击，造成至少15人死亡、数十人受伤。

1月12日　俄总统普京应约与土耳其总统埃尔多安通电话讨论叙利亚局势。两位领导人认为，叙政府与反对派之间的停火协议总体上得到遵守。

1月13日　中国政府叙利亚问题特使解晓岩访问俄罗斯，会见俄罗斯外交部中东北非局局长韦尔希宁，就叙利亚当前局势、阿斯塔纳对话会等深

---

* 杨玉龙，西北大学历史学院世界史专业博士研究生，研究领域为中东政治与国际关系及库尔德问题；吕高锁，西北大学历史学院世界史专业硕士研究生；郝红梅，西北大学历史学院世界史专业硕士研究生。

入交换了意见。

俄罗斯、土耳其和伊朗三国副外长在莫斯科举行磋商,讨论即将在哈萨克斯坦首都阿斯塔纳举行的叙利亚和谈筹备情况。

1月20日 外交部发言人华春莹表示,叙利亚政府和反对派在阿斯塔纳举行的对话会是日内瓦和谈的有益补充,中方希望对话会取得积极进展,为日内瓦和谈奠定良好基础。

极端组织"伊斯兰国"毁坏了历史古城巴尔米拉的地标建筑、古罗马时期的露天竞技场。包括露天竞技场在内的多处古迹遭到"伊斯兰国"武装分子破坏。

1月21日 联合国儿童基金会19日发布声明称,土耳其境内共有120万叙利亚难民儿童,其中有38万学龄儿童无法入学。

1月22日 俄罗斯停战中心发布公报消息,叙利亚境内停战居民点的数量已经增加到1140个。

叙利亚总理伊马德·哈米斯称,对哈萨克斯坦首都阿斯塔纳举行的叙利亚和谈,叙政府欢迎任何有助于恢复叙利亚和平稳定的倡议。

1月23日 叙利亚政府代表团团长贾法里在哈萨克斯坦首都阿斯塔纳发表讲话,指责叙反对派包庇极端组织"征服阵线",并敦促反对派武装切实遵守停火协议。

1月24日 俄罗斯、伊朗和土耳其三国代表团在哈萨克斯坦首都阿斯塔纳发表联合声明,表示将建立叙利亚停火三国联合监督机制。

联合国代表和一些非政府组织代表在芬兰首都赫尔辛基召开的相关会议上呼吁增加国际援助,强化对叙利亚及其周边国家应对难民问题的支持。

应俄罗斯总统普京的邀请,约旦国王阿卜杜拉二世抵达莫斯科对俄罗斯进行访问。双方就推动叙利亚问题解决、共同打击国际恐怖主义、加强双边经贸人文合作等问题举行会谈。

1月26日 巴沙尔在首都大马士革会见来访的伊朗议长特别助理阿卜杜拉希安。双方在会晤中均表示支持俄罗斯和土耳其促成的叙利亚各方停火协议,同时打击极端组织"伊斯兰国"、"征服阵线"以及与其有关联的武

装组织。

1月28日 叙利亚政府军收复位于首都大马士革郊区的主要水源地,大马士革地区长达一个多月的用水危机有望得到缓解。

1月29日 美国总统特朗普和沙特国王萨勒曼在通话中表示,支持在叙利亚和也门建立安全区。两国领导人还同意加强合作,打击恐怖主义,并共同应对威胁中东地区和平与安全的挑战,包括叙利亚和也门境内的冲突。

1月31日 联合国安理会发表媒体声明,希望联合国叙利亚问题特使德米斯图拉尽快重启叙利亚问题日内瓦和谈,敦促叙利亚各方本着诚意无条件参加谈判。

2月

2月2日 叙利亚军方表示,叙政府军近日在北部阿勒颇省对极端组织"伊斯兰国"的军事行动中取得进展。

2月3日 日本政府从今年开始的5年间,接收叙利亚难民留学生及其家属总计300人。

2月5日 中国驻叙利亚大使齐前进在叙首都大马士革说,中国将向叙方提供两笔无偿援助,用于提供人道主义物资和实施人道主义项目。齐前进当天与叙利亚计划与国际合作署署长萨布尼分别代表中叙两国政府签署了关于提供无偿援助的经济技术合作协定。

叙利亚总统巴沙尔·阿萨德签署法令,将针对投降的反政府武装人员的特赦令有效期延长至今年6月30日。

2月6日 俄罗斯、土耳其和伊朗监督叙利亚停火联合行动小组第一次会议在哈萨克斯坦首都阿斯塔纳举行。与会各方讨论了叙利亚停火协议执行情况、监督停火的有效机制、人道主义物资发放以及在叙政府和反对派之间建立信任等问题。

2月7日 俄罗斯武装力量总参谋部行动总局局长谢尔盖·鲁茨科伊在莫斯科说,俄罗斯、土耳其和伊朗已协商划定叙利亚境内恐怖组织控制范围。同时，俄方持续对叙平民实施人道救援，并与合作方协同打击叙境内恐怖组织。

2月8日 美国国防部发言人杰夫·戴维斯在一份声明中说，美军在4日的空袭行动中炸死了"基地"组织头目阿布·哈尼·马斯里。

2月9日 叙利亚总统巴沙尔·阿萨德与夫人阿斯玛·阿萨德当天在首都大马士革接见了被反政府武装释放的54名妇女和儿童。

2月12日 土耳其总统埃尔多安表示，土方在叙利亚北部开展军事行动的目的是清除恐怖主义并建立"安全区"。

黎巴嫩真主党总书记哈桑·纳斯鲁拉说，真主党强烈支持叙利亚达成停火协议、结束流血冲突。同时，纳斯鲁拉呼吁黎巴嫩政府就难民问题与叙利亚政府积极对话、寻求合作，以帮助叙利亚难民重返家园。

2月14日 约旦国王阿卜杜拉二世和到访的黎巴嫩总统米歇尔·奥恩在约旦首都安曼呼吁，叙利亚各方应在巩固阿斯塔纳会议成果的基础上遵守停火协定，并在日内瓦和谈的框架内寻求政治解决方案。

2月16日 叙利亚问题联合行动小组第二次会议在哈萨克斯坦首都阿斯塔纳召开，各方就停火协议的覆盖区域进行重点讨论。各方就建立停火机制监督小组的有关事宜进行讨论，停火协议的覆盖区域问题是讨论的重点。

2月21日 中国政府叙利亚问题特使解晓岩访问伊朗，分别会见伊朗外交部负责中东事务的副外长安萨里和中东与北非总司长伊拉尼。双方就当前叙利亚局势、日内瓦和谈以及推进叙政治进程等深入交换了意见。

2月22日 中国政府叙利亚问题特使解晓岩在日内瓦万国宫会见联合国秘书长叙利亚问题特使德米斯图拉，就叙利亚问题政治和解进程及即将举行的日内瓦和谈交换了意见。

2月23日 俄罗斯总统普京表示，叙利亚是一个多民族、多宗教的世俗国家，其领土完整不应受到外界干预。叙利亚问题的解决应以保障其领土完整为前提。俄在叙军事行动的任务是打击国际恐怖主义，维护叙利亚的合法政权，俄方不会干涉叙内政。

2月25日 叙中部城市霍姆斯25日发生自杀式爆炸袭击，导致数十人

死亡。

2月27日 俄罗斯联邦委员会（议会上院）主席马特维延科说，让叙利亚总统巴沙尔·阿萨德立即下台的要求是无法接受的，叙利亚问题应该由叙利亚人民通过民主的程序去解决。

2月28日 联合国安理会28日就有关叙利亚化学武器问题的决议草案进行表决，草案未获通过。

3月

3月2日 叙利亚军方宣布，政府军当天从极端组织"伊斯兰国"手中收复叙中部古城巴尔米拉。

土耳其外交部长恰武什奥卢表示，土耳其将对叙利亚北部古城曼比季的库尔德武装力量进行打击，除非其主动撤离。

3月3日 联合国秘书长叙利亚问题特使德米斯图拉晚间宣布，最新一轮叙利亚问题日内瓦和谈已经结束。

3月5日 联合国世界粮食计划署驻约旦办事处发言人沙达·莫格拉比表示，向中国为叙利亚难民提供的无偿援助表示感谢。

3月7日 伊拉克外交部长贾法里表示，叙利亚不能被排除在阿盟框架外，阿拉伯国家不能对叙利亚置之不理。叙利亚在阿盟的席位必须得到恢复。

3月11日 叙利亚外交部致信联合国秘书长和安理会主席，呼吁联合国谴责当天发生在叙首都大马士革的两起爆炸袭击事件。与叙反政府武装"叙利亚自由军"有关联的武装派别"黎凡特之剑"已宣称制造了这次袭击事件。

3月15日 叙利亚首都大马士革一法院遭自杀式袭击，造成至少30人死亡，另有45人受伤。

联合国秘书长古特雷斯就叙利亚危机爆发6周年发表声明，紧急呼吁国际社会向叙各方施加影响，推动叙利亚问题日内瓦和谈取得成功，以尽快结束冲突。

3月17日 叙利亚外交部致信联合国秘书长和安理会主席，呼吁联合国对以色列战机当天入侵叙领空并实施空袭的行为予以谴责。

3月18日 叙利亚中部城市霍姆斯最后一批反政府武装人员开始从当地撤离，撤离过程将持续数周时间。

3月22日 中国驻叙利亚大使馆向叙利亚一所军队医院捐赠一批医疗器械。

3月23日 联合国主导的新一轮叙利亚问题日内瓦和谈在日内瓦开启非正式磋商。第五轮叙利亚问题日内瓦和谈重要议题包括组建民族团结政府、修订宪法、重新选举、反恐以及重建安全和信心的措施。

3月24日 由联合国斡旋的新一轮叙利亚和谈在日内瓦进入正式谈判。中国政府叙利亚问题特使解晓岩表示，新一轮叙利亚和谈展现部分积极因素，但双方分歧犹在。

3月27日 联合国秘书长古特雷斯重申全力支持叙利亚问题特使德米斯图拉，呼吁各方确保日内瓦和谈取得成功。

3月29日 第28届阿拉伯国家联盟（阿盟）首脑会议在约旦死海之滨开幕，巴勒斯坦问题和叙利亚危机成为会议的主要议题。

土耳其国家安全委员会发表声明，宣布土耳其在叙利亚北部地区代号"幼发拉底盾牌"的军事行动已经结束。

3月31日 联合国秘书长叙利亚问题特使德米斯图拉在日内瓦万国宫宣布，第五轮叙利亚问题日内瓦和谈当天结束，在联合国斡旋下，叙政府和反对派代表对"四个篮子"议题进入了实质性谈判。

美国常驻联合国代表妮基·黑莉表示，美国对叙利亚问题的立场不再以叙利亚总统巴沙尔·阿萨德的下台为优先考虑，美国将和俄罗斯等国合作，推进叙利亚问题政治解决。

4月

4月3日 欧盟外长会议在布鲁塞尔召开，会议通过了欧盟对叙利亚战略文件,并呼吁叙冲突各方结束冲突,为人道主义援助提供通道。

联合国粮农组织发布报告称,战争给叙利亚农业造成高达160亿美元的损失,该国应尽快恢复农业生产,以减轻对人道主义援助的依赖,同时遏制移民流动所产生的巨大影响。

4月4日 叙利亚西北部城镇汗舍孔遭到疑似化学武器攻击,造成包括儿童在内的约100名平民丧生,还有数百人身体不适。

4月5日 叙利亚问题布鲁塞尔会议召开。为应对叙利亚危机,与会者同意2017年提供60亿美元援助,支持相关重建、发展和人道主义工作。

4月6日 美国国防部当晚发表声明称,位于地中海东部的两艘美军舰船向叙利亚中部霍姆斯省的沙伊拉特军用机场发射了59枚战斧式巡航导弹。

4月9日 俄罗斯和伊朗在叙利亚的联合行动指挥中心发表声明说,作为叙利亚盟友,俄伊将强力回应针对叙的侵略行为。声明指责美国未经联合国许可,在叙利亚化武事件没有调查清楚之前就对叙利亚实施军事打击。

叙利亚总统巴沙尔与伊朗总统鲁哈尼通电话,鲁哈尼谴责称美国的军事打击是侵略行为,并表示伊朗支持叙方打击恐怖主义及其为和平解决危机所做的努力。

4月10日 外交部发言人华春莹表示,中方一贯反对任何国家、任何组织、任何个人在任何情况下、出于任何目的使用化学武器。我们支持联合国有关机构对所有使用或疑似使用化武事件进行独立、全面的调查,有关结论必须以确凿证据为基础,经得起历史和事实的检验。

4月11日 七国集团外长与土耳其、阿拉伯联合酋长国、沙特阿拉伯、约旦和卡塔尔中东五国外交代表在意大利卢卡召开闭门会议,共同讨论和平解决叙利亚问题。

4月14日 俄罗斯外长拉夫罗夫、伊朗外长扎里夫和叙利亚外长穆阿利姆在莫斯科举行会谈,就美国军事打击叙利亚、化武袭击调查、叙利亚和谈以及联合反恐等议题进行讨论。

4月15日 叙利亚空军空袭了"伊斯兰国"在北部城市拉卡、叙伊边境阿布凯马勒镇的多个指挥部,还对"伊斯兰国"武装头目重要藏身地、叙伊边境达西沙村的据点实施了轰炸。

4月19日　叙利亚首都大马士革西北郊最后一批反政府武装人员完成撤离，标志着叙政府全面控制大马士革西郊地区。

4月20日　主要由库尔德民兵组成的"叙利亚民主力量"继续强攻叙利亚北部城市塔布卡和拉卡，他们已成功从"伊斯兰国"手中解放了拉卡的乌姆特涅克、比尔科比、瑟瓦、赫塔什。

伊朗、俄罗斯和土耳其三方在德黑兰就叙利亚问题展开阿斯塔纳和谈框架下的专家级磋商，伊俄土三方就叙利亚停火协议、人质交换等议题进行了讨论。

4月23日　中国叙利亚问题特使解晓岩会见了埃及外交委员会主席等埃方官员，就叙利亚形势和下一步措施交换了意见。

4月25日　土耳其总参谋部发表声明说，土耳其战机当天凌晨对伊拉克和叙利亚境内的库尔德武装目标实施空袭，打死约70名武装人员。

正在欧盟总部访问的中国叙利亚问题特使解晓岩表示，叙利亚问题是中国和欧盟以及国际社会共同关心的问题，中欧之间的协调和磋商对于保持叙利亚问题政治解决的势头非常重要。

4月26日　叙利亚外交部发表声明，强烈谴责土耳其前一天空袭叙领土的行为。

5月

5月3日　俄罗斯总统普京在俄西南部城市索契与土耳其总统埃尔多安举行会晤，双方重点讨论加强两国在经贸、安全领域的合作以及促使叙利亚各方保持停火、继续和谈。

5月4日　"叙利亚的安全形势与重建机遇——中国阿拉伯交流协会访问叙利亚情况介绍会"在北京举行。这是中国国内首次举办叙利亚战后重建会议。

参加第四轮叙利亚问题阿斯塔纳会谈的叙反政府武装代表乌萨马·阿

布·扎伊德表示，叙反政府武装不会接受任何分裂叙利亚、破坏叙利亚领土完整的协议。

叙利亚、俄罗斯、土耳其、伊朗以及东道方哈萨克斯坦的代表齐集阿斯塔纳，就叙利亚局势进行第四轮谈判。会上通过在叙建立安全停火区域的决议，而叙利亚反对派首次参加和谈，则被认为是本轮谈判的最大突破和亮点。

5月6日 在叙利亚建立"冲突降级区"的协议于当天零时开始生效。

5月10日 中国贸促会在京举办中国－叙利亚企业对接交流会，来自工程建设、机电制造、石化、汽车、农业等领域100多家中国企业对与叙利亚加强经贸合作表示了浓厚兴趣。

5月12日 中国政府向联合国儿童基金会提供了100万美元的现汇援助，以帮助在黎巴嫩的叙利亚难民儿童更好地接受教育。

5月15日 中国驻叙利亚大使齐前进与叙利亚计划与国际合作署署长萨布尼分别代表中叙政府签署关于向叙提供无偿援助的经济技术合作协定和提供紧急粮食援助的换文。

5月16日 最新一轮叙利亚问题日内瓦和谈正式启动。当天，联合国秘书长叙利亚问题特使德米斯图拉分别与前来参加和谈的各方代表团进行了六场密集的闭门会谈。

5月18日 叙利亚总统巴沙尔·阿萨德与到访的伊拉克总理特使、国家安全顾问法利赫·法耶兹举行会谈，商讨两国协调打击极端组织"伊斯兰国"。

5月19日 联合国主导的第六轮叙利亚问题日内瓦和谈落下帷幕。此次和谈没有达成任何成果性文件。

5月21日 叙利亚官员表示随着最后一批反政府武装人员当天从中部重镇霍姆斯市完成撤离，叙政府重新全面控制这座城市。

5月29日 齐前进大使拜会叙利亚文化部长穆罕默德·艾哈迈德。双方表示愿在"一带一路"倡议框架下推动两国文化等领域的交流与合作。

5月30日 中国常驻联合国副代表吴海涛敦促叙利亚各方切实执行安

理会有关决议，遵守停火协议，积极配合联合国人道救援行动，确保人道准入迅速、安全、不受阻碍。

6月

6月2日 俄罗斯总统中东问题特使、外交部副部长博格丹诺夫表示，俄方提议本月中旬在哈萨克斯坦首都阿斯塔纳召开第五轮叙利亚问题阿斯塔纳会谈。

6月10日 俄罗斯外长拉夫罗夫表示，俄方强烈反对美方对亲叙利亚政府武装的打击，希望美方采取措施防止今后类似事件发生。

6月15日 俄罗斯总统普京表示，俄罗斯非常需要美国、沙特、约旦和埃及的帮助，以解决叙利亚危机。

中国政府叙利亚问题特使解晓岩访问黎巴嫩，两国就双边关系及共同关心的国际和地区问题深入交换了意见。

6月17日 叙利亚军方发表声明，自当天中午12时起，在南部城市德拉停火48小时。声明指出，停火旨在表明军方对"民族和解努力"的支持。

6月18日 叙利亚政府军及亲政府民兵武装同伊拉克政府军两年来首次在两国边界一处口岸会师。叙利亚军方称，这次会师是打击极端组织"伊斯兰国"行动的一次"重要战果"。

伊朗伊斯兰革命卫队向叙利亚境内极端组织"伊斯兰国"据点发起地对地导弹打击，以报复"伊斯兰国"在伊朗境内发动的袭击。

6月19日 哈萨克斯坦外交部同俄罗斯、土耳其和伊朗外交部门达成共识，决定于7月4日至5日举行第五轮叙利亚问题阿斯塔纳和谈。

6月21日 联合国秘书长古特雷斯发表声明，紧急呼吁在叙利亚开展军事行动的各方尽全力保护平民和民事设施，特别是在拉卡等战事激烈的地区。

6月22日 澳大利亚国防部宣布，澳大利亚皇家空军决定恢复对叙利

叙利亚蓝皮书

亚的空袭行动。

法国总统马克龙为该国的叙利亚政策重新定调，不再坚持叙利亚总统巴沙尔必须下台。还称，将与叙利亚盟友俄罗斯合作，消灭伊斯兰极端组织。

6月24日　叙利亚政府宣布，为增进民族和解，释放672名被关押的叙利亚人。

6月27日　法总统马克龙与美国总统特朗普举行电话会谈。双方一致表示，如果叙利亚发起新的化武攻击，法美两国将共同回应。

7月

7月2日　叙利亚中央银行宣布发行面值2000叙利亚镑（约合3.9美元）的新纸币，新纸币当天开始在首都大马士革和其他几个省份流通。

7月5日　美国国务卿蒂勒森说，美国准备与俄罗斯就维护叙利亚局势稳定展开合作，包括探索共同设立禁飞区的可能性。

7月9日　由美国、俄罗斯和约旦达成的叙利亚西南部停火协议于当地时间9日中午12时开始生效。

由中国阿拉伯交流协会和叙利亚驻华大使馆联合主办的"首届叙利亚重建项目洽谈会"在北京举行。这是中国国内首次举办叙利亚重建项目洽谈会。

7月13日　美国军方称，美军地面部队正在叙利亚拉卡地区对恐怖武装进行打击。这是美国首次公开承认其地面部队在叙利亚境内直接进行军事打击行动。

7月14日　第七轮叙利亚问题和平谈判在瑞士日内瓦结束。本轮和谈未达成成果性文件。

7月15日　叙利亚政府军在俄罗斯军密集空袭的掩护下，收复了拉卡省西南部多个油田和村镇。

7月19日　叙利亚政府军在拉卡省南部打击极端组织"伊斯兰国"军事行动中收复大片土地。

7月22日 叙利亚军方宣布在首都大马士革东郊东古塔地区实施停火，停火自当天12时开始生效。

7月27日 中方希望叙利亚问题有关各方采取积极措施，确保"冲突降级区"方案得到有效落实。

8月

8月1日 美国主导的国际联盟在过去数小时内对叙利亚东部实施空袭，造成60名平民死亡。

8月2日 俄罗斯外交部称俄罗斯驻叙利亚首都大马士革使馆遭到恐怖分子的迫击炮袭击。

8月5日 土耳其军方凌晨向与叙利亚接壤的边境地区运送武器装备，用于增强该区域的军事力量。

8月7日 叙利亚政府军队在盟军支持下包围了极端组织"伊斯兰国"在霍姆斯省苏赫奈市的据点。

8月14日 根据国际移民组织（IOM）数据，自2017年年初以来，已有超过60万名流离失所的叙利亚人返回家园，其中大多数人回到阿勒颇。

伊朗总统鲁哈尼与俄罗斯总统普京通电话，讨论了叙利亚最新局势，并就双边关系、伊核问题全面协议落实情况以及其他地区和国际问题交换意见。

8月17日 叙利亚呼吁联合国安理会解散该国境内以美国为首的国际联军，叙当局认为该联军在叙国内参与犯罪活动。

8月20日 叙利亚总统巴沙尔表示，拒绝与西方国家在安全领域进行合作或者允许他们重开驻叙使馆，直到他们切断与叙利亚反对派和叛乱组织的联系。

巴沙尔指出，西方国家试图"颠覆"叙利亚的计划已经失败。同时对俄罗斯的支持表达了感谢。叙利亚今后将"向东看"，以寻求政治、经济和文化上的纽带。

8月21日 叙利亚人权观察组织表示，以美国为首的国际联军日前对位于叙利亚拉卡市的极端组织"伊斯兰国"发动猛烈空袭，造成至少42名平民丧生。

8月23日 俄罗斯国防部长绍伊古表示，叙利亚内战实际上已经停止。他说，把温和反对派与恐怖分子区分开以及在叙利亚设立"冲突降级区"是使叙内战停止的两大因素。

8月30日 叙利亚政府军与"伊斯兰国"在拉卡市爆发的激烈战斗持续超过24小时，战斗共造成64人丧生。

美军在叙利亚北部城市曼比季与土耳其支持的反对派武装"叙利亚自由军"发生交火。

9月

9月4日 俄空天部队对极端组织"伊斯兰国"目标进行打击，协助叙利亚政府军向"伊斯兰国"在叙东部重要据点代尔祖尔市推进。

9月5日 俄罗斯总统特使拉夫连季耶夫抵达德黑兰，与伊朗最高国家安全委员会秘书沙姆哈尼就叙利亚问题举行会谈。

9月7日 以色列对叙利亚西部的一处军事设施发动空袭。

9月8日 俄驻叙利亚军事力量日前摧毁极端组织"伊斯兰国"一处指挥所。

叙利亚政府致函联合国人权理事会否认叙政府军在冲突中使用沙林神经毒气这一化学武器的指责。

9月9日 库尔德武装主导的"叙利亚民主军"宣布在代尔祖尔与"伊斯兰国"开战。

9月11日 叙利亚参加莫斯科国际食品博览会。

9月12日 叙利亚政府召开以农业为主题的内阁会议。

叙利亚电力部长穆罕默德·祖海尔、叙利亚电力总公司总经理哈姆德·拉马丹与伊朗能源部副部长马哈茂迪和MAPNA集团董事长兼首席执行官阿拉巴迪签署了电力合作谅解备忘录。

崔彬参赞会见叙利亚出口商协会主席纳赛尔·萨瓦赫，双方就进一步加强中叙在贸易领域合作交换了意见。

9月13日　俄向叙利亚运送4000多吨建筑材料和设备，用于解放地区重建。

9月14日　驻叙利亚大使齐前进分别拜会叙利亚大马士革省省长毕夏尔·萨班和大马士革农村省省长阿拉·穆尼尔·易卜拉欣。

一支与黎巴嫩达成转移协议的"伊斯兰国"车队已经从叙利亚西部边境撤退至东部边境。

俄罗斯海军两艘潜艇当天从地中海东部海域水下发射7枚海基巡航导弹，成功击中叙利亚境内极端组织"伊斯兰国"相关设施。

9月16日　叙利亚问题阿斯塔纳会议上，俄罗斯、土耳其和伊朗达成一致，将在叙利亚设立包括伊德利卜省部分地区在内的4个"冲突降级区"。

9月18日　代尔祖尔军用机场当天重新投入使用。

9月19日　中国驻叙利亚大使齐前进在使馆会见了叙人民议会叙中友好小组全体成员。

叙利亚—俄罗斯商会代表团访问俄罗斯，并与俄罗斯企业家探讨了叙俄经贸关系及未来合作方向。

9月20日　中国政府叙利亚问题特使解晓岩在访问俄罗斯期间，会见俄副外长博格丹诺夫，双方就叙利亚形势发展和下一步如何推动政治解决叙问题进行了磋商。

9月22日　外交部长王毅在纽约出席联合国大会期间会见叙利亚副总理兼外长穆阿利姆。

9月24日　正在埃及访问的中国政府叙利亚问题特使解晓岩表示，在叙利亚设立"冲突降级区"应充分尊重叙主权，防止出现割据局面。同时，应继续对恐怖组织予以坚决打击。

9月27日　叙利亚库尔德民主联盟党表示不会分裂国家。

叙利亚蓝皮书

10月

10月2日 叙利亚首都大马士革一警察局当天遭到自杀式爆炸袭击。

10月4日 俄空天部队在叙利亚摧毁极端组织"征服阵线"的指挥部。政府军当天剿灭了盘踞在叙中部哈马省的极端组织"伊斯兰国"武装。

10月6日 叙利亚70%的领土已从极端组织手中解放出来。

10月7日 土耳其总统埃尔多安在执政党正义与发展党党内会议上讲话并宣布,土方已在叙利亚西北部伊德利卜省启动新一轮军事行动。

10月8日 土耳其军队跨境向叙利亚境内极端组织目标发射炮弹,同时大批军车在土叙边境地区集结;当日,土耳其与叙利亚极端武装在边境地区爆发短暂冲突。

10月9日 驻叙利亚大使齐前进会见叙民族和解事务国务部长阿里·海德尔,就叙形势与海德尔部长交换看法。

10月11日 大马士革发生针对警察的自杀式爆炸袭击。

10月12日 土耳其军队在叙利亚伊德利卜省设立观察点。

10月14日 由库尔德武装主导的"叙利亚民主军"(简称"民主军")发表了数日内攻下极端组织"伊斯兰国"在叙利亚的大本营拉卡的声明。

10月15日 叙首都大马士革东部当天遭到炮弹袭击。

10月16日 以色列总理内塔尼亚胡宣布,以空军战机当天空袭了位于叙利亚首都大马士革以东约50公里的一个叙远程地空导弹阵地。

10月17日 库尔德武装主导的"叙利亚民主军"(简称"民主军")于当日下午完全收复了极端组织"伊斯兰国"在叙利亚的大本营拉卡。

10月18日 土耳其红新月会对叙利亚伊德利卜省日益恶化的人道主义状况采取跨境救援行动。

10月24日 俄罗斯在联合国安理会投否决票,拒绝延长调查叙利亚境内化学武器袭击责任方的任务期限。

10月27日 俄罗斯国防部长绍伊古表示,俄军无人侦察机每月执行一千多次飞行任务，确保对叙利亚局势昼夜监控。

10月29日 驻叙利亚大使齐前进会见正在叙利亚访问的中国红十字基金会常务副理事长兼秘书长孙硕鹏。

10月30日 在叙利亚首都大马士革的米宁镇，由中国政府提供资金援助、国际红十字会运营的人道援助站为流离失所者登记信息。

11月

11月1日 俄罗斯总统普京访问伊朗，分别与伊朗总统鲁哈尼和伊朗最高领袖哈梅内伊举行会晤。

11月3日 叙政府军当天从极端组织"伊斯兰国"手中完全收复了代尔祖尔省首府代尔祖尔市。

11月6日 "伊斯兰国"头目阿布·贝克尔·巴格达迪目前正藏身叙利亚境内。

11月8日 叙利亚政府军完全解放了受"伊斯兰国"控制的阿布卡迈勒市。

11月9日 在德国波恩举行的新一轮联合国气候变化大会上，叙利亚代表宣布将签署加入《巴黎协定》。

11月11日 美国总统特朗普和俄罗斯总统普京在越南岘港参加亚太经合组织领导人非正式会议期间举行会晤，双方强调通过政治途径解决叙利亚冲突。

11月13日 以色列总理内塔尼亚胡表示以色列将继续在叙利亚的军事行动。

11月14日 土耳其外交部谴责叙利亚库尔德武装允许被围困的极端组织"伊斯兰国"武装分子从叙利亚拉卡撤离。

11月16日 中国驻叙利亚使馆向大马士革一家医院捐赠了一批主要用于心脏外科手术的医疗设备。

安理会未能通过美国和俄罗斯起草的延长叙利亚境内化学武器袭击调查

机制任务期限的决议草案。

11月17日 极端组织"伊斯兰国"成员当天在叙东部代尔祖尔省一检查站实施自杀式汽车炸弹袭击。

11月19日 叙军方宣布全面收复"伊斯兰国"在叙最后主要据点阿布卡迈勒；以色列国防军晚间出动坦克连续两天向叙利亚政府军阵地发射数枚炮弹。

11月20日 俄罗斯总统弗拉基米尔·普京在索契与叙利亚总统巴沙尔·阿萨德举行会谈。

11月21日 俄罗斯总统普京与美国总统特朗普通电话，讨论叙利亚危机、反恐等问题；俄罗斯总统普京与沙特阿拉伯国王萨勒曼、埃及总统塞西以及以色列总理内塔尼亚胡分别通电话，讨论叙利亚局势及双边合作等问题。

11月22日 俄罗斯、伊朗、土耳其三国元首在索契就新形势下的叙利亚问题举行会谈，并签署了推动叙利亚问题政治解决的联合声明。

11月23日 俄土伊峰会勾勒政治解决叙利亚问题的路径。

11月24日 外交部长王毅在外交部会见叙利亚总统政治与新闻顾问夏班。

11月25日 俄空天部队当天出动6架图-22M3远程轰炸机，向盘踞在叙利亚东北部的极端组织"伊斯兰国"目标展开空袭。

11月28日 叙政府确认将参加新一轮叙利亚问题日内瓦和谈。

11月29日 新一轮叙利亚问题日内瓦和谈在日内瓦开始举行。

11月29日 叙利亚球员赫里宾当选2017年亚洲足球先生。

11月30日 在白俄罗斯首都明斯克举行集体安全理事会议，在俄罗斯的提议下，会议通过叙利亚局势联合声明。

12月

12月1日 联合国秘书长叙利亚问题特使德米斯图拉向前来参加日内

瓦和谈的叙利亚政府和反对派代表团发放了有关叙利亚未来的"12 点原则"文件。

12 月 3 日 叙利亚库尔德武装"人民保卫军"宣布从"伊斯兰国"手中解放了叙利亚代尔祖尔省东部地区。

12 月 5 日 叙利亚中部城市霍姆斯发生一起巴士自杀袭击事件。

12 月 7 日 黎巴嫩东部贝卡谷地一处叙利亚难民营失火。

叙利亚所有城镇、居民点目前都已经从恐怖组织手中解放,俄军在叙的反恐任务已经完成。

12 月 11 日 在叙利亚拉塔基亚省,俄罗斯总统普京和叙利亚总统巴沙尔在俄驻叙空军基地一同检阅军队。

俄总统普京下令俄罗斯开始从叙利亚撤军。

12 月 13 日 美国主导的国际联盟对叙利亚代尔祖尔省发动空袭。

12 月 14 日 新一轮叙利亚问题和谈提前一天结束,日内瓦和谈无果而终。

叙利亚安全部门挫败了一起针对首都大马士革的自杀式汽车炸弹袭击。

12 月 19 日 联合国安理会通过决议,将联合国人道主义机构及其执行伙伴跨边界向叙利亚人民提供救援的授权延长一年,至 2019 年 1 月 10 日。

12 月 20 日 新一轮叙利亚问题阿斯塔纳和谈在哈萨克斯坦首都阿斯塔纳举行,叙利亚政府、叙反对派和俄罗斯、伊朗、土耳其三国代表参加会谈。

12 月 21 日 叙利亚各界民众在阿勒颇市中心萨阿杜拉贾比里广场纪念阿勒颇解放一周年。

12 月 22 日 澳大利亚决定结束在伊拉克和叙利亚空袭极端组织"伊斯兰国"的行动,相关战机将返回澳大利亚。

第八轮叙利亚问题阿斯塔纳和谈结束。

12 月 26 日 叙利亚空军一架战机当天在叙中部哈马省被极端组织击落。

叙政府军与反对派武装达成协议,首都大马士革西南西古塔地区的反对派武装将撤离,政府军当天暂停在该地区的军事行动。

B.14 后记

西北大学具有长期的中东问题研究传统和深厚的学术积淀。近年来，西北大学中东研究在注重基础研究的同时加强智库建设和服务社会的能力。在此背景下，西北大学以校内叙利亚问题研究学术团队为基础，成立了叙利亚研究中心，并于2017年9月获批教育部国别和区域研究中心。

叙利亚研究中心的成立和学术活动首先得益于西北大学历史学院以及西北大学中东研究所的鼎力支持，使得叙利亚研究中心迅速走入正轨。西北大学中东研究所和西北大学叙利亚研究中心的发展相互补充、相得益彰，开展了一系列学术活动，并且编撰出版《叙利亚发展报告》。2018年出版的第一部《叙利亚发展报告》也具有西北大学中东研究的学术印记，即在关注叙利亚本年度重要事件和重要问题的同时，注重挖掘其背后深刻的历史根源，尝试将历史与现实结合起来审视当前的叙利亚问题。在未来的《叙利亚发展报告》中，在追求学术品味的同时，将重点关注该年度叙利亚问题的最新动态，使之兼具学术性、时效性和资料性。

叙利亚虽属"小国"，但无论是叙利亚辉煌的历史和文明，还是当前的叙利亚问题都具有重要的学理价值和现实意义。但国内学界对于叙利亚的关注仍然不够，研究需要进一步深入。西北大学叙利亚研究中心的定位就是搭建一个高端、共享和开放的学术平台，进而对叙利亚问题进行协同研究，同时也为国内叙利亚研究培养后备力量。

叙利亚研究中心的建设与发展，不仅获得西北大学校领导和相关职能部门、中东研究所的积极支持，还得到国内学界的鼎力相助。中心成立后，获得了中国政府叙利亚问题特使解晓岩大使、中国中东学会杨光会长、中国政府前中东问题特使吴思科大使，中国中东学会副会长、上海国际问题研究院

后 记

李伟建研究员，上海外国语大学中东研究所刘中民所长和孙德刚副所长，北京外国语大学马晓霖教授，中国社会科学院西亚非洲研究所王林聪研究员和唐志超研究员，中国现代国际关系研究院牛新春研究员和田文林副研究员，辽宁大学历史学院李艳枝教授，上海外国语大学钮松研究员，陕西师范大学历史文化学院院长何志龙教授，陕西师范大学土耳其研究中心主任李秉忠教授等我国外交官和知名学者，以及奥地利维也纳大学东方研究所前所长鲁迪格·洛克教授的大力支持，在此表示感谢！他们的支持极大地推动了叙利亚研究中心的发展。

学术团队的建设不仅是我国中东研究，也是任何学术研究发展的关键。叙利亚研究中心通过各种学术活动汇聚了一批关注叙利亚问题的青年才俊，显示出我国叙利亚研究的勃勃生机。如特约研究员王晋博士、王霏副教授、闫伟副教授、马帅助理研究员、朱传忠博士、张燕军博士、胡耀辉博士、陈利宽博士，以及我指导的博士研究生张文涛、李云鹏、于晓冬、赵娜、杨玉龙、邵平、郭磊和硕士研究生吕高锁、郝红梅、杨倩颖等。在此对他们的支持和付出表示感谢！

最后，《叙利亚发展报告》能够顺利立项和出版，有赖于社会科学文献出版社的专业指导和帮助。特别是，张晓莉主任、叶娟编辑在本报告的选题、策划、文稿编校等方面给予大力支持。在此表示谢忱！

王新刚
2018 年 9 月 26 日于西安

Abstract

Annual Report on Development of Syria is compiled by Syria Research Center of Northwest University, and it is the primary development report on Syria in China. *Annual Report on Development of Syria*, which is composed of Foreword, Abstract, General Report, Topical Reports, Special Reports, Sino – Syria Relations and Appendix, investigates and reviews the latest developments in Syria during the past years. The Foreword is written by Mr. Wu Sike, who served as China's special envoy to Middle East, while the General Report is co-authored by Prof. Wang Xingang and Prof. Tian Wenlin. The General Report reviews the political landscape, geopolitical competitions and the social and economic developments of Syria in 2017. The Topical Reports include three articles and cover Syria's political, economic and diplomatic situations. The Special Reports consist of five articles and analyze the following topics: the causes, developments and influence of Syria warfare; reviews the different policies adopted by United States, Russia, Saudi Arabia, Iran and Turkey to Syria; the transformation of Europe's policy to Syria; the brief history and the lasted developments of Kurdish issue; the cause of Syrian refugees and the refugee policies adopted by different states. The Sino – Syria Relations on the one hand, reviews the developments of Syria warfare in the past years and, on the other hand, explain China's policy to Syria and evaluate the possible cooperation between China and Syria under the "Belt and Road" initiative. The Appendix reviews the Chinese academic achievements on Syria and major events in Syria in 2017.

The year of 2017 is remarkable for Syria. The warfare in Syria was de-escalated, the Syria government forces retook the superiority in battlefield, the Daesh was eliminated, the power of Syria government was reinforced, and the pace of negotiation process became accelerated. Syria's economic hardship was alleviated, while Syrian government's foreign policy became tougher with its insistence on retaking all the national territories. However, risks remain in the "post-warfare" time. The "direct" competition between United States and Russia over Syria is being transformed into "indirect" rivalry, new geopolitical contentions emerges while the social crisis and economic recovery still remain.

Under the unique historical background of Syria issue, China will continue its respect to the territorial integrity and sovereignty of Syria, and will oppose any foreign interference against Syrian internal affairs. China will continue to facilitate and encourage the peace process in Syria, and will continue to provide assistance for Syrian political settlement and economic reconstructions.

Contents

I General Report

B. 1 Syrian Political Circumstances, Powers Competitions,
Economic and Social Status *Xingang Wang, Wenlin Tian* / 001

Abstract: Syria civil war witnessed significant transformations in 2017, including the Syrian government forces' massive military assaults, the demise of ISIS, the fasten pace of negotiation process. In the "post-crisis" period of Syria civil war, US-Russia rivalry transformed from direct competition into indirect competition, while new round of contests emerged among regional powers. Although Syria suffers from both the economic disaster and the humanitarian crisis resulted from civil war, Syria economy is on its way of recovering.

Keywords: Post-Crisis Period; Powers Competitions; Economic Status

II Topical Reports

B. 2 Syria Political Transformation and Political Environment in
Civil War *Shuai Ma, Xingang Wang* / 012

Abstract: The process of modern Syria national political model is transforming from parliament democracy, military dictatorship, United Arab Republic, Baath Party-led authoritarian regime to limited liberal system. The transformation in Syrian national political system is featured by military intervention, personal dictatorship, one family rule and sectarian competition. The ongoing Syria crisis could be interpreted as the eruption of various contradictions and crisis in the transformation process. Syria government started to retake different areas of the nation while the peace process brought new hopes to Syrian people. However, if the unstable geopolitical environment and the fragile political trust among different sides, the future of political reconstruction is still full of uncertainties.

Keywords: Political Transformation; Political Environment; Political Status

B.3 Syrian Economic Situation in 2017   *Yaohui Hu* / 024

Abstract: The Syria economic model transforms from the pluralistic liberal marketing economy in the 1940s and 1950s, planned economy in the 1960s, nation-owned companies dominated from 1970s to 1990s under Hafez al-Assad to marketing economy and limited liberal economy under the Bashar Assad after 2000s. After the Syria crisis erupted in 2011, Syria economy has been destroyed by civil war. Generally speaking, Syria economy is still transforming from planned economy to liberal marketing economy. The economic transformation has led to political and social corruption, the development gap between private companies and nation-owned departments and companies, high poverty rate, and public dissatisfaction. After 2017 Syria economy started to gradually recover with the development of its industrial, agricultural and exporting sectors.

Keywords: Syria; Economic Status; Wartime Economy

B.4 Analysis over Syria Diplomacy in 2017   *Wenlin Tian* / 042

Abstract: Syria government has achieved a series of military victories in Syria battlefield after 2017, and Syria government's foreign policy turned assertive. Syria government reiterates its determination to retake all the territory and defeat all the rebel groups in Syria. On the one hand, Syria government strongly condemned the intervention from US, Turkey, Saudi Arabia and Israel against Syria's independence and sovereignty, while on the other hand, Syria government highlights its friendship with Russia and Iran, and the Damascus-Tehran-Moscow ties have become the core for Syria foreign policy. In addition, Syria government has reservations over agreements reached in several international Syria peace mechanisms. Against this backdrop, it is necessary for China to continue its constructive role in Syria political and economic reconstruction process in the future.

Keywords: Syria; Foreign Policy; Russia; Iran; US

Ⅲ Special Reports

B.5 Causes, Development and Influence of Syria Civil War

Yunpeng Li / 057

Abstract: Syria civil war resulted from the unique and complicating Syria social structure, the failure of Syria nation-state building, the political crisis of Syria Baath Party authoritarian system and the global climate change. The Syria civil war witnessed protest, civil war among Syria government forces, Syria rebels and ISIS, the external intervention and counter-terrorism campaigns. With the demise of ISIS in Syria, the Baath party has gradually dominated the battlefield while the political solution for Syria problem has emerged. However, uncertainties still exist within the competition between US and Russia, given that the civil war has damaged the Syria economy, the ethnic and sectarian relations will continue to influence the geopolitical competitions in Middle East.

Keywords: Syria Civil War; Baath Party; ISIS; Middle East Politic

B. 6　Competitions and Rivalries Among Powers in Syrian

Degang Sun, Yanzhi Li and Song Niu / 080

Abstract: Syria has become the most sensitive area ever since 2011 when civil war erupted. The Syria civil war has lasted for years while its influence and miserableness go far beyond expectations of the international society. The major powers in Syria including US, Russia, Saudi Arabia, Iran and Turkey, while the rifts and confrontations among these states not only have influenced Syria's history of past years, but also will influence the future of Syria.

Keywords: Syria; US; Russia; Turkey; Saudi Arabia; Iran

B. 7　The European Union's Policy to Syria: Poking around in the Dark

Rüdiger Lohlker (Austria), Na Zhao / 097

Abstract: The agreements signed between Syria and EU states are hardly implemented because of the instability and civil war inside Syria. The priority of EU's policy to Syria is to consolidate its economic relation with Syria and to provide necessary aid and assistance to Syrian refugees through various international forums and conferences. Although EU supported the UN resolutions on Syria, both its internal divisions and pragmatic principles of some EU states limit EU's influence in Syria.

Keywords: Syria; EU; EU's Policy to Syria; EU-Syria Association Agreement

B. 8　Evolvement and Development: Kurdish Issue in Syria

Wei Yan / 108

Abstract: After its independence, Syria actively has advocated its Arab identity while the Kurds in Syria have become "secondary citizens". After Baath Party assumed power, Syria government adopted "carrot with stick" policies to Kurds. Syrian government policy to Kurds caused the internal division and weakness of Syrian Kurds. After Bashar Assad assumed power, Syria Kurds revolts erupted in 2004 and benefited from the Syria civil war after 2011 by gaining political status-quo independence and autonomy in Kurdish area of Northern Syria. Syria problem will significantly influence the future of the Syria civil war.

Keywords: Kurdish Issue; Syria Issue; Baath Party; Ethnic Relations

B.9 Refugee Issue in Syria Civil War   *Jin Wang* / 119

Abstract: Ever since Syria civil war erupted in 2011, how to settle the Syrian refugees has become a major topic. Syrian refugees resulted from both warfare and poor social conditions. The Syria refugee issue challenges both international morality and justice and security environment of international society. The settlement of Syrian refugees on the one hand depends on different states, including Lebanon, Turkey, Iraq, Jordan and European Union, own respective policies, while on the other hand relies on the aid and assistance from international organizations such as UN and United Nations High Commissioner for Refugees (UNHCR). There are still several challenges for the settlement of Syrian refugees. First, both UN and UNHCR lack enough funding to support the assistance and settlement of Syrian refugees. Second, the lack of enough preparation of related states makes the settlement of Syrian refugees difficult. Third, lack of cooperation and coordination among international society makes the appropriate arrangements of Syrian refugees hardly possible. The Syria refugee problem will continue to be a major challenge for the success of sustainable solution to Syria crisis.

Keywords: Syria Civil War; Refugee Issue; UNHCR

IV Sino-Syria Relations

B. 10   The New Phase of Syria Civil War and China's Policy to Syria

Zhichao Tang, Lixin Wang / 134

Abstract: Four major features of Syria civil war emerged in 2017: the dominance of Syria government forces on the battlefield, the major victory of counter-terrorism war and the demise of ISIS, the increasingly key role of Russia in counter-terrorism, peace process and political dialogue, and the transformation of battlefield pattern between Syrian government forces and different rebel groups. The Syria civil war entered new phase. In 2018 new round of competitions will continue: military rivalry will be replaced by political rivalry, competition the importance of Syrian Kurdish issue increases while the gap between US and Turkey will widen, and different international and regional powers will intensify. Chinese policy to Syria should be further adjusted in accordance with the latest developments and continue to play constructive role in political dialogue, ceasefire, counter-terrorism and humanitarian issue. Meanwhile, China should prepare for the reconstruction works.

Keywords: Syria Situation; Powers Rivalries; Peace Process; China's Policy to Syria

B. 11   Belt and Road Initiative and China's Policy to Syria

Weijian Li, Jing Zhao / 148

Abstract: Syria civil war has entered the final stage while the future of Syria political environment is still full of uncertainties. As a major power in international area, China is expected to play a more active and important role over Syria issue. China's role in Syria's reconstruction process should be observed and analyzed with

the perspective of Chinese involvement of Middle East affairs and Middle East governance. China's engagement to Middle East is an important part for China's "peace and development, win-to-win cooperation" principle and it is highly necessary and meaningful for China and regional states to reach the consensus over the notion of development and cooperation. Therefore, China's policy to Syria should be analyzed and observed from the perspective of China's engagement in Middle East.

Keywords: Syria Issue; Post-war Reconstruction; Belt and Road Initiative

V Appendix

B. 12 Syrian Studies at Home from 2016 to 2017   *Yulong Yang* / 163

Abstract: Two important topics of Syrian studies in China were highlighted in 2016 and 2017: one is the status of Syrian civil war and related theoretical analysis studies, the other is the historical study over Syrian ethnical and religious issues. Syria greatly encouraged China's Middle East studies while the Syria civil war and regional politics are the most popular topics. However, there are still several areas are highly suggested to enhance: the relations between Syria and other regional states should be paid with more attention; Syria peace negotiation, refugee issue and counter-terrorism issue should be further highlighted; religious and ethnical issues should be further explored.

Keywords: Syria Studies; Syria Crisis; Syria Issue

B. 13 Chronology of Syria in 2017

Yulong Yang, Gaosuo Lv and Hongmei Hao / 184

B. 14 Postscript   *Xingang Wang* / 202

中国皮书网

（网址：www.pishu.cn）

发布皮书研创资讯，传播皮书精彩内容
引领皮书出版潮流，打造皮书服务平台

栏目设置

关于皮书：何谓皮书、皮书分类、皮书大事记、皮书荣誉、
皮书出版第一人、皮书编辑部

最新资讯：通知公告、新闻动态、媒体聚焦、网站专题、视频直播、下载专区

皮书研创：皮书规范、皮书选题、皮书出版、皮书研究、研创团队

皮书评奖评价：指标体系、皮书评价、皮书评奖

互动专区：皮书说、社科数托邦、皮书微博、留言板

所获荣誉

2008年、2011年，中国皮书网均在全国新闻出版业网站荣誉评选中获得"最具商业价值网站"称号；

2012年，获得"出版业网站百强"称号。

网库合一

2014年，中国皮书网与皮书数据库端口合一，实现资源共享。

社会科学文献出版社　**皮书系列**

❖ 皮书起源 ❖

"皮书"起源于十七、十八世纪的英国，主要指官方或社会组织正式发表的重要文件或报告，多以"白皮书"命名。在中国，"皮书"这一概念被社会广泛接受，并被成功运作、发展成为一种全新的出版形态，则源于中国社会科学院社会科学文献出版社。

❖ 皮书定义 ❖

皮书是对中国与世界发展状况和热点问题进行年度监测，以专业的角度、专家的视野和实证研究方法，针对某一领域或区域现状与发展态势展开分析和预测，具备原创性、实证性、专业性、连续性、前沿性、时效性等特点的公开出版物，由一系列权威研究报告组成。

❖ 皮书作者 ❖

皮书系列的作者以中国社会科学院、著名高校、地方社会科学院的研究人员为主，多为国内一流研究机构的权威专家学者，他们的看法和观点代表了学界对中国与世界的现实和未来最高水平的解读与分析。

❖ 皮书荣誉 ❖

皮书系列已成为社会科学文献出版社的著名图书品牌和中国社会科学院的知名学术品牌。2016年，皮书系列正式列入"十三五"国家重点出版规划项目；2013~2018年，重点皮书列入中国社会科学院承担的国家哲学社会科学创新工程项目；2018年，59种院外皮书使用"中国社会科学院创新工程学术出版项目"标识。

权威报告·一手数据·特色资源

皮书数据库
ANNUAL REPORT(YEARBOOK) DATABASE

当代中国经济与社会发展高端智库平台

所获荣誉

- 2016年,入选"'十三五'国家重点电子出版物出版规划骨干工程"
- 2015年,荣获"搜索中国正能量 点赞2015""创新中国科技创新奖"
- 2013年,荣获"中国出版政府奖·网络出版物奖"提名奖
- 连续多年荣获中国数字出版博览会"数字出版·优秀品牌"奖

成为会员

通过网址www.pishu.com.cn访问皮书数据库网站或下载皮书数据库APP,进行手机号码验证或邮箱验证即可成为皮书数据库会员。

会员福利

- 使用手机号码首次注册的会员,账号自动充值100元体验金,可直接购买和查看数据库内容(仅限PC端)。
- 已注册用户购书后可免费获赠100元皮书数据库充值卡。刮开充值卡涂层获取充值密码,登录并进入"会员中心"—"在线充值"—"充值卡充值",充值成功后即可购买和查看数据库内容(仅限PC端)。
- 会员福利最终解释权归社会科学文献出版社所有。

数据库服务热线:400-008-6695
数据库服务QQ:2475522410
数据库服务邮箱:database@ssap.cn
图书销售热线:010-59367070/7028
图书服务QQ:1265056568
图书服务邮箱:duzhe@ssap.cn

S 基本子库
SUB DATABASE

中国社会发展数据库（下设12个子库）

全面整合国内外中国社会发展研究成果，汇聚独家统计数据、深度分析报告，涉及社会、人口、政治、教育、法律等12个领域，为了解中国社会发展动态、跟踪社会核心热点、分析社会发展趋势提供一站式资源搜索和数据分析与挖掘服务。

中国经济发展数据库（下设12个子库）

基于"皮书系列"中涉及中国经济发展的研究资料构建，内容涵盖宏观经济、农业经济、工业经济、产业经济等12个重点经济领域，为实时掌控经济运行态势、把握经济发展规律、洞察经济形势、进行经济决策提供参考和依据。

中国行业发展数据库（下设17个子库）

以中国国民经济行业分类为依据，覆盖金融业、旅游、医疗卫生、交通运输、能源矿产等100多个行业，跟踪分析国民经济相关行业市场运行状况和政策导向，汇集行业发展前沿资讯，为投资、从业及各种经济决策提供理论基础和实践指导。

中国区域发展数据库（下设6个子库）

对中国特定区域内的经济、社会、文化等领域现状与发展情况进行深度分析和预测，研究层级至县及县以下行政区，涉及地区、区域经济体、城市、农村等不同维度。为地方经济社会宏观态势研究、发展经验研究、案例分析提供数据服务。

中国文化传媒数据库（下设18个子库）

汇聚文化传媒领域专家观点、热点资讯，梳理国内外中国文化发展相关学术研究成果、一手统计数据，涵盖文化产业、新闻传播、电影娱乐、文学艺术、群众文化等18个重点研究领域。为文化传媒研究提供相关数据、研究报告和综合分析服务。

世界经济与国际关系数据库（下设6个子库）

立足"皮书系列"世界经济、国际关系相关学术资源，整合世界经济、国际政治、世界文化与科技、全球性问题、国际组织与国际法、区域研究6大领域研究成果，为世界经济与国际关系研究提供全方位数据分析，为决策和形势研判提供参考。

法律声明

"皮书系列"（含蓝皮书、绿皮书、黄皮书）之品牌由社会科学文献出版社最早使用并持续至今，现已被中国图书市场所熟知。"皮书系列"的相关商标已在中华人民共和国国家工商行政管理总局商标局注册，如 LOGO（ ）、皮书、Pishu、经济蓝皮书、社会蓝皮书等。"皮书系列"图书的注册商标专用权及封面设计、版式设计的著作权均为社会科学文献出版社所有。未经社会科学文献出版社书面授权许可，任何使用与"皮书系列"图书注册商标、封面设计、版式设计相同或者近似的文字、图形或其组合的行为均系侵权行为。

经作者授权，本书的专有出版权及信息网络传播权等为社会科学文献出版社享有。未经社会科学文献出版社书面授权许可，任何就本书内容的复制、发行或以数字形式进行网络传播的行为均系侵权行为。

社会科学文献出版社将通过法律途径追究上述侵权行为的法律责任，维护自身合法权益。

欢迎社会各界人士对侵犯社会科学文献出版社上述权利的侵权行为进行举报。电话：010-59367121，电子邮箱：fawubu@ssap.cn。

社会科学文献出版社

皮书系列

2018年

智库成果出版与传播平台

社会科学文献出版社

政务中文

社长致辞

蓦然回首,皮书的专业化历程已经走过了二十年。20年来从一个出版社的学术产品名称到媒体热词再到智库成果研创及传播平台,皮书以专业化为主线,进行了系列化、市场化、品牌化、数字化、国际化、平台化的运作,实现了跨越式的发展。特别是在党的十八大以后,以习近平总书记为核心的党中央高度重视新型智库建设,皮书也迎来了长足的发展,总品种达到600余种,经过专业评审机制、淘汰机制遴选,目前,每年稳定出版近400个品种。"皮书"已经成为中国新型智库建设的抓手,成为国际国内社会各界快速、便捷地了解真实中国的最佳窗口。

20年孜孜以求,"皮书"始终将自己的研究视野与经济社会发展中的前沿热点问题紧密相连。600个研究领域、3万多位分布于800余个研究机构的专家学者参与了研创写作。皮书数据库中共收录了15万篇专业报告、50余万张数据图表,合计30亿字,每年报告下载量近80万次。皮书为中国学术与社会发展实践的结合提供了一个激荡智力、传播思想的入口,皮书作者们用学术的话语、客观翔实的数据谱写出了中国故事壮丽的篇章。

20年跬步千里,"皮书"始终将自己的发展与时代赋予的使命与责任紧紧相连。每年百余场新闻发布会,10万余次中外媒体报道、中、英、俄、日、韩等12个语种共同出版。皮书所具有的凝聚力正在形成一种无形的力量,吸引着社会各界关注中国的发展,参与中国的发展,它是我们向世界传递中国声音、总结中国经验、争取中国国际话语权最主要的平台。

皮书这一系列成就的取得,得益于中国改革开放的伟大时代,离不开来自中国社会科学院、新闻出版广电总局、全国哲学社会科学规划办公室等主管部门的大力支持和帮助,也离不开皮书研创者和出版者的共同努力。他们与皮书的故事创造了皮书的历史,他们对皮书的拳拳之心将继续谱写皮书的未来!

现在,"皮书"品牌已经进入了快速成长的青壮年时期。全方位进行规范化管理,树立中国的学术出版标准;不断提升皮书的内容质量和影响力,搭建起中国智库产品和智库建设的交流服务平台和国际传播平台;发布各类皮书指数,并使之成为中国指数,让中国智库的声音响彻世界舞台,为人类的发展做出中国的贡献——这是皮书未来发展的图景。作为"皮书"这个概念的提出者,"皮书"从一般图书到系列图书和品牌图书,最终成为智库研究和社会科学应用对策研究的知识服务和成果推广平台这整个过程的操盘者,我相信,这也是每一位皮书人执着追求的目标。

"当代中国正经历着我国历史上最为广泛而深刻的社会变革,也正在进行着人类历史上最为宏大而独特的实践创新。这种前无古人的伟大实践,必将给理论创造、学术繁荣提供强大动力和广阔空间。"

在这个需要思想而且一定能够产生思想的时代,皮书的研创出版一定能创造出新的更大的辉煌!

社会科学文献出版社社长
中国社会学会秘书长

2017年11月

社会科学文献出版社简介

社会科学文献出版社（以下简称"社科文献出版社"）成立于1985年，是直属于中国社会科学院的人文社会科学学术出版机构。成立至今，社科文献出版社始终依托中国社会科学院和国内外人文社会科学界丰厚的学术出版和专家学者资源，坚持"创社科经典，出传世文献"的出版理念、"权威、前沿、原创"的产品定位以及学术成果和智库成果出版的专业化、数字化、国际化、市场化的经营道路。

社科文献出版社是中国新闻出版业转型与文化体制改革的先行者。积极探索文化体制改革的先进方向和现代企业经营决策机制，社科文献出版社先后荣获"全国文化体制改革工作先进单位"、中国出版政府奖·先进出版单位奖，中国社会科学院先进集体、全国科普工作先进集体等荣誉称号。多人次荣获"第十届韬奋出版奖""全国新闻出版行业领军人才""数字出版先进人物""北京市新闻出版广电行业领军人才"等称号。

社科文献出版社是中国人文社会科学学术出版的大社名社，也是以皮书为代表的智库成果出版的专业强社。年出版图书2000余种，其中皮书400余种，出版新书字数5.5亿字，承印与发行中国社科院院属期刊72种，先后创立了皮书系列、列国志、中国史library、社科文献学术译库、社科文献学术文库、甲骨文书系等一大批既有学术影响又有市场价值的品牌，确立了在社会学、近代史、苏东问题研究等专业学科及领域出版的领先地位。图书多次荣获中国出版政府奖、"三个一百"原创图书出版工程、"五个'一'工程奖"、"大众喜爱的50种图书"等奖项，在中央国家机关"强素质·做表率"读书活动中，入选图书品种数位居各大出版社之首。

社科文献出版社是中国学术出版规范与标准的倡议者与制定者，代表全国50多家出版社发起实施学术著作出版规范的倡议，承担学术著作规范国家标准的起草工作，率先编撰完成《皮书手册》对皮书品牌进行规范化管理，并在此基础上推出中国版芝加哥手册——《社科文献出版社学术出版手册》。

社科文献出版社是中国数字出版的引领者，拥有皮书数据库、列国志数据库、"一带一路"数据库、减贫数据库、集刊数据库等4大产品线11个数据库产品，机构用户达1300余家，海外用户百余家，荣获"数字出版转型示范单位""新闻出版标准化先进单位""专业数字内容资源知识服务模式试点企业标准化示范单位"等称号。

社科文献出版社是中国学术出版走出去的践行者。社科文献出版社海外图书出版与学术合作业务遍及全球40余个国家和地区，并于2016年成立俄罗斯分社，累计输出图书500余种，涉及近20个语种，累计获得国家社科基金中华学术外译项目资助76种、"丝路书香工程"项目资助60种、中国图书对外推广计划项目资助71种以及经典中国国际出版工程资助28种，被五部委联合认定为"2015-2016年度国家文化出口重点企业"。

如今，社科文献出版社完全靠自身积累拥有固定资产3.6亿元，年收入3亿元，设置了七大出版分社、六大专业部门，成立了皮书研究院和博士后科研工作站，培养了一支近400人的高素质与高效率的编辑、出版、营销和国际推广队伍，为未来成为学术出版的大社、名社、强社，成为文化体制改革与文化企业转型发展的排头兵奠定了坚实的基础。

 皮书系列 重点推荐

宏观经济类

经济蓝皮书
2018年中国经济形势分析与预测

李平 / 主编　2017年12月出版　定价：89.00元

◆ 本书为总理基金项目，由著名经济学家李扬领衔，联合中国社会科学院等数十家科研机构、国家部委和高等院校的专家共同撰写，系统分析了2017年的中国经济形势并预测2018年中国经济运行情况。

城市蓝皮书
中国城市发展报告No.11

潘家华　单菁菁 / 主编　2018年9月出版　估价：99.00元

◆ 本书是由中国社会科学院城市发展与环境研究中心编著的，多角度、全方位地立体展示了中国城市的发展状况，并对中国城市的未来发展提出了许多建议。该书有强烈的时代感，对中国城市发展实践有重要的参考价值。

人口与劳动绿皮书
中国人口与劳动问题报告No.19

张车伟 / 主编　2018年10月出版　估价：99.00元

◆ 本书为中国社会科学院人口与劳动经济研究所主编的年度报告，对当前中国人口与劳动形势做了比较全面和系统的深入讨论，为研究中国人口与劳动问题提供了一个专业性的视角。

宏观经济类 · 区域经济类

中国省域竞争力蓝皮书

中国省域经济综合竞争力发展报告（2017～2018）

李建平　李闽榕　高燕京/主编　2018年5月出版　估价：198.00元

◆ 本书融多学科的理论为一体，深入追踪研究了省域经济发展与中国国家竞争力的内在关系，为提升中国省域经济综合竞争力提供有价值的决策依据。

金融蓝皮书

中国金融发展报告（2018）

王国刚/主编　2018年6月出版　估价：99.00元

◆ 本书由中国社会科学院金融研究所组织编写，概括和分析了2017年中国金融发展和运行中的各方面情况，研讨和评论了2017年发生的主要金融事件，有利于读者了解掌握2017年中国的金融状况，把握2018年中国金融的走势。

区域经济类

京津冀蓝皮书

京津冀发展报告（2018）

祝合良　叶堂林　张贵祥/等著　2018年6月出版　估价：99.00元

◆ 本书遵循问题导向与目标导向相结合、统计数据分析与大数据分析相结合、纵向分析和长期监测与结构分析和综合监测相结合等原则，对京津冀协同发展新形势与新进展进行测度与评价。

社会政法类

社会蓝皮书

2018年中国社会形势分析与预测

李培林　陈光金　张翼 / 主编　2017年12月出版　定价：89.00元

◆ 本书由中国社会科学院社会学研究所组织研究机构专家、高校学者和政府研究人员撰写，聚焦当下社会热点，对2017年中国社会发展的各个方面内容进行了权威解读，同时对2018年社会形势发展趋势进行了预测。

法治蓝皮书

中国法治发展报告No.16（2018）

李林　田禾 / 主编　2018年3月出版　定价：128.00元

◆ 本年度法治蓝皮书回顾总结了2017年度中国法治发展取得的成就和存在的不足，对中国政府、司法、检务透明度进行了跟踪调研，并对2018年中国法治发展形势进行了预测和展望。

教育蓝皮书

中国教育发展报告（2018）

杨东平 / 主编　2018年3月出版　定价：89.00元

◆ 本书重点关注了2017年教育领域的热点，资料翔实，分析有据，既有专题研究，又有实践案例，从多角度对2017年教育改革和实践进行了分析和研究。

社会政法类

社会体制蓝皮书
中国社会体制改革报告 No.6（2018）

龚维斌 / 主编　2018 年 3 月出版　定价：98.00 元

◆ 本书由国家行政学院社会治理研究中心和北京师范大学中国社会管理研究院共同组织编写，主要对 2017 年社会体制改革情况进行回顾和总结，对 2018 年的改革走向进行分析，提出相关政策建议。

社会心态蓝皮书
中国社会心态研究报告（2018）

王俊秀　杨宜音 / 主编　2018 年 12 月出版　估价：99.00 元

◆ 本书是中国社会科学院社会学研究所社会心理研究中心"社会心态蓝皮书课题组"的年度研究成果，运用社会心理学、社会学、经济学、传播学等多种学科的方法进行了调查和研究，对于目前中国社会心态状况有较广泛和深入的揭示。

华侨华人蓝皮书
华侨华人研究报告（2018）

贾益民 / 主编　2017 年 12 月出版　估价：139.00 元

◆ 本书关注华侨华人生产与生活的方方面面。华侨华人是中国建设 21 世纪海上丝绸之路的重要中介者、推动者和参与者。本书旨在全面调研华侨华人，提供最新涉侨动态、理论研究成果和政策建议。

民族发展蓝皮书
中国民族发展报告（2018）

王延中 / 主编　2018 年 10 月出版　估价：188.00 元

◆ 本书从民族学人类学视角，研究近年来少数民族和民族地区的发展情况，展示民族地区经济、政治、文化、社会和生态文明"五位一体"建设取得的辉煌成就和面临的困难挑战，为深刻理解中央民族工作会议精神、加快民族地区全面建成小康社会进程提供了实证材料。

产业经济类·行业及其他类　皮书系列重点推荐

产业经济类

房地产蓝皮书
中国房地产发展报告 No.15（2018）

李春华　王业强 / 主编　2018年5月出版　估价：99.00元

◆ 2018年《房地产蓝皮书》持续追踪中国房地产市场最新动态，深度剖析市场热点，展望2018年发展趋势，积极谋划应对策略。对2017年房地产市场的发展态势进行全面、综合的分析。

新能源汽车蓝皮书
中国新能源汽车产业发展报告（2018）

中国汽车技术研究中心　日产（中国）投资有限公司
东风汽车有限公司 / 编著　2018年8月出版　估价：99.00元

◆ 本书对中国2017年新能源汽车产业发展进行了全面系统的分析，并介绍了国外的发展经验。有助于相关机构、行业和社会公众等了解中国新能源汽车产业发展的最新动态，为政府部门出台新能源汽车产业相关政策法规、企业制定相关战略规划，提供必要的借鉴和参考。

行业及其他类

旅游绿皮书
2017～2018年中国旅游发展分析与预测

中国社会科学院旅游研究中心 / 编　2018年1月出版　定价：99.00元

◆ 本书从政策、产业、市场、社会等多个角度勾画出2017年中国旅游发展全貌，剖析了其中的热点和核心问题，并就未来发展作出预测。

行业及其他类

民营医院蓝皮书
中国民营医院发展报告（2018）

薛晓林 / 主编　2018年11月出版　估价：99.00元

◆ 本书在梳理国家对社会办医的各种利好政策的前提下，对我国民营医疗发展现状、我国民营医院竞争力进行了分析，并结合我国医疗体制改革对民营医院的发展趋势、发展策略、战略规划等方面进行了预估。

会展蓝皮书
中外会展业动态评估研究报告（2018）

张敏 / 主编　2018年12月出版　估价：99.00元

◆ 本书回顾了2017年的会展业发展动态，结合"供给侧改革"、"互联网+"、"绿色经济"的新形势分析了我国展会的行业现状，并介绍了国外的发展经验，有助于行业和社会了解最新的展会业动态。

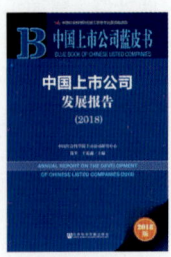

中国上市公司蓝皮书
中国上市公司发展报告（2018）

张平　王宏淼 / 主编　2018年9月出版　估价：99.00元

◆ 本书由中国社会科学院上市公司研究中心组织编写的，着力于全面、真实、客观反映当前中国上市公司财务状况和价值评估的综合性年度报告。本书详尽分析了2017年中国上市公司情况，特别是现实中暴露出的制度性、基础性问题，并对资本市场改革进行了探讨。

工业和信息化蓝皮书
人工智能发展报告（2017~2018）

尹丽波 / 主编　2018年6月出版　估价：99.00元

◆ 本书国家工业信息安全发展研究中心在对2017年全球人工智能技术和产业进行全面跟踪研究基础上形成的研究报告。该报告内容翔实、视角独特，具有较强的产业发展前瞻性和预测性，可为相关主管部门、行业协会、企业等全面了解人工智能发展形势以及进行科学决策提供参考。

国际问题与全球治理类

国际问题与全球治理类

世界经济黄皮书

2018年世界经济形势分析与预测

张宇燕/主编　2018年1月出版　定价：99.00元

❖ 本书由中国社会科学院世界经济与政治研究所的研究团队撰写，分总论、国别与地区、专题、热点、世界经济统计与预测等五个部分，对2018年世界经济形势进行了分析。

国际城市蓝皮书

国际城市发展报告（2018）

屠启宇/主编　2018年2月出版　定价：89.00元

❖ 本书作者以上海社会科学院从事国际城市研究的学者团队为核心，汇集同济大学、华东师范大学、复旦大学、上海交通大学、南京大学、浙江大学相关城市研究专业学者。立足动态跟踪介绍国际城市发展时间中，最新出现的重大战略、重大理念、重大项目、重大报告和最佳案例。

非洲黄皮书

非洲发展报告No.20（2017～2018）

张宏明/主编　2018年7月出版　估价：99.00元

❖ 本书是由中国社会科学院西亚非洲研究所组织编撰的非洲形势年度报告，比较全面、系统地分析了2017年非洲政治形势和热点问题，探讨了非洲经济形势和市场走向，剖析了大国对非洲关系的新动向；此外，还介绍了国内非洲研究的新成果。

国别类

美国蓝皮书
美国研究报告（2018）

郑秉文 黄平 / 主编 2018年5月出版 估价：99.00元

◆ 本书是由中国社会科学院美国研究所主持完成的研究成果，它回顾了美国2017年的经济、政治形势与外交战略，对美国内政外交发生的重大事件及重要政策进行了较为全面的回顾和梳理。

德国蓝皮书
德国发展报告（2018）

郑春荣 / 主编 2018年6月出版 估价：99.00元

◆ 本报告由同济大学德国研究所组织编撰，由该领域的专家学者对德国的政治、经济、社会文化、外交等方面的形势发展情况，进行全面的阐述与分析。

俄罗斯黄皮书
俄罗斯发展报告（2018）

李永全 / 编著 2018年6月出版 估价：99.00元

◆ 本书系统介绍了2017年俄罗斯经济政治情况，并对2016年该地区发生的焦点、热点问题进行了分析与回顾；在此基础上，对该地区2018年的发展前景进行了预测。

 文化传媒类

文化传媒类

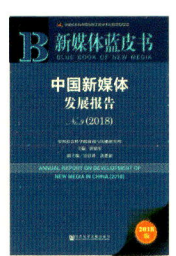

新媒体蓝皮书
中国新媒体发展报告 No.9（2018）
唐绪军 / 主编　2018 年 6 月出版　估价：99.00 元

◆ 本书是由中国社会科学院新闻与传播研究所组织编写的关于新媒体发展的最新年度报告，旨在全面分析中国新媒体的发展现状，解读新媒体的发展趋势，探析新媒体的深刻影响。

移动互联网蓝皮书
中国移动互联网发展报告（2018）
余清楚 / 主编　　2018 年 6 月出版　估价：99.00 元

◆ 本书着眼于对 2017 年度中国移动互联网的发展情况做深入解析，对未来发展趋势进行预测，力求从不同视角、不同层面全面剖析中国移动互联网发展的现状、年度突破及热点趋势等。

文化蓝皮书
中国文化消费需求景气评价报告（2018）
王亚南 / 主编　2018 年 3 月出版　定价：99.00 元

◆ 本书首创全国文化发展量化检测评价体系，也是至今全国唯一的文化民生量化检测评价体系，对于检验全国及各地"以人民为中心"的文化发展具有首创意义。

地方发展类

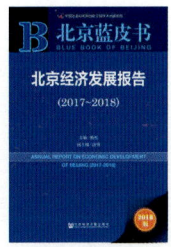

北京蓝皮书
北京经济发展报告（2017~2018）

杨松 / 主编　2018年6月出版　估价：99.00元

◆ 本书对2017年北京市经济发展的整体形势进行了系统性的分析与回顾，并对2018年经济形势走势进行了预测与研判，聚焦北京市经济社会发展中的全局性、战略性和关键领域的重点问题，运用定量和定性分析相结合的方法，对北京市经济社会发展的现状、问题、成因进行了深入分析，提出了可操作性的对策建议。

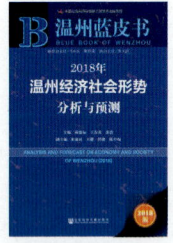

温州蓝皮书
2018年温州经济社会形势分析与预测

蒋儒标　王春光　金浩 / 主编　2018年6月出版　估价：99.00元

◆ 本书是中共温州市委党校和中国社会科学院社会学研究所合作推出的第十一本温州蓝皮书，由来自党校、政府部门、科研机构、高校的专家、学者共同撰写的2017年温州区域发展形势的最新研究成果。

黑龙江蓝皮书
黑龙江社会发展报告（2018）

王爱丽 / 主编　2018年1月出版　定价：89.00元

◆ 本书以千份随机抽样问卷调查和专题研究为依据，运用社会学理论框架和分析方法，从专家和学者的独特视角，对2017年黑龙江省关系民生的问题进行广泛的调研与分析，并对2017年黑龙江省诸多社会热点和焦点问题进行了有益的探索。这些研究不仅可以为政府部门更加全面深入了解省情、科学制定决策提供智力支持，同时也可以为广大读者认识、了解、关注黑龙江社会发展提供理性思考。

皮书系列 2018全品种

宏观经济类

宏观经济类

城市蓝皮书
中国城市发展报告（No.11）
著（编）者：潘家华 单菁菁
2018年9月出版 / 估价：99.00元
PSN B-2007-091-1/1

城乡一体化蓝皮书
中国城乡一体化发展报告（2018）
著（编）者：付崇兰
2018年9月出版 / 估价：99.00元
PSN B-2011-226-1/2

城镇化蓝皮书
中国新型城镇化健康发展报告（2018）
著（编）者：张占斌
2018年8月出版 / 估价：99.00元
PSN B-2014-396-1/1

创新蓝皮书
创新型国家建设报告（2018~2019）
著（编）者：詹正茂
2018年12月出版 / 估价：99.00元
PSN B-2009-140-1/1

低碳发展蓝皮书
中国低碳发展报告（2018）
著（编）者：张希良 齐晔
2018年6月出版 / 估价：99.00元
PSN B-2011-223-1/1

低碳经济蓝皮书
中国低碳经济发展报告（2018）
著（编）者：薛进军 赵忠秀
2018年11月出版 / 估价：99.00元
PSN B-2011-194-1/1

发展和改革蓝皮书
中国经济发展和体制改革报告No.9
著（编）者：邹东涛 王再文
2018年1月出版 / 估价：99.00元
PSN B-2008-122-1/1

国家创新蓝皮书
中国创新发展报告（2017）
著（编）者：陈劲 2018年5月出版 / 估价：99.00元
PSN B-2014-370-1/1

金融蓝皮书
中国金融发展报告（2018）
著（编）者：王国刚
2018年6月出版 / 估价：99.00元
PSN B-2004-031-1/7

经济蓝皮书
2018年中国经济形势分析与预测
著（编）者：李平 2017年12月出版 / 定价：89.00元
PSN B-1996-001-1/1

经济蓝皮书春季号
2018年中国经济前景分析
著（编）者：李扬 2018年5月出版 / 估价：99.00元
PSN B-1999-008-1/1

经济蓝皮书夏季号
中国经济增长报告（2017~2018）
著（编）者：李扬 2018年9月出版 / 估价：99.00元
PSN B-2010-176-1/1

农村绿皮书
中国农村经济形势分析与预测（2017~2018）
著（编）者：魏后凯 黄秉信
2018年4月出版 / 定价：99.00元
PSN G-1998-003-1/1

人口与劳动绿皮书
中国人口与劳动问题报告No.19
著（编）者：张车伟 2018年11月出版 / 估价：99.00元
PSN G-2000-012-1/1

新型城镇化蓝皮书
新型城镇化发展报告（2017）
著（编）者：李伟 宋敏
2018年3月出版 / 定价：98.00元
PSN B-2005-038-1/1

中国省域竞争力蓝皮书
中国省域经济综合竞争力发展报告（2016~2017）
著（编）者：李建平 李闽榕
2018年2月出版 / 定价：198.00元
PSN B-2007-088-1/1

中小城市绿皮书
中国中小城市发展报告（2018）
著（编）者：中国城市经济学会中小城市经济发展委员会
　　　　　中国城镇化促进会中小城市发展委员会
　　　　　《中国中小城市发展报告》编纂委员会
　　　　　中小城市发展战略研究院
2018年11月出版 / 估价：128.00元
PSN G-2010-161-1/1

13

皮书系列 2018全品种
区域经济类·社会政法类

区域经济类

东北蓝皮书
中国东北地区发展报告（2018）
著(编)者：姜晓秋　2018年11月出版 / 估价：99.00元
PSN B-2006-067-1/1

金融蓝皮书
中国金融中心发展报告（2017~2018）
著(编)者：王力 黄育华　2018年11月出版 / 估价：99.00元
PSN B-2011-186-6/7

京津冀蓝皮书
京津冀发展报告（2018）
著(编)者：祝合良 叶堂林 张贵祥
2018年6月出版 / 估价：99.00元
PSN B-2012-262-1/1

西北蓝皮书
中国西北发展报告（2018）
著(编)者：王福生 马廷旭 董秋生
2018年1月出版 / 定价：99.00元
PSN B-2012-261-1/1

西部蓝皮书
中国西部发展报告（2018）
著(编)者：漳勇 任保平　2018年8月出版 / 估价：99.00元
PSN B-2005-039-1/1

长江经济带产业蓝皮书
长江经济带产业发展报告（2018）
著(编)者：吴传清　2018年11月出版 / 估价：128.00元
PSN B-2017-666-1/1

长江经济带蓝皮书
长江经济带发展报告（2017~2018）
著(编)者：王振　2018年11月出版 / 估价：99.00元
PSN B-2016-575-1/1

长江中游城市群蓝皮书
长江中游城市群新型城镇化与产业协同发展报告（2018）
著(编)者：杨刚强　2018年11月出版 / 估价：99.00元
PSN B-2016-578-1/1

长三角蓝皮书
2017年创新融合发展的长三角
著(编)者：刘飞跃　2018年5月出版 / 估价：99.00元
PSN B-2005-038-1/1

长株潭城市群蓝皮书
长株潭城市群发展报告（2017）
著(编)者：张萍 朱有志　2018年6月出版 / 估价：99.00元
PSN B-2008-109-1/1

特色小镇蓝皮书
特色小镇智慧运营报告（2018）：顶层设计与智慧架构
著(编)者：陈劲　2018年1月出版 / 定价：79.00元
PSN B-2018-692-1/1

中部竞争力蓝皮书
中国中部经济社会竞争力报告（2018）
著(编)者：教育部人文社会科学重点研究基地南昌大学中国中部经济社会发展研究中心
2018年12月出版 / 估价：99.00元
PSN B-2012-276-1/1

中部蓝皮书
中国中部地区发展报告（2018）
著(编)者：宋亚平　2018年12月出版 / 估价：99.00元
PSN B-2007-089-1/1

区域蓝皮书
中国区域经济发展报告（2017~2018）
著(编)者：赵弘　2018年5月出版 / 估价：99.00元
PSN B-2004-034-1/1

中三角蓝皮书
长江中游城市群发展报告（2018）
著(编)者：秦尊文　2018年9月出版 / 估价：99.00元
PSN B-2014-417-1/1

中原蓝皮书
中原经济区发展报告（2018）
著(编)者：李英杰　2018年6月出版 / 估价：99.00元
PSN B-2011-192-1/1

珠三角流通蓝皮书
珠三角商圈发展研究报告（2018）
著(编)者：王先庆 林至颖　2018年7月出版 / 估价：99.00元
PSN B-2012-292-1/1

社会政法类

北京蓝皮书
中国社区发展报告（2017~2018）
著(编)者：于燕燕　2018年9月出版 / 估价：99.00元
PSN B-2007-083-5/8

殡葬绿皮书
中国殡葬事业发展报告（2017~2018）
著(编)者：李伯森　2018年6月出版 / 估价：158.00元
PSN G-2010-180-1/1

城市管理蓝皮书
中国城市管理报告（2017-2018）
著(编)者：刘林 刘承水　2018年5月出版 / 估价：158.00元
PSN B-2013-336-1/1

城市生活质量蓝皮书
中国城市生活质量报告（2017）
著(编)者：张连城 张平 杨春学 郎丽华
2017年12月出版 / 定价：89.00元
PSN B-2013-326-1/1

社会政法类 皮书系列 2018全品种

城市政府能力蓝皮书
中国城市政府公共服务能力评估报告（2018）
著（编）者：何艳玲　2018年5月出版／估价：99.00元
PSN B-2013-338-1/1

创业蓝皮书
中国创业发展研究报告（2017～2018）
著（编）者：黄群慧　赵卫星　钟宏武
2018年11月出版／估价：99.00元
PSN B-2016-577-1/1

慈善蓝皮书
中国慈善发展报告（2018）
著（编）者：杨团　2018年6月出版／估价：99.00元
PSN B-2009-142-1/1

党建蓝皮书
党的建设研究报告No.2（2018）
著（编）者：崔建民　陈东平　2018年6月出版／估价：99.00元
PSN B-2016-523-1/1

地方法治蓝皮书
中国地方法治发展报告No.3（2018）
著（编）者：李林　田禾　2018年6月出版／估价：118.00元
PSN B-2015-442-1/1

电子政务蓝皮书
中国电子政务发展报告（2018）
著（编）者：李季　2018年8月出版／估价：99.00元
PSN B-2003-022-1/1

儿童蓝皮书
中国儿童参与状况报告（2017）
著（编）者：苑立新　2017年12月出版／定价：89.00元
PSN B-2017-682-1/1

法治蓝皮书
中国法治发展报告No.16（2018）
著（编）者：李林　田禾　2018年3月出版／定价：128.00元
PSN B-2004-027-1/3

法治蓝皮书
中国法院信息化发展报告No.2（2018）
著（编）者：李林　田禾　2018年2月出版／定价：118.00元
PSN B-2017-604-3/3

法治政府蓝皮书
中国法治政府发展报告（2017）
著（编）者：中国政法大学法治政府研究院
2018年3月出版／定价：158.00元
PSN B-2015-502-1/2

法治政府蓝皮书
中国法治政府评估报告（2018）
著（编）者：中国政法大学法治政府研究院
2018年9月出版／估价：168.00元
PSN B-2016-576-2/2

反腐倡廉蓝皮书
中国反腐倡廉建设报告No.8
著（编）者：张英伟　2018年12月出版／估价：99.00元
PSN B-2012-259-1/1

扶贫蓝皮书
中国扶贫开发报告（2018）
著（编）者：李培林　魏后凯　2018年12月出版／估价：128.00元
PSN B-2016-599-1/1

妇女发展蓝皮书
中国妇女发展报告No.6
著（编）者：王金玲　2018年9月出版／估价：158.00元
PSN B-2006-069-1/1

妇女教育蓝皮书
中国妇女教育发展报告No.3
著（编）者：张李玺　2018年10月出版／估价：99.00元
PSN B-2008-121-1/1

妇女绿皮书
2018年：中国性别平等与妇女发展报告
著（编）者：谭琳　2018年12月出版／估价：99.00元
PSN G-2006-073-1/1

公共安全蓝皮书
中国城市公共安全发展报告（2017～2018）
著（编）者：黄育华　杨义明　赵建辉
2018年6月出版／估价：99.00元
PSN B-2017-628-1/1

公共服务蓝皮书
中国城市基本公共服务力评价（2018）
著（编）者：钟君　刘志昌　吴正果
2018年12月出版／估价：99.00元
PSN B-2011-214-1/1

公民科学素质蓝皮书
中国公民科学素质报告（2017～2018）
著（编）者：李群　陈雄　马宗文
2017年12月出版／定价：89.00元
PSN B-2014-379-1/1

公益蓝皮书
中国公益慈善发展报告（2016）
著（编）者：朱健刚　胡小军　2018年6月出版／估价：99.00元
PSN B-2012-283-1/1

国际人才蓝皮书
中国国际移民报告（2018）
著（编）者：王辉耀　2018年6月出版／估价：99.00元
PSN B-2012-304-3/4

国际人才蓝皮书
中国留学发展报告（2018）No.7
著（编）者：王辉耀　苗绿　2018年12月出版／估价：99.00元
PSN B-2012-244-2/4

海洋社会蓝皮书
中国海洋社会发展报告（2017）
著（编）者：崔凤　宋宁而　2018年3月出版／定价：99.00元
PSN B-2015-478-1/1

行政改革蓝皮书
中国行政体制改革报告No.7（2018）
著（编）者：魏礼群　2018年6月出版／估价：99.00元
PSN B-2011-231-1/1

皮书系列 2018全品种 社会政法类

华侨华人蓝皮书
华侨华人研究报告（2017）
著（编）者：张禹东 庄国土　2017年12月出版 / 定价：148.00元
PSN B-2011-204-1/1

互联网与国家治理蓝皮书
互联网与国家治理发展报告（2017）
著（编）者：张志安　2018年1月出版 / 定价：98.00元
PSN B-2017-671-1/1

环境管理蓝皮书
中国环境管理发展报告（2017）
著（编）者：李金惠　2017年12月出版 / 定价：98.00元
PSN B-2017-678-1/1

环境竞争力绿皮书
中国省域环境竞争力发展报告（2018）
著（编）者：李建平 李闽榕 王金南
2018年11月出版 / 估价：198.00元
PSN G-2010-165-1/1

环境绿皮书
中国环境发展报告（2017~2018）
著（编）者：李波　2018年6月出版 / 估价：99.00元
PSN G-2006-048-1/1

家庭蓝皮书
中国"创建幸福家庭活动"评估报告（2018）
著（编）者：国务院发展研究中心"创建幸福家庭活动评估"课题组
2018年12月出版 / 估价：99.00元
PSN B-2015-508-1/1

健康城市蓝皮书
中国健康城市建设研究报告（2018）
著（编）者：王鸿春 盛继洪　2018年12月出版 / 估价：99.00元
PSN B-2016-564-2/2

健康中国蓝皮书
社区首诊与健康中国分析报告（2018）
著（编）者：高和荣 杨叔禹 姜杰
2018年6月出版 / 估价：99.00元
PSN B-2017-611-1/1

教师蓝皮书
中国中小学教师发展报告（2017）
著（编）者：曾晓东 鱼霞
2018年6月出版 / 估价：99.00元
PSN B-2012-289-1/1

教育扶贫蓝皮书
中国教育扶贫报告（2018）
著（编）者：司树杰 王文静 李兴洲
2018年12月出版 / 估价：99.00元
PSN B-2016-590-1/1

教育蓝皮书
中国教育发展报告（2018）
著（编）者：杨东平　2018年3月出版 / 定价：89.00元
PSN B-2006-047-1/1

金融法治建设蓝皮书
中国金融法治建设年度报告（2015~2016）
著（编）者：朱小黄　2018年6月出版 / 估价：99.00元
PSN B-2017-633-1/1

京津冀教育蓝皮书
京津冀教育发展研究报告（2017~2018）
著（编）者：方中雄　2018年6月出版 / 估价：99.00元
PSN B-2017-608-1/1

就业蓝皮书
2018年中国本科生就业报告
著（编）者：麦可思研究院　2018年6月出版 / 估价：99.00元
PSN B-2009-146-1/2

就业蓝皮书
2018年中国高职高专生就业报告
著（编）者：麦可思研究院　2018年6月出版 / 估价：99.00元
PSN B-2015-472-2/2

科学教育蓝皮书
中国科学教育发展报告（2018）
著（编）者：王康友　2018年10月出版 / 估价：99.00元
PSN B-2015-487-1/1

劳动保障蓝皮书
中国劳动保障发展报告（2018）
著（编）者：刘燕斌　2018年9月出版 / 估价：158.00元
PSN B-2014-415-1/1

老龄蓝皮书
中国老年宜居环境发展报告（2017）
著（编）者：党俊武 周燕珉　2018年6月出版 / 估价：99.00元
PSN B-2013-320-1/1

连片特困区蓝皮书
中国连片特困区发展报告（2017~2018）
著（编）者：游俊 冷志明 丁建军
2018年6月出版 / 估价：99.00元
PSN B-2013-321-1/1

流动儿童蓝皮书
中国流动儿童教育发展报告（2017）
著（编）者：杨东平　2018年6月出版 / 估价：99.00元
PSN B-2017-600-1/1

民调蓝皮书
中国民生调查报告（2018）
著（编）者：谢耘耕　2018年12月出版 / 估价：99.00元
PSN B-2014-398-1/1

民族发展蓝皮书
中国民族发展报告（2018）
著（编）者：王延中　2018年10月出版 / 估价：188.00元
PSN B-2006-070-1/1

女性生活蓝皮书
中国女性生活状况报告No.12（2018）
著（编）者：高博燕　2018年7月出版 / 估价：99.00元
PSN B-2006-071-1/1

皮书系列 2018全品种

社会政法类

汽车社会蓝皮书
中国汽车社会发展报告（2017~2018）
著（编）者：丁俊秀　2018年6月出版／估价：99.00元
PSN B-2011-224-1/1

青年蓝皮书
中国青年发展报告（2018）No.3
著（编）者：廉思　2018年6月出版／估价：99.00元
PSN B-2013-333-1/1

青少年蓝皮书
中国未成年人互联网运用报告（2017~2018）
著（编）者：李为民　李文革　沈杰
2018年11月出版／估价：99.00元
PSN B-2010-156-1/1

人权蓝皮书
中国人权事业发展报告No.8（2018）
著（编）者：李君如　2018年9月出版／估价：99.00元
PSN B-2011-215-1/1

社会保障绿皮书
中国社会保障发展报告No.9（2018）
著（编）者：王延中　2018年6月出版／估价：99.00元
PSN G-2001-014-1/1

社会风险评估蓝皮书
风险评估与危机预警报告（2017~2018）
著（编）者：唐钧　2018年8月出版／估价：99.00元
PSN B-2012-293-1/1

社会工作蓝皮书
中国社会工作发展报告（2016~2017）
著（编）者：民政部社会工作研究中心
2018年8月出版／估价：99.00元
PSN B-2009-141-1/1

社会管理蓝皮书
中国社会管理创新报告No.6
著（编）者：连玉明　2018年11月出版／估价：99.00元
PSN B-2012-300-1/1

社会蓝皮书
2018年中国社会形势分析与预测
著（编）者：李培林　陈光金　张翼
2017年12月出版／定价：89.00元
PSN B-1998-002-1/1

社会体制蓝皮书
中国社会体制改革报告No.6（2018）
著（编）者：龚维斌　2018年3月出版／定价：98.00元
PSN B-2013-330-1/1

社会心态蓝皮书
中国社会心态研究报告（2018）
著（编）者：王俊秀　2018年12月出版／估价：99.00元
PSN B-2011-199-1/1

社会组织蓝皮书
中国社会组织报告（2017-2018）
著（编）者：黄晓勇　2018年6月出版／估价：99.00元
PSN B-2008-118-1/2

社会组织蓝皮书
中国社会组织评估发展报告（2018）
著（编）者：徐家良　2018年12月出版／估价：99.00元
PSN B-2013-366-2/2

生态城市绿皮书
中国生态城市建设发展报告（2018）
著（编）者：刘举科　孙伟平　胡文臻
2018年9月出版／估价：158.00元
PSN G-2012-269-1/1

生态文明绿皮书
中国省域生态文明建设评价报告（ECI 2018）
著（编）者：严耕　2018年12月出版／估价：99.00元
PSN G-2010-170-1/1

退休生活蓝皮书
中国城市居民退休生活质量指数报告（2017）
著（编）者：杨一帆　2018年6月出版／估价：99.00元
PSN B-2017-618-1/1

危机管理蓝皮书
中国危机管理报告（2018）
著（编）者：文学国　范正青
2018年8月出版／估价：99.00元
PSN B-2010-171-1/1

学会蓝皮书
2018年中国学会发展报告
著（编）者：麦可思研究院　2018年12月出版／估价：99.00元
PSN B-2016-597-1/1

医改蓝皮书
中国医药卫生体制改革报告（2017~2018）
著（编）者：文学国　房志武
2018年11月出版／估价：99.00元
PSN B-2014-432-1/1

应急管理蓝皮书
中国应急管理报告（2018）
著（编）者：宋英华　2018年9月出版／估价：99.00元
PSN B-2016-562-1/1

政府绩效评估蓝皮书
中国地方政府绩效评估报告 No.2
著（编）者：贠杰　2018年12月出版／估价：99.00元
PSN B-2017-672-1/1

政治参与蓝皮书
中国政治参与报告（2018）
著（编）者：房宁　2018年8月出版／估价：128.00元
PSN B-2011-200-1/1

政治文化蓝皮书
中国政治文化报告（2018）
著（编）者：邢元敏　魏大鹏　龚克
2018年8月出版／估价：128.00元
PSN B-2017-615-1/1

中国传统村落蓝皮书
中国传统村落保护现状报告（2018）
著（编）者：胡彬彬　李向军　王晓波
2018年12月出版／估价：99.00元
PSN B-2017-663-1/1

17

皮书系列 2018全品种 社会政法类·产业经济类

中国农村妇女发展蓝皮书
农村流动女性城市生活发展报告（2018）
著（编）者：谢丽华　2018年12月出版／估价：99.00元
PSN B-2014-434-1/1

宗教蓝皮书
中国宗教报告（2017）
著（编）者：邱永辉　2018年8月出版／估价：99.00元
PSN B-2008-117-1/1

产业经济类

保健蓝皮书
中国保健服务产业发展报告 No.2
著（编）者：中国保健协会　中共中央党校
2018年7月出版／估价：198.00元
PSN B-2012-272-3/3

保健蓝皮书
中国保健食品产业发展报告 No.2
著（编）者：中国保健协会
　　　　　中国社会科学院食品药品产业发展与监管研究中心
2018年8月出版／估价：198.00元
PSN B-2012-271-2/3

保健蓝皮书
中国保健用品产业发展报告 No.2
著（编）者：中国保健协会
　　　　　国务院国有资产监督管理委员会研究中心
2018年6月出版／估价：198.00元
PSN B-2012-270-1/3

保险蓝皮书
中国保险业竞争力报告（2018）
著（编）者：保监会　2018年12月出版／估价：99.00元
PSN B-2013-311-1/1

冰雪蓝皮书
中国冰上运动产业发展报告（2018）
著（编）者：孙承华　杨占武　刘戈　张鸿俊
2018年9月出版／估价：99.00元
PSN B-2017-648-3/3

冰雪蓝皮书
中国滑雪产业发展报告（2018）
著（编）者：孙承华　伍斌　魏庆华　张鸿俊
2018年9月出版／估价：99.00元
PSN B-2016-559-1/3

餐饮产业蓝皮书
中国餐饮产业发展报告（2018）
著（编）者：邢颖
2018年6月出版／估价：99.00元
PSN B-2009-151-1/1

茶业蓝皮书
中国茶产业发展报告（2018）
著（编）者：杨江帆　李闽榕
2018年10月出版／估价：99.00元
PSN B-2010-164-1/1

产业安全蓝皮书
中国文化产业安全报告（2018）
著（编）者：北京印刷学院文化产业安全研究院
2018年12月出版／估价：99.00元
PSN B-2014-378-12/14

产业安全蓝皮书
中国新媒体产业安全报告（2016～2017）
著（编）者：肖丽　2018年6月出版／估价：99.00元
PSN B-2015-500-14/14

产业安全蓝皮书
中国出版传媒产业安全报告（2017～2018）
著（编）者：北京印刷学院文化产业安全研究院
2018年6月出版／估价：99.00元
PSN B-2014-384-13/14

产业蓝皮书
中国产业竞争力报告（2018）No.8
著（编）者：张其仔　2018年12月出版／估价：168.00元
PSN B-2010-175-1/1

动力电池蓝皮书
中国新能源汽车动力电池产业发展报告（2018）
著（编）者：中国汽车技术研究中心
2018年8月出版／估价：99.00元
PSN B-2017-639-1/1

杜仲产业绿皮书
中国杜仲橡胶资源与产业发展报告（2017～2018）
著（编）者：杜红岩　胡文臻　俞锐
2018年6月出版／估价：99.00元
PSN G-2013-350-1/1

房地产蓝皮书
中国房地产发展报告No.15（2018）
著（编）者：李春华　王业强
2018年5月出版／估价：99.00元
PSN B-2004-028-1/1

服务外包蓝皮书
中国服务外包产业发展报告（2017～2018）
著（编）者：王晓红　刘德军
2018年6月出版／估价：99.00元
PSN B-2013-331-2/2

服务外包蓝皮书
中国服务外包竞争力报告（2017～2018）
著（编）者：刘春生　王力　黄育华
2018年12月出版／估价：99.00元
PSN B-2011-216-1/2

产业经济类 — 皮书系列 2018全品种

工业和信息化蓝皮书
世界信息技术产业发展报告（2017~2018）
著（编）者：尹丽波　2018年6月出版／估价：99.00元
PSN B-2015-449-2/6

工业和信息化蓝皮书
战略性新兴产业发展报告（2017~2018）
著（编）者：尹丽波　2018年6月出版／估价：99.00元
PSN B-2015-450-3/6

海洋经济蓝皮书
中国海洋经济发展报告（2015~2018）
著（编）者：殷克东　高金田　方胜民
2018年3月出版／定价：128.00元
PSN B-2018-697-1/1

康养蓝皮书
中国康养产业发展报告（2017）
著（编）者：何莽　2017年12月出版／定价：88.00元
PSN B-2017-685-1/1

客车蓝皮书
中国客车产业发展报告（2017~2018）
著（编）者：姚蔚　2018年10月出版／估价：99.00元
PSN B-2013-361-1/1

流通蓝皮书
中国商业发展报告（2018~2019）
著（编）者：荆林波　林诗慧
2018年7月出版／估价：98.00元
PSN B-2009-152-1/2

能源蓝皮书
中国能源发展报告（2018）
著（编）者：崔民选　王军生　陈义和
2018年12月出版／估价：99.00元
PSN B-2006-049-1/1

农产品流通蓝皮书
中国农产品流通产业发展报告（2017）
著（编）者：贾敬敦　张东科　张玉玺　张鹏毅　周伟
2018年6月出版／估价：99.00元
PSN B-2012-288-1/1

汽车工业蓝皮书
中国汽车工业发展年度报告（2018）
著（编）者：中国汽车工业协会
　　　　　　中国汽车技术研究中心
　　　　　　丰田汽车公司
2018年5月出版／估价：168.00元
PSN B-2015-463-1/2

汽车工业蓝皮书
中国汽车零部件产业发展报告（2017~2018）
著（编）者：中国汽车工业协会
　　　　　　中国汽车工程研究院深圳市沃特玛电池有限公司
2018年9月出版／估价：99.00元
PSN B-2016-515-2/2

汽车蓝皮书
中国汽车产业发展报告（2018）
著（编）者：中国汽车工程学会
　　　　　　大众汽车集团（中国）
2018年11月出版／估价：99.00元
PSN B-2008-124-1/1

世界茶业蓝皮书
世界茶业发展报告（2018）
著（编）者：李闽榕　冯廷佺
2018年5月出版／估价：168.00元
PSN B-2017-619-1/1

世界能源蓝皮书
世界能源发展报告（2018）
著（编）者：黄晓勇　2018年6月出版／估价：168.00元
PSN B-2013-349-1/1

石油蓝皮书
中国石油产业发展报告（2018）
著（编）者：中国石油化工集团公司经济技术研究院
　　　　　　中国国际石油化工联合有限责任公司
　　　　　　中国社会科学院数量经济与技术经济研究所
2018年2月出版／定价：98.00元
PSN B-2018-690-1/1

体育蓝皮书
国家体育产业基地发展报告（2016~2017）
著（编）者：李颖川　2018年6月出版／估价：168.00元
PSN B-2017-609-5/5

体育蓝皮书
中国体育产业发展报告（2018）
著（编）者：阮伟　钟秉枢
2018年12月出版／估价：99.00元
PSN B-2010-179-1/5

文化金融蓝皮书
中国文化金融发展报告（2018）
著（编）者：杨涛　金巍
2018年6月出版／估价：99.00元
PSN B-2017-610-1/1

新能源汽车蓝皮书
中国新能源汽车产业发展报告（2018）
著（编）者：中国汽车技术研究中心
　　　　　　日产（中国）投资有限公司
　　　　　　东风汽车有限公司
2018年8月出版／估价：99.00元
PSN B-2013-347-1/1

薏仁米产业蓝皮书
中国薏仁米产业发展报告No.2（2018）
著（编）者：李发耀　石明　秦礼康
2018年8月出版／估价：99.00元
PSN B-2017-645-1/1

邮轮绿皮书
中国邮轮产业发展报告（2018）
著（编）者：汪泓　2018年10月出版／估价：99.00元
PSN G-2014-419-1/1

智能养老蓝皮书
中国智能养老产业发展报告（2018）
著（编）者：朱勇　2018年10月出版／估价：99.00元
PSN B-2015-488-1/1

中国节能汽车蓝皮书
中国节能汽车发展报告（2017~2018）
著（编）者：中国汽车工程研究院股份有限公司
2018年9月出版／估价：99.00元
PSN B-2016-565-1/1

产业经济类·行业及其他类

中国陶瓷产业蓝皮书
中国陶瓷产业发展报告（2018）
著(编)者：左和平 黄速建
2018年10月出版 / 估价：99.00元
PSN B-2016-573-1/1

装备制造业蓝皮书
中国装备制造业发展报告（2018）
著(编)者：徐东华
2018年12月出版 / 估价：118.00元
PSN B-2015-505-1/1

行业及其他类

"三农"互联网金融蓝皮书
中国"三农"互联网金融发展报告（2018）
著(编)者：李勇坚 王弢
2018年8月出版 / 估价：99.00元
PSN B-2016-560-1/1

SUV蓝皮书
中国SUV市场发展报告（2017~2018）
著(编)者：靳军　2018年9月出版 / 估价：99.00元
PSN B-2016-571-1/1

冰雪蓝皮书
中国冬季奥运会发展报告（2018）
著(编)者：孙承华 伍斌 魏庆华 张鸿俊
2018年9月出版 / 估价：99.00元
PSN B-2017-647-2/3

彩票蓝皮书
中国彩票发展报告（2018）
著(编)者：益彩基金　2018年6月出版 / 估价：99.00元
PSN B-2015-462-1/1

测绘地理信息蓝皮书
测绘地理信息供给侧结构性改革研究报告（2018）
著(编)者：库热西·买合苏提
2018年12月出版 / 估价：168.00元
PSN B-2009-145-1/1

产权市场蓝皮书
中国产权市场发展报告（2017）
著(编)者：曹和平
2018年5月出版 / 估价：99.00元
PSN B-2009-147-1/1

城投蓝皮书
中国城投行业发展报告（2018）
著(编)者：华景斌
2018年11月出版 / 估价：300.00元
PSN B-2016-514-1/1

城市轨道交通蓝皮书
中国城市轨道交通运营发展报告（2017~2018）
著(编)者：崔学忠 贾文峥
2018年3月出版 / 定价：89.00元
PSN B-2018-694-1/1

大数据蓝皮书
中国大数据发展报告（No.2）
著(编)者：连玉明　2018年5月出版 / 估价：99.00元
PSN B-2017-620-1/1

大数据应用蓝皮书
中国大数据应用发展报告No.2（2018）
著(编)者：陈军君　2018年8月出版 / 估价：99.00元
PSN B-2017-644-1/1

对外投资与风险蓝皮书
中国对外直接投资与国家风险报告（2018）
著(编)者：中债资信评估有限责任公司
　　　　　中国社会科学院世界经济与政治研究所
2018年6月出版 / 估价：189.00元
PSN B-2017-606-1/1

工业和信息化蓝皮书
人工智能发展报告（2017~2018）
著(编)者：尹丽波　2018年6月出版 / 估价：99.00元
PSN B-2017-448-1/6

工业和信息化蓝皮书
世界智慧城市发展报告（2017~2018）
著(编)者：尹丽波　2018年6月出版 / 估价：99.00元
PSN B-2017-624-6/6

工业和信息化蓝皮书
世界网络安全发展报告（2017~2018）
著(编)者：尹丽波　2018年6月出版 / 估价：99.00元
PSN B-2015-452-5/6

工业和信息化蓝皮书
世界信息化发展报告（2017~2018）
著(编)者：尹丽波　2018年6月出版 / 估价：99.00元
PSN B-2015-451-4/6

工业设计蓝皮书
中国工业设计发展报告（2018）
著(编)者：王晓红 于炜 张立群　2018年9月出版 / 估价：168.00元
PSN B-2014-420-1/1

公共关系蓝皮书
中国公共关系发展报告（2017）
著(编)者：柳斌杰　2018年1月出版 / 定价：89.00元
PSN B-2016-579-1/1

皮书系列 2018全品种

行业及其他类

公共关系蓝皮书
中国公共关系发展报告（2018）
著（编）者：柳斌杰　2018年11月出版／估价：99.00元
PSN B-2016-579-1/1

管理蓝皮书
中国管理发展报告（2018）
著（编）者：张晓东　2018年10月出版／估价：99.00元
PSN B-2014-416-1/1

轨道交通蓝皮书
中国轨道交通行业发展报告（2017）
著（编）者：仲建华　李海鹰
2017年12月出版／定价：98.00元
PSN B-2017-674-1/1

海关发展蓝皮书
中国海关发展前沿报告（2018）
著（编）者：干春晖　2018年6月出版／估价：99.00元
PSN B-2017-616-1/1

互联网医疗蓝皮书
中国互联网健康医疗发展报告（2018）
著（编）者：芮晓武　2018年6月出版／估价：99.00元
PSN B-2016-567-1/1

黄金市场蓝皮书
中国商业银行黄金业务发展报告（2017~2018）
著（编）者：平安银行　2018年6月出版／估价：99.00元
PSN B-2016-524-1/1

会展蓝皮书
中外会展业动态评估研究报告（2018）
著（编）者：张敏　华中晔　姜若愚　牛盘明
2018年12月出版／估价：99.00元
PSN B-2013-327-1/1

基金会蓝皮书
中国基金会发展报告（2017~2018）
著（编）者：中国基金会发展报告课题组
2018年6月出版／估价：99.00元
PSN B-2013-368-1/1

基金会绿皮书
中国基金会发展独立研究报告（2018）
著（编）者：基金会中心网　中央民族大学基金会研究中心
2018年6月出版／估价：99.00元
PSN G-2011-213-1/1

基金会透明度蓝皮书
中国基金会透明度发展研究报告（2018）
著（编）者：基金会中心网
　　　　　清华大学廉政与治理研究中心
2018年9月出版／估价：99.00元
PSN B-2013-339-1/1

建筑装饰蓝皮书
中国建筑装饰行业发展报告（2018）
著（编）者：葛道顺　刘晓一
2018年10月出版／估价：198.00元
PSN B-2016-533-1/1

金融监管蓝皮书
中国金融监管报告（2018）
著（编）者：胡滨　2018年3月出版／定价：98.00元
PSN B-2012-281-1/1

金融蓝皮书
中国互联网金融行业分析与评估（2018~2019）
著（编）者：黄国平　伍旭川　2018年12月出版／估价：99.00元
PSN B-2016-585-2/2

金融科技蓝皮书
中国金融科技发展报告（2018）
著（编）者：李扬　孙国峰　2018年10月出版／估价：99.00元
PSN B-2014-374-1/1

金融信息服务蓝皮书
中国金融信息服务发展报告（2018）
著（编）者：李平　2018年5月出版／估价：99.00元
PSN B-2016-621-1/1

金蜜蜂企业社会责任蓝皮书
金蜜蜂中国企业社会责任报告研究（2017）
著（编）者：殷格非　于志宏　管竹笋
2018年1月出版／定价：99.00元
PSN B-2016-693-1/1

京津冀金融蓝皮书
京津冀金融发展报告（2018）
著（编）者：王爱俭　王璟怡　2018年10月出版／估价：99.00元
PSN B-2016-527-1/1

科普蓝皮书
国家科普能力发展报告（2018）
著（编）者：王康友　2018年5月出版／估价：138.00元
PSN B-2017-632-4/4

科普蓝皮书
中国基层科普发展报告（2017~2018）
著（编）者：赵立新　陈玲　2018年9月出版／估价：99.00元
PSN B-2016-568-3/4

科普蓝皮书
中国科普基础设施发展报告（2017~2018）
著（编）者：任福君　2018年6月出版／估价：99.00元
PSN B-2010-174-1/3

科普蓝皮书
中国科普人才发展报告（2017~2018）
著（编）者：郑念　任嵘嵘　2018年7月出版／估价：99.00元
PSN B-2016-512-2/4

科普能力蓝皮书
中国科普能力评价报告（2018~2019）
著（编）者：李富强　李群　2018年8月出版／估价：99.00元
PSN B-2016-555-1/1

临空经济蓝皮书
中国临空经济发展报告（2018）
著（编）者：连玉明　2018年9月出版／估价：99.00元
PSN B-2014-421-1/1

21

皮书系列 2018全品种
行业及其他类

旅游安全蓝皮书
中国旅游安全报告（2018）
著(编)者：郑向敏 谢朝武　2018年5月出版 / 估价：158.00元
PSN B-2012-280-1/1

旅游绿皮书
2017~2018年中国旅游发展分析与预测
著(编)者：宋瑞　2018年1月出版 / 定价：99.00元
PSN G-2002-018-1/1

煤炭蓝皮书
中国煤炭工业发展报告（2018）
著(编)者：岳福斌　2018年12月出版 / 估价：99.00元
PSN B-2008-123-1/1

民营企业社会责任蓝皮书
中国民营企业社会责任报告（2018）
著(编)者：中华全国工商业联合会
2018年12月出版 / 估价：99.00元
PSN B-2015-510-1/1

民营医院蓝皮书
中国民营医院发展报告（2017）
著(编)者：薛晓林　2017年12月出版 / 定价：89.00元
PSN B-2012-299-1/1

闽商蓝皮书
闽商发展报告（2018）
著(编)者：李闽榕 王日根 林琛
2018年12月出版 / 估价：99.00元
PSN B-2012-298-1/1

农业应对气候变化蓝皮书
中国农业气象灾害及其灾损评估报告（No.3）
著(编)者：矫梅燕　2018年6月出版 / 估价：118.00元
PSN B-2014-413-1/1

品牌蓝皮书
中国品牌战略发展报告（2018）
著(编)者：汪同三　2018年10月出版 / 估价：99.00元
PSN B-2016-580-1/1

企业扶贫蓝皮书
中国企业扶贫研究报告（2018）
著(编)者：钟宏武　2018年12月出版 / 估价：99.00元
PSN B-2016-593-1/1

企业公益蓝皮书
中国企业公益研究报告（2018）
著(编)者：钟宏武 汪杰 黄晓娟
2018年12月出版 / 估价：99.00元
PSN B-2015-501-1/1

企业国际化蓝皮书
中国企业全球化报告（2018）
著(编)者：王辉耀 苗绿　2018年11月出版 / 估价：99.00元
PSN B-2014-427-1/1

企业蓝皮书
中国企业绿色发展报告No.2（2018）
著(编)者：李红玉 朱光辉
2018年8月出版 / 估价：99.00元
PSN B-2015-481-2/2

企业社会责任蓝皮书
中资企业海外社会责任研究报告（2017~2018）
著(编)者：钟宏武 叶柳红 张蒽
2018年6月出版 / 估价：99.00元
PSN B-2017-603-2/2

企业社会责任蓝皮书
中国企业社会责任研究报告（2018）
著(编)者：黄群慧 钟宏武 张蒽 汪杰
2018年11月出版 / 估价：99.00元
PSN B-2009-149-1/2

汽车安全蓝皮书
中国汽车安全发展报告（2018）
著(编)者：中国汽车技术研究中心
2018年8月出版 / 估价：99.00元
PSN B-2014-385-1/1

汽车电子商务蓝皮书
中国汽车电子商务发展报告（2018）
著(编)者：中华全国工商业联合会汽车经销商商会
北方工业大学
北京易观智库网络科技有限公司
2018年10月出版 / 估价：158.00元
PSN B-2015-485-1/1

汽车知识产权蓝皮书
中国汽车产业知识产权发展报告（2018）
著(编)者：中国汽车工程研究院股份有限公司
中国汽车工程学会
重庆长安汽车股份有限公司
2018年12月出版 / 估价：99.00元
PSN B-2016-594-1/1

青少年体育蓝皮书
中国青少年体育发展报告（2017）
著(编)者：刘扶民 杨桦　2018年6月出版 / 估价：99.00元
PSN B-2015-482-1/1

区块链蓝皮书
中国区块链发展报告（2018）
著(编)者：李伟　2018年9月出版 / 估价：99.00元
PSN B-2017-649-1/1

群众体育蓝皮书
中国群众体育发展报告（2017）
著(编)者：刘国永 戴健　2018年5月出版 / 估价：99.00元
PSN B-2014-411-1/3

群众体育蓝皮书
中国社会体育指导员发展报告（2018）
著(编)者：刘国永 王欢　2018年6月出版 / 估价：99.00元
PSN B-2016-520-3/3

人力资源蓝皮书
中国人力资源发展报告（2018）
著(编)者：余兴安　2018年11月出版 / 估价：99.00元
PSN B-2012-287-1/1

融资租赁蓝皮书
中国融资租赁业发展报告（2017~2018）
著(编)者：李光荣 王力　2018年8月出版 / 估价：99.00元
PSN B-2015-443-1/1

行业及其他类

皮书系列 2018全品种

商会蓝皮书
中国商会发展报告No.5（2017）
著（编）者：王钦敏　2018年7月出版／估价：99.00元
PSN B-2008-125-1/1

商务中心区蓝皮书
中国商务中心区发展报告No.4（2017～2018）
著（编）者：李国红 鲁茗菁　2018年9月出版／估价：99.00元
PSN B-2015-444-1/1

设计产业蓝皮书
中国创新设计发展报告（2018）
著（编）者：王晓红 张立群 于炜
2018年11月出版／估价：99.00元
PSN B-2016-581-2/2

社会责任管理蓝皮书
中国上市公司社会责任能力成熟度报告No.4（2018）
著（编）者：肖红军 王晓光 李伟阳
2018年12月出版／估价：99.00元
PSN B-2015-507-2/2

社会责任管理蓝皮书
中国企业公众透明度报告No.4（2017～2018）
著（编）者：黄速建 熊梦 王晓光 肖红军
2018年6月出版／估价：99.00元
PSN B-2015-440-1/2

食品药品蓝皮书
食品药品安全与监管政策研究报告（2016～2017）
著（编）者：唐民皓　2018年6月出版／估价：98.00元
PSN B-2009-129-1/1

输血服务蓝皮书
中国输血行业发展报告（2018）
著（编）者：孙俊　2018年12月出版／估价：99.00元
PSN B-2016-582-1/1

水利风景区蓝皮书
中国水利风景区发展报告（2018）
著（编）者：董建文 兰思仁
2018年10月出版／估价：99.00元
PSN B-2015-480-1/1

数字经济蓝皮书
全球数字经济竞争力发展报告（2017）
著（编）者：王璞　2017年12月出版／定价：79.00元
PSN B-2017-673-1/1

私募市场蓝皮书
中国私募股权市场发展报告（2017～2018）
著（编）者：曹和平　2018年12月出版／估价：99.00元
PSN B-2010-162-1/1

碳排放权交易蓝皮书
中国碳排放权交易报告（2018）
著（编）者：孙永红　2018年11月出版／估价：99.00元
PSN B-2017-652-1/1

碳市场蓝皮书
中国碳市场报告（2018）
著（编）者：定金彪　2018年11月出版／估价：99.00元
PSN B-2014-430-1/1

体育蓝皮书
中国公共体育服务发展报告（2018）
著（编）者：戴健　2018年12月出版／估价：99.00元
PSN B-2013-367-2/5

土地市场蓝皮书
中国农村土地市场发展报告（2017～2018）
著（编）者：李光荣　2018年6月出版／估价：99.00元
PSN B-2016-526-1/1

土地整治蓝皮书
中国土地整治发展研究报告（No.5）
著（编）者：国土资源部土地整治中心
2018年7月出版／估价：99.00元
PSN B-2014-401-1/1

土地政策蓝皮书
中国土地政策研究报告（2018）
著（编）者：袁荣利 张建平 吴次芳
2018年1月出版／定价：98.00元
PSN B-2015-506-1/1

网络空间安全蓝皮书
中国网络空间安全发展报告（2018）
著（编）者：惠志斌 覃庆玲
2018年11月出版／估价：99.00元
PSN B-2015-466-1/1

文化志愿服务蓝皮书
中国文化志愿服务发展报告（2018）
著（编）者：永来 范鹭宇　2018年11月出版／估价：128.00元
PSN B-2016-596-1/1

西部金融蓝皮书
中国西部金融发展报告（2017～2018）
著（编）者：李忠民　2018年8月出版／估价：99.00元
PSN B-2010-160-1/1

协会商会蓝皮书
中国行业协会商会发展报告（2017）
著（编）者：吴朝阳 李勇　2018年6月出版／估价：99.00元
PSN B-2015-461-1/1

新三板蓝皮书
中国新三板市场发展报告（2018）
著（编）者：丁力　2018年8月出版／估价：99.00元
PSN B-2016-533-1/1

信托市场蓝皮书
中国信托业市场报告（2017～2018）
著（编）者：用益金融信托研究院
2018年6月出版／估价：198.00元
PSN B-2014-371-1/1

信息化蓝皮书
中国信息化形势分析与预测（2017～2018）
著（编）者：周宏仁　2018年8月出版／估价：99.00元
PSN B-2010-168-1/1

信用蓝皮书
中国信用发展报告（2017～2018）
著（编）者：章政 田侃　2018年6月出版／估价：99.00元
PSN B-2013-328-1/1

皮书系列 2018全品种 — 行业及其他类

休闲绿皮书
2017~2018年中国休闲发展报告
著(编)者：宋瑞　2018年7月出版 / 估价：99.00元
PSN G-2010-158-1/1

休闲体育蓝皮书
中国休闲体育发展报告（2017~2018）
著(编)者：李相如　钟秉枢
2018年10月出版 / 估价：99.00元
PSN B-2016-516-1/1

养老金融蓝皮书
中国养老金融发展报告（2018）
著(编)者：董克用　姚余栋
2018年9月出版 / 估价：99.00元
PSN B-2016-583-1/1

遥感监测绿皮书
中国可持续发展遥感监测报告（2017）
著(编)者：顾行发　汪克强　潘教峰　李闽榕　徐东华　王琦安
2018年6月出版 / 估价：298.00元
PSN B-2017-629-1/1

药品流通蓝皮书
中国药品流通行业发展报告（2018）
著(编)者：佘鲁林　温再兴
2018年7月出版 / 估价：198.00元
PSN B-2014-429-1/1

医疗器械蓝皮书
中国医疗器械行业发展报告（2018）
著(编)者：王宝亭　耿鸿武
2018年10月出版 / 估价：99.00元
PSN B-2017-661-1/1

医院蓝皮书
中国医院竞争力报告（2017~2018）
著(编)者：庄一强　2018年3月出版 / 定价：108.00元
PSN B-2016-528-1/1

瑜伽蓝皮书
中国瑜伽业发展报告（2017~2018）
著(编)者：张永建　徐华锋　朱泰余
2018年6月出版 / 估价：198.00元
PSN B-2017-625-1/1

债券市场蓝皮书
中国债券市场发展报告（2017~2018）
著(编)者：杨农　2018年10月出版 / 估价：99.00元
PSN B-2017-572-1/1

志愿服务蓝皮书
中国志愿服务发展报告（2018）
著(编)者：中国志愿服务联合会
2018年11月出版 / 估价：99.00元
PSN B-2017-664-1/1

中国上市公司蓝皮书
中国上市公司发展报告（2018）
著(编)者：张鹏　张平　黄胤英
2018年9月出版 / 估价：99.00元
PSN B-2014-414-1/1

中国新三板蓝皮书
中国新三板创新与发展报告（2018）
著(编)者：刘平安　闻召林
2018年8月出版 / 估价：158.00元
PSN B-2017-638-1/1

中国汽车品牌蓝皮书
中国乘用车品牌发展报告（2017）
著(编)者：《中国汽车报》社有限公司
　　　　　博世（中国）投资有限公司
　　　　　中国汽车技术研究中心数据资源中心
2018年1月出版 / 定价：89.00元
PSN B-2017-679-1/1

中医文化蓝皮书
北京中医药文化传播发展报告（2018）
著(编)者：毛嘉陵　2018年6月出版 / 估价：99.00元
PSN B-2015-468-1/2

中医文化蓝皮书
中国中医药文化传播发展报告（2018）
著(编)者：毛嘉陵　2018年7月出版 / 估价：99.00元
PSN B-2016-584-2/2

中医药蓝皮书
北京中医药知识产权发展报告No.2
著(编)者：汪洪　屠志涛　2018年6月出版 / 估价：168.00元
PSN B-2017-602-1/1

资本市场蓝皮书
中国场外交易市场发展报告（2016~2017）
著(编)者：高峦　2018年6月出版 / 估价：99.00元
PSN B-2009-153-1/1

资产管理蓝皮书
中国资产管理行业发展报告（2018）
著(编)者：郑智　2018年7月出版 / 估价：99.00元
PSN B-2014-407-2/2

资产证券化蓝皮书
中国资产证券化发展报告（2018）
著(编)者：沈炳熙　曹彤　李哲平
2018年4月出版 / 定价：98.00元
PSN B-2017-660-1/1

自贸区蓝皮书
中国自贸区发展报告（2018）
著(编)者：王力　黄育华
2018年6月出版 / 估价：99.00元
PSN B-2016-558-1/1

皮书系列 2018全品种

国际问题与全球治理类

国际问题与全球治理类

"一带一路"跨境通道蓝皮书
"一带一路"跨境通道建设研究报告（2017~2018）

"一带一路"蓝皮书
"一带一路"建设发展报告（2018）

"一带一路"投资安全蓝皮书
中国"一带一路"投资与安全研究报告（2018）

"一带一路"文化交流蓝皮书
中阿文化交流发展报告（2017）

G20国家创新竞争力黄皮书
二十国集团（G20）国家创新竞争力发展报告（2017~2018）

阿拉伯黄皮书
阿拉伯发展报告（2016~2017）

北部湾蓝皮书
泛北部湾合作发展报告（2017~2018）

北极蓝皮书
北极地区发展报告（2017）

大洋洲蓝皮书
大洋洲发展报告（2017~2018）

东北亚区域合作蓝皮书
2017年"一带一路"倡议与东北亚区域合作

东盟黄皮书
东盟发展报告（2017）

东南亚蓝皮书
东南亚地区发展报告（2017~2018）

非洲黄皮书
非洲发展报告No.20（2017~2018）

非传统安全蓝皮书
中国非传统安全研究报告（2017~2018）

国际安全蓝皮书
中国国际安全研究报告（2018）

国际城市蓝皮书
国际城市发展报告（2018）

国际形势黄皮书
全球政治与安全报告（2018）

公共外交蓝皮书
中国公共外交发展报告（2018）

海丝蓝皮书
21世纪海上丝绸之路研究报告（2017）

金砖国家黄皮书
金砖国家综合创新竞争力发展报告（2018）

拉美黄皮书
拉丁美洲和加勒比发展报告（2017~2018）

澜湄合作蓝皮书
澜沧江-湄公河合作发展报告（2018）

25

皮书系列 2018全品种 — 国际问题与全球治理类

欧洲蓝皮书
欧洲发展报告（2017~2018）
著(编)者：黄平 周弘 程卫东
2018年6月出版 / 估价：99.00元
PSN B-1999-009-1/1

葡语国家蓝皮书
葡语国家发展报告（2016~2017）
著(编)者：王成安 张敏 刘金兰
2018年6月出版 / 估价：99.00元
PSN B-2015-503-1/2

葡语国家蓝皮书
中国与葡语国家关系发展报告·巴西（2016）
著(编)者：张曙光
2018年8月出版 / 估价：99.00元
PSN B-2016-563-2/2

气候变化绿皮书
应对气候变化报告（2018）
著(编)者：王伟光 郑国光
2018年11月出版 / 估价：99.00元
PSN G-2009-144-1/1

全球环境竞争力绿皮书
全球环境竞争力报告（2018）
著(编)者：李建平 李闽榕 王金南
2018年12月出版 / 估价：198.00元
PSN G-2013-363-1/1

全球信息社会蓝皮书
全球信息社会发展报告（2018）
著(编)者：丁波涛 唐涛
2018年10月出版 / 估价：99.00元
PSN B-2017-665-1/1

日本经济蓝皮书
日本经济与中日经贸关系研究报告（2018）
著(编)者：张季风
2018年6月出版 / 估价：99.00元
PSN B-2008-102-1/1

上海合作组织黄皮书
上海合作组织发展报告（2018）
著(编)者：李进峰
2018年6月出版 / 估价：99.00元
PSN Y-2009-130-1/1

世界创新竞争力黄皮书
世界创新竞争力发展报告（2017）
著(编)者：李建平 李闽榕 赵新力
2018年6月出版 / 估价：168.00元
PSN Y-2013-318-1/1

世界经济黄皮书
2018年世界经济形势分析与预测
著(编)者：张宇燕
2018年1月出版 / 估价：99.00元
PSN Y-1999-006-1/1

世界能源互联互通蓝皮书
世界能源清洁发展与互联互通评估报告（2017）：欧洲
著(编)者：国网能源研究院
2018年1月出版 / 定价：128.00元
PSN B-2018-695-1/1

丝绸之路蓝皮书
丝绸之路经济带发展报告（2018）
著(编)者：任宗哲 白宽犁 谷孟宾
2018年1月出版 / 估价：89.00元
PSN B-2014-410-1/1

新兴经济体蓝皮书
金砖国家发展报告（2018）
著(编)者：林跃勤 周文
2018年8月出版 / 估价：99.00元
PSN B-2011-195-1/1

亚太蓝皮书
亚太地区发展报告（2018）
著(编)者：李向阳
2018年5月出版 / 估价：99.00元
PSN B-2001-015-1/1

印度洋地区蓝皮书
印度洋地区发展报告（2018）
著(编)者：汪戎
2018年6月出版 / 估价：99.00元
PSN B-2013-334-1/1

印度尼西亚经济蓝皮书
印度尼西亚经济发展报告（2017）：增长与机会
著(编)者：左志刚
2017年11月出版 / 定价：89.00元
PSN B-2017-675-1/1

渝新欧蓝皮书
渝新欧沿线国家发展报告（2018）
著(编)者：杨柏 黄森
2018年6月出版 / 估价：99.00元
PSN B-2017-626-1/1

中阿蓝皮书
中国-阿拉伯国家经贸发展报告（2018）
著(编)者：张廉 段庆林 王林聪 杨巧红
2018年12月出版 / 估价：99.00元
PSN B-2016-598-1/1

中东黄皮书
中东发展报告No.20（2017~2018）
著(编)者：杨光
2018年10月出版 / 估价：99.00元
PSN Y-1998-004-1/1

中亚黄皮书
中亚国家发展报告（2018）
著(编)者：孙力
2018年3月出版 / 定价：98.00元
PSN Y-2012-238-1/1

皮书系列 2018全品种

国别类·文化传媒类

国别类

澳大利亚蓝皮书
澳大利亚发展报告（2017-2018）
著（编）者：孙有中 韩锋　2018年12月出版 / 估价：99.00元
PSN B-2016-587-1/1

巴西黄皮书
巴西发展报告（2017）
著（编）者：刘国枝　2018年5月出版 / 估价：99.00元
PSN Y-2017-614-1/1

德国蓝皮书
德国发展报告（2018）
著（编）者：郑春荣　2018年6月出版 / 估价：99.00元
PSN B-2012-278-1/1

俄罗斯黄皮书
俄罗斯发展报告（2018）
著（编）者：李永全　2018年6月出版 / 估价：99.00元
PSN Y-2006-061-1/1

韩国蓝皮书
韩国发展报告（2017）
著（编）者：牛林杰 刘宝全　2018年6月出版 / 估价：99.00元
PSN B-2010-155-1/1

加拿大蓝皮书
加拿大发展报告（2018）
著（编）者：唐小松　2018年9月出版 / 估价：99.00元
PSN B-2014-389-1/1

美国蓝皮书
美国研究报告（2018）
著（编）者：郑秉文 黄平　2018年5月出版 / 估价：99.00元
PSN B-2011-210-1/1

缅甸蓝皮书
缅甸国情报告（2017）
著（编）者：祝湘辉
2017年11月出版 / 定价：98.00元
PSN B-2013-343-1/1

日本蓝皮书
日本研究报告（2018）
著（编）者：杨伯江　2018年4月出版 / 定价：99.00元
PSN B-2002-020-1/1

土耳其蓝皮书
土耳其发展报告（2018）
著（编）者：郭长刚 刘义　2018年9月出版 / 估价：99.00元
PSN B-2014-412-1/1

伊朗蓝皮书
伊朗发展报告（2017~2018）
著（编）者：冀开运　2018年10月 / 估价：99.00元
PSN B-2016-574-1/1

以色列蓝皮书
以色列发展报告（2018）
著（编）者：张倩红　2018年8月出版 / 估价：99.00元
PSN B-2015-483-1/1

印度蓝皮书
印度国情报告（2017）
著（编）者：吕昭义　2018年6月出版 / 估价：99.00元
PSN B-2012-241-1/1

英国蓝皮书
英国发展报告（2017~2018）
著（编）者：王展鹏　2018年12月出版 / 估价：99.00元
PSN B-2015-486-1/1

越南蓝皮书
越南国情报告（2018）
著（编）者：澎林城　2018年11月出版 / 估价：99.00元
PSN B-2006-056-1/1

泰国蓝皮书
泰国研究报告（2018）
著（编）者：庄国土 张禹东 刘文正
2018年10月出版 / 估价：99.00元
PSN B-2016-556-1/1

文化传媒类

"三农"舆情蓝皮书
中国"三农"网络舆情报告（2017~2018）
著（编）者：农业部信息中心
2018年6月出版 / 估价：99.00元
PSN B-2017-640-1/1

传媒竞争力蓝皮书
中国传媒国际竞争力研究报告（2018）
著（编）者：李本乾 刘强 王大可
2018年8月出版 / 估价：99.00元
PSN B-2013-356-1/1

传媒蓝皮书
中国传媒产业发展报告（2018）
著（编）者：崔保国
2018年5月出版 / 估价：99.00元
PSN B-2005-035-1/1

传媒投资蓝皮书
中国传媒投资发展报告（2018）
著（编）者：张向东 谭云明
2018年6月出版 / 估价：148.00元
PSN B-2015-474-1/1

27

皮书系列 2018全品种 — 文化传媒类

非物质文化遗产蓝皮书
中国非物质文化遗产发展报告（2018）
著(编)者：陈平　2018年6月出版 / 估价：128.00元
PSN B-2015-469-1/2

非物质文化遗产蓝皮书
中国非物质文化遗产保护发展报告（2018）
著(编)者：宋俊华　2018年10月出版 / 估价：128.00元
PSN B-2016-586-2/2

广电蓝皮书
中国广播电影电视发展报告（2018）
著(编)者：国家新闻出版广电总局发展研究中心
2018年7月出版 / 估价：99.00元
PSN B-2006-072-1/1

广告主蓝皮书
中国广告主营销传播趋势报告No.9
著(编)者：黄升民　杜国清　邵华冬　等
2018年10月出版 / 估价：158.00元
PSN B-2005-041-1/1

国际传播蓝皮书
中国国际传播发展报告（2018）
著(编)者：胡正荣　李继东　姬德强
2018年12月出版 / 估价：99.00元
PSN B-2014-408-1/1

国家形象蓝皮书
中国国家形象传播报告（2017）
著(编)者：张昆　2018年6月出版 / 估价：128.00元
PSN B-2017-605-1/1

互联网治理蓝皮书
中国网络社会治理研究报告（2018）
著(编)者：罗昕　支庭荣
2018年9月出版 / 估价：118.00元
PSN B-2017-653-1/1

纪录片蓝皮书
中国纪录片发展报告（2018）
著(编)者：何苏六　2018年10月出版 / 估价：99.00元
PSN B-2011-222-1/1

科学传播蓝皮书
中国科学传播报告（2016~2017）
著(编)者：詹正茂　2018年6月出版 / 估价：99.00元
PSN B-2008-120-1/1

两岸创意经济蓝皮书
两岸创意经济研究报告（2018）
著(编)者：罗昌智　董泽平
2018年10月出版 / 估价：99.00元
PSN B-2014-437-1/1

媒介与女性蓝皮书
中国媒介与女性发展报告（2017~2018）
著(编)者：刘利群　2018年5月出版 / 估价：99.00元
PSN B-2013-345-1/1

媒体融合蓝皮书
中国媒体融合发展报告（2017~2018）
著(编)者：梅宁华　支庭荣
2017年12月出版 / 定价：98.00元
PSN B-2015-479-1/1

全球传媒蓝皮书
全球传媒发展报告（2017~2018）
著(编)者：胡正荣　李继东　2018年6月出版 / 估价：99.00元
PSN B-2012-237-1/1

少数民族非遗蓝皮书
中国少数民族非物质文化遗产发展报告（2018）
著(编)者：肖远平（彝）　柴立（满）
2018年10月出版 / 估价：118.00元
PSN B-2015-467-1/1

视听新媒体蓝皮书
中国视听新媒体发展报告（2018）
著(编)者：国家新闻出版广电总局发展研究中心
2018年7月出版 / 估价：118.00元
PSN B-2011-184-1/1

数字娱乐产业蓝皮书
中国动画产业发展报告（2018）
著(编)者：孙立军　孙平　牛兴侦
2018年10月出版 / 估价：99.00元
PSN B-2011-198-1/2

数字娱乐产业蓝皮书
中国游戏产业发展报告（2018）
著(编)者：孙立军　刘跃军　2018年10月出版 / 估价：99.00元
PSN B-2011-662-2/2

网络视听蓝皮书
中国互联网视听行业发展报告（2018）
著(编)者：陈鹏　2018年2月出版 / 定价：148.00元
PSN B-2018-688-1/1

文化创新蓝皮书
中国文化创新报告（2017·No.8）
著(编)者：傅才武　2018年6月出版 / 估价：99.00元
PSN B-2009-143-1/1

文化建设蓝皮书
中国文化发展报告（2018）
著(编)者：江畅　孙伟平　戴茂堂
2018年5月出版 / 估价：99.00元
PSN B-2014-392-1/1

文化科技蓝皮书
文化科技创新发展报告（2018）
著(编)者：于平　李凤亮　2018年10月出版 / 估价：99.00元
PSN B-2013-342-1/1

文化蓝皮书
中国公共文化服务发展报告（2017~2018）
著(编)者：刘新成　张永新　张旭
2018年12月出版 / 估价：99.00元
PSN B-2007-093-2/10

文化蓝皮书
中国少数民族文化发展报告（2017~2018）
著(编)者：武翠英　张晓明　任乌晶
2018年9月出版 / 估价：99.00元
PSN B-2013-369-9/10

文化蓝皮书
中国文化产业供需协调检测报告（2018）
著(编)者：王亚南　2018年3月出版 / 定价：99.00元
PSN B-2013-323-8/10

皮书系列 2018全品种

文化传媒类 · 地方发展类-经济

文化蓝皮书
中国文化消费需求景气评价报告（2018）
著(编)者：王亚南　2018年3月出版 / 定价：99.00元
PSN B-2011-236-4/10

文化蓝皮书
中国公共文化投入增长测评报告（2018）
著(编)者：王亚南　2018年3月出版 / 定价：99.00元
PSN B-2014-435-10/10

文化品牌蓝皮书
中国文化品牌发展报告（2018）
著(编)者：欧阳友权　2018年5月出版 / 估价：99.00元
PSN B-2012-277-1/1

文化遗产蓝皮书
中国文化遗产事业发展报告（2017～2018）
著(编)者：苏杨　张颖岚　卓杰　白海峰　陈晨　陈叙阁
2018年8月出版 / 估价：99.00元
PSN B-2008-119-1/1

文学蓝皮书
中国文情报告（2017～2018）
著(编)者：白烨　2018年5月出版 / 估价：99.00元
PSN B-2011-221-1/1

新媒体蓝皮书
中国新媒体发展报告No.9（2018）
著(编)者：唐绪军　2018年7月出版 / 估价：99.00元
PSN B-2010-169-1/1

新媒体社会责任蓝皮书
中国新媒体社会责任研究报告（2018）
著(编)者：钟瑛　2018年12月出版 / 估价：99.00元
PSN B-2014-423-1/1

移动互联网蓝皮书
中国移动互联网发展报告（2018）
著(编)者：余清楚　2018年6月出版 / 估价：99.00元
PSN B-2012-282-1/1

影视蓝皮书
中国影视产业发展报告（2018）
著(编)者：司若　陈鹏　陈锐
2018年6月出版 / 估价：99.00元
PSN B-2016-529-1/1

舆情蓝皮书
中国社会舆情与危机管理报告（2018）
著(编)者：谢耘耕
2018年9月出版 / 估价：138.00元
PSN B-2011-235-1/1

中国大运河蓝皮书
中国大运河发展报告（2018）
著(编)者：吴欣　2018年2月出版 / 估价：128.00元
PSN B-2018-691-1/1

地方发展类-经济

澳门蓝皮书
澳门经济社会发展报告（2017～2018）
著(编)者：吴志良　郝雨凡
2018年7月出版 / 估价：99.00元
PSN B-2009-138-1/1

澳门绿皮书
澳门旅游休闲发展报告（2017～2018）
著(编)者：郝雨凡　林广志
2018年5月出版 / 估价：99.00元
PSN G-2017-617-1/1

北京蓝皮书
北京经济发展报告（2017～2018）
著(编)者：杨松　2018年6月出版 / 估价：99.00元
PSN B-2006-054-2/8

北京旅游绿皮书
北京旅游发展报告（2018）
著(编)者：北京旅游学会
2018年7月出版 / 估价：99.00元
PSN G-2012-301-1/1

北京体育蓝皮书
北京体育产业发展报告（2017～2018）
著(编)者：钟秉枢　陈杰　杨铁黎
2018年9月出版 / 估价：99.00元
PSN B-2015-475-1/1

滨海金融蓝皮书
滨海新区金融发展报告（2017）
著(编)者：王爱俭　李向前　2018年4月出版 / 估价：99.00元
PSN B-2014-424-1/1

城乡一体化蓝皮书
北京城乡一体化发展报告（2017～2018）
著(编)者：吴宝新　张宝秀　黄序
2018年5月出版 / 估价：99.00元
PSN B-2012-258-2/2

非公有制企业社会责任蓝皮书
北京非公有制企业社会责任报告（2018）
著(编)者：宋贵伦　冯培
2018年6月出版 / 估价：99.00元
PSN B-2017-613-1/1

皮书系列 2018全品种 — 地方发展类-经济

福建旅游蓝皮书
福建省旅游产业发展现状研究（2017~2018）
著(编)者：陈敏华 黄远水　2018年12月出版 / 估价：128.00元
PSN B-2016-591-1/1

福建自贸区蓝皮书
中国(福建)自由贸易试验区发展报告(2017~2018)
著(编)者：黄茂兴　2018年6月出版 / 估价：118.00元
PSN B-2016-531-1/1

甘肃蓝皮书
甘肃经济发展分析与预测（2018）
著(编)者：安文华 罗哲　2018年1月出版 / 定价：99.00元
PSN B-2013-312-1/6

甘肃蓝皮书
甘肃商贸流通发展报告（2018）
著(编)者：张应华 王福生 王晓芳
2018年1月出版 / 定价：99.00元
PSN B-2016-522-6/6

甘肃蓝皮书
甘肃县域和农村发展报告（2018）
著(编)者：包东红 朱智文 王建兵
2018年1月出版 / 定价：99.00元
PSN B-2013-316-5/6

甘肃农业科技绿皮书
甘肃农业科技发展研究报告（2018）
著(编)者：魏胜文 乔德华 张东伟
2018年12月出版 / 估价：198.00元
PSN B-2016-592-1/1

甘肃气象保障蓝皮书
甘肃农业对气候变化的适应与风险评估报告（No.1）
著(编)者：鲍文中 周广胜
2017年12月出版 / 定价：108.00元
PSN B-2017-677-1/1

巩义蓝皮书
巩义经济社会发展报告（2018）
著(编)者：丁同民 朱军　2018年6月出版 / 估价：99.00元
PSN B-2016-532-1/1

广东外经贸蓝皮书
广东对外经济贸易发展研究报告（2017~2018）
著(编)者：陈万灵　2018年6月出版 / 估价：99.00元
PSN B-2012-286-1/1

广西北部湾经济区蓝皮书
广西北部湾经济区开放开发报告（2017~2018）
著(编)者：广西壮族自治区北部湾经济区和东盟开放合作办公室
　　　　　广西社会科学院
　　　　　广西北部湾发展研究院
2018年5月出版 / 估价：99.00元
PSN B-2010-181-1/1

广州蓝皮书
广州城市国际化发展报告（2018）
著(编)者：张跃国　2018年8月出版 / 估价：99.00元
PSN B-2012-246-11/14

广州蓝皮书
中国广州城市建设与管理发展报告（2018）
著(编)者：张其华 陈小钢 王宏伟　2018年8月出版 / 估价：99.00元
PSN B-2007-087-4/14

广州蓝皮书
广州创新型城市发展报告（2018）
著(编)者：尹涛　2018年6月出版 / 估价：99.00元
PSN B-2012-247-12/14

广州蓝皮书
广州经济发展报告（2018）
著(编)者：张跃国 尹涛　2018年7月出版 / 估价：99.00元
PSN B-2005-040-1/14

广州蓝皮书
2018年中国广州经济形势分析与预测
著(编)者：魏明海 谢博能 李华
2018年6月出版 / 估价：99.00元
PSN B-2011-185-9/14

广州蓝皮书
中国广州科技创新发展报告（2018）
著(编)者：于欣伟 陈爽 邓佑满　2018年8月出版 / 估价：99.00元
PSN B-2006-065-2/14

广州蓝皮书
广州农村发展报告（2018）
著(编)者：朱名宏　2018年7月出版 / 估价：99.00元
PSN B-2010-167-8/14

广州蓝皮书
广州汽车产业发展报告（2018）
著(编)者：杨再高 冯兴亚　2018年7月出版 / 估价：99.00元
PSN B-2006-066-3/14

广州蓝皮书
广州商贸业发展报告（2018）
著(编)者：张跃国 陈杰 荀振英
2018年7月出版 / 估价：99.00元
PSN B-2012-245-10/14

贵阳蓝皮书
贵阳城市创新发展报告No.3（白云篇）
著(编)者：连玉明　2018年5月出版 / 估价：99.00元
PSN B-2015-491-3/10

贵阳蓝皮书
贵阳城市创新发展报告No.3（观山湖篇）
著(编)者：连玉明　2018年5月出版 / 估价：99.00元
PSN B-2015-497-9/10

贵阳蓝皮书
贵阳城市创新发展报告No.3（花溪篇）
著(编)者：连玉明　2018年5月出版 / 估价：99.00元
PSN B-2015-490-2/10

贵阳蓝皮书
贵阳城市创新发展报告No.3（开阳篇）
著(编)者：连玉明　2018年5月出版 / 估价：99.00元
PSN B-2015-492-4/10

贵阳蓝皮书
贵阳城市创新发展报告No.3（南明篇）
著(编)者：连玉明　2018年5月出版 / 估价：99.00元
PSN B-2015-496-8/10

贵阳蓝皮书
贵阳城市创新发展报告No.3（清镇篇）
著(编)者：连玉明　2018年5月出版 / 估价：99.00元
PSN B-2015-489-1/10

地方发展类-经济

皮书系列 2018全品种

贵阳蓝皮书
贵阳城市创新发展报告No.3（乌当篇）
著(编)者：连玉明　2018年5月出版／估价：99.00元
PSN B-2015-495-7/10

贵阳蓝皮书
贵阳城市创新发展报告No.3（息烽篇）
著(编)者：连玉明　2018年5月出版／估价：99.00元
PSN B-2015-493-5/10

贵阳蓝皮书
贵阳城市创新发展报告No.3（修文篇）
著(编)者：连玉明　2018年5月出版／估价：99.00元
PSN B-2015-494-6/10

贵阳蓝皮书
贵阳城市创新发展报告No.3（云岩篇）
著(编)者：连玉明　2018年5月出版／估价：99.00元
PSN B-2015-498-10/10

贵州房地产蓝皮书
贵州房地产发展报告No.5（2018）
著(编)者：武廷方　2018年7月出版／估价：99.00元
PSN B-2014-426-1/1

贵州蓝皮书
贵州册亨经济社会发展报告（2018）
著(编)者：黄德林　2018年6月出版／估价：99.00元
PSN B-2016-525-8/9

贵州蓝皮书
贵州地理标志产业发展报告（2018）
著(编)者：李发耀　黄其松　2018年8月出版／估价：99.00元
PSN B-2017-646-10/10

贵州蓝皮书
贵安新区发展报告（2017~2018）
著(编)者：马长青　吴大华　2018年6月出版／估价：99.00元
PSN B-2015-459-4/10

贵州蓝皮书
贵州国家级开放创新平台发展报告（2017~2018）
著(编)者：申晓庆　吴大华　李泓
2018年11月出版／估价：99.00元
PSN B-2016-518-7/10

贵州蓝皮书
贵州国有企业社会责任发展报告（2017~2018）
著(编)者：郭丽　2017年12月出版／估价：99.00元
PSN B-2015-511-6/10

贵州蓝皮书
贵州民航业发展报告（2017）
著(编)者：申振东　吴大华　2018年6月出版／估价：99.00元
PSN B-2015-471-5/10

贵州蓝皮书
贵州民营经济发展报告（2017）
著(编)者：杨静　吴大华　2018年6月出版／估价：99.00元
PSN B-2015-530-9/9

杭州都市圈蓝皮书
杭州都市圈发展报告（2018）
著(编)者：洪庆华　沈翔　2018年4月出版／定价：98.00元
PSN B-2012-302-1/1

河北经济蓝皮书
河北省经济发展报告（2018）
著(编)者：马树强　金浩　张贵　2018年6月出版／估价：99.00元
PSN B-2014-380-1/1

河北蓝皮书
河北经济社会发展报告（2018）
著(编)者：康振海　2018年1月出版／定价：99.00元
PSN B-2014-372-1/3

河北蓝皮书
京津冀协同发展报告（2018）
著(编)者：陈璐　2017年12月出版／定价：79.00元
PSN B-2017-601-2/3

河南经济蓝皮书
2018年河南经济形势分析与预测
著(编)者：王世炎　2018年3月出版／定价：89.00元
PSN B-2007-086-1/1

河南蓝皮书
河南城市发展报告（2018）
著(编)者：张占仓　王建国　2018年5月出版／估价：99.00元
PSN B-2009-131-3/9

河南蓝皮书
河南工业发展报告（2018）
著(编)者：张占仓　2018年5月出版／估价：99.00元
PSN B-2013-317-5/9

河南蓝皮书
河南金融发展报告（2018）
著(编)者：喻新安　谷建全
2018年6月出版／估价：99.00元
PSN B-2014-390-7/9

河南蓝皮书
河南经济发展报告（2018）
著(编)者：张占仓　完世伟
2018年6月出版／估价：99.00元
PSN B-2010-157-4/9

河南蓝皮书
河南能源发展报告（2018）
著(编)者：国网河南省电力公司经济技术研究院
　　　　　河南省社会科学院
2018年6月出版／估价：99.00元
PSN B-2017-607-9/9

河南商务蓝皮书
河南商务发展报告（2018）
著(编)者：焦锦淼　穆荣国　2018年5月出版／估价：99.00元
PSN B-2014-399-1/1

河南双创蓝皮书
河南创新创业发展报告（2018）
著(编)者：喻新安　杨雪梅
2018年8月出版／估价：99.00元
PSN B-2017-641-1/1

黑龙江蓝皮书
黑龙江经济发展报告（2018）
著(编)者：朱宇　2018年1月出版／定价：89.00元
PSN B-2011-190-2/2

皮书系列 2018全品种 — 地方发展类-经济

湖南城市蓝皮书
区域城市群整合
著（编）者：童中贤 韩未名　2018年12月出版 / 估价：99.00元
PSN B-2006-064-1/1

湖南蓝皮书
湖南城乡一体化发展报告（2018）
著（编）者：陈文胜 王文强 陆福兴
2018年8月出版 / 估价：99.00元
PSN B-2015-477-8/8

湖南蓝皮书
2018年湖南电子政务发展报告
著（编）者：梁志峰　2018年5月出版 / 估价：128.00元
PSN B-2014-394-6/8

湖南蓝皮书
2018年湖南经济发展报告
著（编）者：卞鹰　2018年5月出版 / 估价：128.00元
PSN B-2011-207-2/8

湖南蓝皮书
2016年湖南经济展望
著（编）者：梁志峰　2018年5月出版 / 估价：128.00元
PSN B-2011-206-1/8

湖南蓝皮书
2018年湖南县域经济社会发展报告
著（编）者：梁志峰　2018年5月出版 / 估价：128.00元
PSN B-2014-395-7/8

湖南县域绿皮书
湖南县域发展报告（No.5）
著（编）者：袁准 周小毛 黎仁寅
2018年6月出版 / 估价：99.00元
PSN G-2012-274-1/1

沪港蓝皮书
沪港发展报告（2018）
著（编）者：尤安山　2018年9月出版 / 估价：99.00元
PSN B-2013-362-1/1

吉林蓝皮书
2018年吉林经济社会形势分析与预测
著（编）者：邵汉明　2017年12月出版 / 定价：89.00元
PSN B-2013-319-1/1

吉林省城市竞争力蓝皮书
吉林省城市竞争力报告（2017~2018）
著（编）者：崔岳春 张磊
2018年3月出版 / 定价：89.00元
PSN B-2016-513-1/1

济源蓝皮书
济源经济社会发展报告（2018）
著（编）者：喻新安　2018年6月出版 / 估价：99.00元
PSN B-2014-387-1/1

江苏蓝皮书
2018年江苏经济发展分析与展望
著（编）者：王庆五 吴先满
2018年7月出版 / 估价：128.00元
PSN B-2017-635-1/3

江西蓝皮书
江西经济社会发展报告（2018）
著（编）者：陈石俊 龚建文　2018年10月出版 / 估价：128.00元
PSN B-2015-484-1/2

江西蓝皮书
江西设区市发展报告（2018）
著（编）者：姜玮 梁勇
2018年10月出版 / 估价：99.00元
PSN B-2016-517-2/2

经济特区蓝皮书
中国经济特区发展报告（2017）
著（编）者：陶一桃　2018年1月出版 / 估价：99.00元
PSN B-2009-139-1/1

辽宁蓝皮书
2018年辽宁经济社会形势分析与预测
著（编）者：梁启东 魏红江　2018年6月出版 / 估价：99.00元
PSN B-2006-053-1/1

民族经济蓝皮书
中国民族地区经济发展报告（2018）
著（编）者：李曦辉　2018年7月出版 / 估价：99.00元
PSN B-2017-630-1/1

南宁蓝皮书
南宁经济发展报告（2018）
著（编）者：胡建华　2018年9月出版 / 估价：99.00元
PSN B-2016-569-2/3

内蒙古蓝皮书
内蒙古精准扶贫研究报告（2018）
著（编）者：张志华　2018年1月出版 / 定价：89.00元
PSN B-2017-681-2/2

浦东新区蓝皮书
上海浦东经济发展报告（2018）
著（编）者：周小平 徐美芳
2018年1月出版 / 定价：89.00元
PSN B-2011-225-1/1

青海蓝皮书
2018年青海经济社会形势分析与预测
著（编）者：陈玮　2018年1月出版 / 定价：98.00元
PSN B-2012-275-1/2

青海科技绿皮书
青海科技发展报告（2017）
著（编）者：青海省科学技术信息研究所
2018年3月出版 / 定价：98.00元
PSN G-2018-701-1/1

山东蓝皮书
山东经济形势分析与预测（2018）
著（编）者：李广杰　2018年7月出版 / 估价：99.00元
PSN B-2014-404-1/5

山东蓝皮书
山东省普惠金融发展报告（2018）
著（编）者：齐鲁财富网
2018年9月出版 / 估价：99.00元
PSN B2017-676-5/5

地方发展类-经济

皮书系列·2018全品种

山西蓝皮书
山西资源型经济转型发展报告（2018）
著(编)者：李志强　2018年7月出版/估价：99.00元
PSN B-2011-197-1/1

陕西蓝皮书
陕西经济发展报告（2018）
著(编)者：任宗哲　白宽犁　裴成荣
2018年1月出版/定价：89.00元
PSN B-2009-135-1/6

陕西蓝皮书
陕西精准脱贫研究报告（2018）
著(编)者：任宗哲　白宽犁　王建康
2018年4月出版/定价：89.00元
PSN B-2017-623-6/6

上海蓝皮书
上海经济发展报告（2018）
著(编)者：沈开艳　2018年2月出版/定价：89.00元
PSN B-2006-057-1/7

上海蓝皮书
上海资源环境发展报告（2018）
著(编)者：周冯琦　胡静　2018年2月出版/定价：89.00元
PSN B-2006-060-4/7

上海蓝皮书
上海奉贤经济发展分析与研判（2017~2018）
著(编)者：张兆安　朱平芳　2018年3月出版/定价：99.00元
PSN B-2018-698-8/8

上饶蓝皮书
上饶发展报告（2016~2017）
著(编)者：廖其志　2018年6月出版/估价：128.00元
PSN B-2014-377-1/1

深圳蓝皮书
深圳经济发展报告（2018）
著(编)者：张晓镭　2018年6月出版/估价：99.00元
PSN B-2008-112-3/7

四川蓝皮书
四川城镇化发展报告（2018）
著(编)者：侯水平　陈炜　2018年6月出版/估价：99.00元
PSN B-2015-456-7/7

四川蓝皮书
2018年四川经济形势分析与预测
著(编)者：杨钢　2018年1月出版/定价：158.00元
PSN B-2007-098-2/7

四川蓝皮书
四川企业社会责任研究报告（2017~2018）
著(编)者：侯水平　盛毅　2018年5月出版/估价：99.00元
PSN B-2014-386-4/7

四川蓝皮书
四川生态建设报告（2018）
著(编)者：李晟之　2018年5月出版/估价：99.00元
PSN B-2015-455-6/7

四川蓝皮书
四川特色小镇发展报告（2017）
著(编)者：吴志强　2017年11月出版/定价：80.00元
PSN B-2017-670-8/8

体育蓝皮书
上海体育产业发展报告（2017~2018）
著(编)者：张林　黄海燕
2018年10月出版/估价：99.00元
PSN B-2015-454-4/5

体育蓝皮书
长三角地区体育产业发展报（2017~2018）
著(编)者：张林　2018年6月出版/估价：99.00元
PSN B-2015-453-3/5

天津金融蓝皮书
天津金融发展报告（2018）
著(编)者：王爱俭　孔德昌
2018年5月出版/估价：99.00元
PSN B-2014-418-1/1

图们江区域合作蓝皮书
图们江区域合作发展报告（2018）
著(编)者：李铁　2018年6月出版/估价：99.00元
PSN B-2015-464-1/1

温州蓝皮书
2018年温州经济社会形势分析与预测
著(编)者：蒋儒标　王春光　金浩
2018年6月出版/估价：99.00元
PSN B-2008-105-1/1

西咸新区蓝皮书
西咸新区发展报告（2018）
著(编)者：李扬　王军
2018年6月出版/估价：99.00元
PSN B-2016-534-1/1

修武蓝皮书
修武经济社会发展报告（2018）
著(编)者：张占仓　袁凯声
2018年10月出版/估价：99.00元
PSN B-2017-651-1/1

偃师蓝皮书
偃师经济社会发展报告（2018）
著(编)者：张占仓　袁凯声　何武周
2018年7月出版/估价：99.00元
PSN B-2017-627-1/1

扬州蓝皮书
扬州经济社会发展报告（2018）
著(编)者：陈扬
2018年12月出版/估价：108.00元
PSN B-2011-191-1/1

长垣蓝皮书
长垣经济社会发展报告（2018）
著(编)者：张占仓　袁凯声　秦保建
2018年10月出版/估价：99.00元
PSN B-2017-654-1/1

遵义蓝皮书
遵义发展报告（2018）
著(编)者：邓彦　曾江　姜永虹
2018年9月出版/估价：99.00元
PSN B-2014-433-1/1

地方发展类-社会

安徽蓝皮书
安徽社会发展报告（2018）
著(编)者：程桦　2018年6月出版／估价：99.00元
PSN B-2013-325-1/1

安徽社会建设蓝皮书
安徽社会建设分析报告（2017~2018）
著(编)者：黄家海 蔡宪
2018年11月出版／估价：99.00元
PSN B-2013-322-1/1

北京蓝皮书
北京公共服务发展报告（2017~2018）
著(编)者：施昌奎　2018年6月出版／估价：99.00元
PSN B-2008-103-7/8

北京蓝皮书
北京社会发展报告（2017~2018）
著(编)者：李伟东
2018年7月出版／估价：99.00元
PSN B-2006-055-3/8

北京蓝皮书
北京社会治理发展报告（2017~2018）
著(编)者：殷星辰　2018年7月出版／估价：99.00元
PSN B-2014-391-8/8

北京律师蓝皮书
北京律师发展报告 No.4（2018）
著(编)者：王隽　2018年12月出版／估价：99.00元
PSN B-2011-217-1/1

北京人才蓝皮书
北京人才发展报告（2018）
著(编)者：敏华　2018年12月出版／估价：128.00元
PSN B-2011-201-1/1

北京社会心态蓝皮书
北京社会心态分析报告（2017~2018）
著(编)者：北京市社会心理服务促进中心
2018年10月出版／估价：99.00元
PSN B-2014-422-1/1

北京社会组织管理蓝皮书
北京社会组织发展与管理（2018）
著(编)者：黄江松
2018年6月出版／估价：99.00元
PSN B-2015-446-1/1

北京养老产业蓝皮书
北京居家养老发展报告（2018）
著(编)者：陆杰华 周明明
2018年8月出版／估价：99.00元
PSN B-2015-465-1/1

法治蓝皮书
四川依法治省年度报告 No.4（2018）
著(编)者：李林 杨天宗 田禾
2018年3月出版／定价：118.00元
PSN B-2015-447-2/3

福建妇女发展蓝皮书
福建省妇女发展报告（2018）
著(编)者：刘群英　2018年11月出版／估价：99.00元
PSN B-2011-220-1/1

甘肃蓝皮书
甘肃社会发展分析与预测（2018）
著(编)者：安文华 谢增虎 包晓霞
2018年1月出版／估价：99.00元
PSN B-2013-313-2/6

广东蓝皮书
广东全面深化改革研究报告（2018）
著(编)者：周林生 涂成林
2018年12月出版／估价：99.00元
PSN B-2015-504-3/3

广东蓝皮书
广东社会工作发展报告（2018）
著(编)者：罗观翠　2018年6月出版／估价：99.00元
PSN B-2014-402-2/3

广州蓝皮书
广州青年发展报告（2018）
著(编)者：徐柳 张强
2018年8月出版／估价：99.00元
PSN B-2013-352-13/14

广州蓝皮书
广州社会保障发展报告（2018）
著(编)者：张跃国　2018年8月出版／估价：99.00元
PSN B-2014-425-14/14

广州蓝皮书
2018年中国广州社会形势分析与预测
著(编)者：张强 郭志勇 何镜清
2018年6月出版／估价：99.00元
PSN B-2008-110-5/14

贵州蓝皮书
贵州法治发展报告（2018）
著(编)者：吴大华　2018年5月出版／估价：99.00元
PSN B-2012-254-2/10

贵州蓝皮书
贵州人才发展报告（2017）
著(编)者：于杰 吴大华
2018年9月出版／估价：99.00元
PSN B-2014-382-3/10

贵州蓝皮书
贵州社会发展报告（2018）
著(编)者：王兴骥　2018年6月出版／估价：99.00元
PSN B-2010-166-1/10

杭州蓝皮书
杭州妇女发展报告（2018）
著(编)者：魏颖
2018年10月出版／估价：99.00元
PSN B-2014-403-1/1

地方发展类-社会

皮书系列 2018全品种

河北蓝皮书
河北法治发展报告（2018）
著(编)者：康振海　2018年6月出版 / 估价：99.00元
PSN B-2017-622-3/3

河北食品药品安全蓝皮书
河北食品药品安全研究报告（2018）
著(编)者：丁锦霞
2018年10月出版 / 估价：99.00元
PSN B-2015-473-1/1

河南蓝皮书
河南法治发展报告（2018）
著(编)者：张林海　2018年7月出版 / 估价：99.00元
PSN B-2014-376-6/9

河南蓝皮书
2018年河南社会形势分析与预测
著(编)者：牛苏林　2018年5月出版 / 估价：99.00元
PSN B-2005-043-1/9

河南民办教育蓝皮书
河南民办教育发展报告（2018）
著(编)者：胡大白　2018年9月出版 / 估价：99.00元
PSN B-2017-642-1/1

黑龙江蓝皮书
黑龙江社会发展报告（2018）
著(编)者：王爱丽　2018年1月出版 / 定价：89.00元
PSN B-2011-189-1/2

湖南蓝皮书
2018年湖南两型社会与生态文明建设报告
著(编)者：卞鹰　2018年5月出版 / 估价：128.00元
PSN B-2011-208-3/8

湖南蓝皮书
2018年湖南社会发展报告
著(编)者：卞鹰　2018年5月出版 / 估价：128.00元
PSN B-2014-393-5/8

健康城市蓝皮书
北京健康城市建设研究报告（2018）
著(编)者：王鸿春　盛继洪
2018年9月出版 / 估价：99.00元
PSN B-2015-460-1/2

江苏法治蓝皮书
江苏法治发展报告No.6（2017）
著(编)者：蔡道通　龚廷泰
2018年8月出版 / 估价：99.00元
PSN B-2012-290-1/1

江苏蓝皮书
2018年江苏社会发展分析与展望
著(编)者：王庆五　刘旺洪
2018年8月出版 / 估价：128.00元
PSN B-2017-636-2/3

民族教育蓝皮书
中国民族教育发展报告（2017·内蒙古卷）
著(编)者：陈中永
2017年12月出版 / 定价：198.00元
PSN B-2017-669-1/1

南宁蓝皮书
南宁法治发展报告（2018）
著(编)者：杨维超　2018年12月出版 / 估价：99.00元
PSN B-2015-509-1/3

南宁蓝皮书
南宁社会发展报告（2018）
著(编)者：胡建华　2018年10月出版 / 估价：99.00元
PSN B-2016-570-3/3

内蒙古蓝皮书
内蒙古反腐倡廉建设报告No.2
著(编)者：张志华　2018年6月出版 / 估价：99.00元
PSN B-2013-365-1/1

青海蓝皮书
2018年青海人才发展报告
著(编)者：王宇燕　2018年9月出版 / 估价：99.00元
PSN B-2017-650-2/2

青海生态文明建设蓝皮书
青海生态文明建设报告（2018）
著(编)者：张西明　高华　2018年12月出版 / 估价：99.00元
PSN B-2016-595-1/1

人口与健康蓝皮书
深圳人口与健康发展报告（2018）
著(编)者：陆杰华　傅崇辉
2018年11月出版 / 估价：99.00元
PSN B-2011-228-1/1

山东蓝皮书
山东社会形势分析与预测（2018）
著(编)者：李善峰　2018年6月出版 / 估价：99.00元
PSN B-2014-405-2/5

陕西蓝皮书
陕西社会发展报告（2018）
著(编)者：任宗哲　白宽犁　牛昉
2018年1月出版 / 定价：89.00元
PSN B-2009-136-2/6

上海蓝皮书
上海法治发展报告（2018）
著(编)者：叶必丰　2018年9月出版 / 估价：99.00元
PSN B-2012-296-6/7

上海蓝皮书
上海社会发展报告（2018）
著(编)者：杨雄　周海旺
2018年2月出版 / 定价：89.00元
PSN B-2006-058-2/7

皮书系列 2018全品种 　地方发展类-社会 · 地方发展类-文化

社会建设蓝皮书
2018年北京社会建设分析报告
著(编)者：宋贵伦 冯虹　2018年9月出版 / 估价：99.00元
PSN B-2010-173-1/1

深圳蓝皮书
深圳法治发展报告（2018）
著(编)者：张骁儒　2018年6月出版 / 估价：99.00元
PSN B-2015-470-6/7

深圳蓝皮书
深圳劳动关系发展报告（2018）
著(编)者：汤庭芬　2018年8月出版 / 估价：99.00元
PSN B-2007-097-2/7

深圳蓝皮书
深圳社会治理与发展报告（2018）
著(编)者：张骁儒　2018年6月出版 / 估价：99.00元
PSN B-2008-113-4/7

生态安全绿皮书
甘肃国家生态安全屏障建设发展报告（2018）
著(编)者：刘举科 喜文华
2018年10月出版 / 估价：99.00元
PSN G-2017-659-1/1

顺义社会建设蓝皮书
北京市顺义区社会建设发展报告（2018）
著(编)者：王学武　2018年9月出版 / 估价：99.00元
PSN B-2017-658-1/1

四川蓝皮书
四川法治发展报告（2018）
著(编)者：郑泰安　2018年6月出版 / 估价：99.00元
PSN B-2015-441-5/7

四川蓝皮书
四川社会发展报告（2018）
著(编)者：李羚　2018年6月出版 / 估价：99.00元
PSN B-2008-127-3/7

四川社会工作与管理蓝皮书
四川省社会工作人力资源发展报告（2017）
著(编)者：边慧敏　2017年12月出版 / 定价：89.00元
PSN B-2017-683-1/1

云南社会治理蓝皮书
云南社会治理年度报告（2017）
著(编)者：晏雄 韩全芳
2018年5月出版 / 估价：99.00元
PSN B-2017-667-1/1

地方发展类-文化

北京传媒蓝皮书
北京新闻出版广电发展报告（2017~2018）
著(编)者：王志　2018年11月出版 / 估价：99.00元
PSN B-2016-588-1/1

北京蓝皮书
北京文化发展报告（2017~2018）
著(编)者：李建盛　2018年5月出版 / 估价：99.00元
PSN B-2007-082-4/8

创意城市蓝皮书
北京文化创意产业发展报告（2018）
著(编)者：郭万超 张京成　2018年12月出版 / 估价：99.00元
PSN B-2012-263-1/7

创意城市蓝皮书
天津文化创意产业发展报告（2017~2018）
著(编)者：谢思全　2018年6月出版 / 估价：99.00元
PSN B-2016-536-7/7

创意城市蓝皮书
武汉文化创意产业发展报告（2018）
著(编)者：黄永林 陈汉桥　2018年12月出版 / 估价：99.00元
PSN B-2013-354-4/7

创意上海蓝皮书
上海文化创意产业发展报告（2017~2018）
著(编)者：王慧敏 王兴全　2018年8月出版 / 估价：99.00元
PSN B-2016-561-1/1

非物质文化遗产蓝皮书
广州市非物质文化遗产保护发展报告（2018）
著(编)者：宋俊华　2018年12月出版 / 估价：99.00元
PSN B-2016-589-1/1

甘肃蓝皮书
甘肃文化发展分析与预测（2018）
著(编)者：马廷旭 戚晓萍　2018年1月出版 / 定价：99.00元
PSN B-2013-314-3/6

甘肃蓝皮书
甘肃舆情分析与预测（2018）
著(编)者：王俊莲 张谦元　2018年1月出版 / 定价：99.00元
PSN B-2013-315-4/6

广州蓝皮书
中国广州文化发展报告（2018）
著(编)者：屈哨兵 陆志强　2018年6月出版 / 估价：99.00元
PSN B-2009-134-7/14

广州蓝皮书
广州文化创意产业发展报告（2018）
著(编)者：徐咏虹　2018年7月出版 / 估价：99.00元
PSN B-2008-111-6/14

海淀蓝皮书
海淀区文化和科技融合发展报告（2018）
著(编)者：陈名杰 孟景伟　2018年5月出版 / 估价：99.00元
PSN B-2013-329-1/1

地方发展类-文化

皮书系列
2018全品种

河南蓝皮书
河南文化发展报告（2018）
著(编)者：卫绍生　2018年7月出版 / 估价：99.00元
PSN B-2008-106-2/9

湖北文化产业蓝皮书
湖北省文化产业发展报告（2018）
著(编)者：黄晓华　2018年9月出版 / 估价：99.00元
PSN B-2017-656-1/1

湖北文化蓝皮书
湖北文化发展报告（2017~2018）
著(编)者：湖北大学高等人文研究院
　　　　　中华文化发展湖北省协同创新中心
2018年10月出版 / 估价：99.00元
PSN B-2016-566-1/1

江苏蓝皮书
2018年江苏文化发展分析与展望
著(编)者：王庆五　樊和平　2018年9月出版 / 估价：128.00元
PSN B-2017-637-3/3

江西文化蓝皮书
江西非物质文化遗产发展报告（2018）
著(编)者：张圣才　傅安平　2018年12月出版 / 估价：128.00元
PSN B-2015-499-1/1

洛阳蓝皮书
洛阳文化发展报告（2018）
著(编)者：刘福兴　陈启明　2018年7月出版 / 估价：99.00元
PSN B-2015-476-1/1

南京蓝皮书
南京文化发展报告（2018）
著(编)者：中共南京市委宣传部
2018年12月出版 / 估价：99.00元
PSN B-2014-439-1/1

宁波文化蓝皮书
宁波"一人一艺"全民艺术普及发展报告（2017）
著(编)者：张爱琴　2018年11月出版 / 估价：128.00元
PSN B-2017-668-1/1

山东蓝皮书
山东文化发展报告（2018）
著(编)者：涂可国　2018年5月出版 / 估价：99.00元
PSN B-2014-406-3/5

陕西蓝皮书
陕西文化发展报告（2018）
著(编)者：任宗哲　白宽犁　王长寿
2018年1月出版 / 定价：89.00元
PSN B-2009-137-3/6

上海蓝皮书
上海传媒发展报告（2018）
著(编)者：强荧　焦雨虹　2018年2月出版 / 定价：89.00元
PSN B-2012-295-5/7

上海蓝皮书
上海文学发展报告（2018）
著(编)者：陈圣来　2018年6月出版 / 估价：99.00元
PSN B-2012-297-7/7

上海蓝皮书
上海文化发展报告（2018）
著(编)者：荣跃明　2018年6月出版 / 估价：99.00元
PSN B-2006-059-3/7

深圳蓝皮书
深圳文化发展报告（2018）
著(编)者：张骁儒　2018年7月出版 / 估价：99.00元
PSN B-2016-554-7/7

四川蓝皮书
四川文化产业发展报告（2018）
著(编)者：向宝云　张立伟　2018年6月出版 / 估价：99.00元
PSN B-2006-074-1/7

郑州蓝皮书
2018年郑州文化发展报告
著(编)者：王哲　2018年9月出版 / 估价：99.00元
PSN B-2008-107-1/1

社会科学文献出版社　　**皮书系列**

❖ 皮书起源 ❖

"皮书"起源于十七、十八世纪的英国，主要指官方或社会组织正式发表的重要文件或报告，多以"白皮书"命名。在中国，"皮书"这一概念被社会广泛接受，并被成功运作、发展成为一种全新的出版形态，则源于中国社会科学院社会科学文献出版社。

❖ 皮书定义 ❖

皮书是对中国与世界发展状况和热点问题进行年度监测，以专业的角度、专家的视野和实证研究方法，针对某一领域或区域现状与发展态势展开分析和预测，具备原创性、实证性、专业性、连续性、前沿性、时效性等特点的公开出版物，由一系列权威研究报告组成。

❖ 皮书作者 ❖

皮书系列的作者以中国社会科学院、著名高校、地方社会科学院的研究人员为主，多为国内一流研究机构的权威专家学者，他们的看法和观点代表了学界对中国与世界的现实和未来最高水平的解读与分析。

❖ 皮书荣誉 ❖

皮书系列已成为社会科学文献出版社的著名图书品牌和中国社会科学院的知名学术品牌。2016年，皮书系列正式列入"十三五"国家重点出版规划项目；2013~2018年，重点皮书列入中国社会科学院承担的国家哲学社会科学创新工程项目；2018年，59种院外皮书使用"中国社会科学院创新工程学术出版项目"标识。

中国皮书网

（网址：www.pishu.cn）

发布皮书研创资讯，传播皮书精彩内容
引领皮书出版潮流，打造皮书服务平台

栏目设置

关于皮书：何谓皮书、皮书分类、皮书大事记、皮书荣誉、
　　　　　皮书出版第一人、皮书编辑部
最新资讯：通知公告、新闻动态、媒体聚焦、网站专题、视频直播、下载专区
皮书研创：皮书规范、皮书选题、皮书出版、皮书研究、研创团队
皮书评奖评价：指标体系、皮书评价、皮书评奖
互动专区：皮书说、社科数托邦、皮书微博、留言板

所获荣誉

2008年、2011年，中国皮书网均在全国新闻出版业网站荣誉评选中获得"最具商业价值网站"称号；

2012年，获得"出版业网站百强"称号。

网库合一

2014年，中国皮书网与皮书数据库端口合一，实现资源共享。

权威报告·一手数据·特色资源

皮书数据库
ANNUAL REPORT(YEARBOOK) DATABASE

当代中国经济与社会发展高端智库平台

所获荣誉

- 2016年，入选"'十三五'国家重点电子出版物出版规划骨干工程"
- 2015年，荣获"搜索中国正能量 点赞2015""创新中国科技创新奖"
- 2013年，荣获"中国出版政府奖·网络出版物奖"提名奖
- 连续多年荣获中国数字出版博览会"数字出版·优秀品牌"奖

成为会员

通过网址www.pishu.com.cn或使用手机扫描二维码进入皮书数据库网站，进行手机号码验证或邮箱验证即可成为皮书数据库会员（建议通过手机号码快速验证注册）。

会员福利

- 使用手机号码首次注册的会员，账号自动充值100元体验金，可直接购买和查看数据库内容（仅限使用手机号码快速注册）。
- 已注册用户购书后可免费获赠100元皮书数据库充值卡。刮开充值卡涂层获取充值密码，登录并进入"会员中心"—"在线充值"—"充值卡充值"，充值成功后即可购买和查看数据库内容。

数据库服务热线：400-008-6695　　图书销售热线：010-59367070/7028
数据库服务QQ：2475522410　　　　图书服务QQ：1265056568
数据库服务邮箱：database@ssap.cn　图书服务邮箱：duzhe@ssap.cn

更多信息请登录

皮书数据库
http://www.pishu.com.cn

中国皮书网
http://www.pishu.cn

皮书微博
http://weibo.com/pishu

皮书微信"皮书说"

请到当当、亚马逊、京东或各地书店购买,也可办理邮购

咨询/邮购电话:010-59367028　59367070

邮　　箱:duzhe@ssap.cn

邮购地址:北京市西城区北三环中路甲29号院3号楼
　　　　　华龙大厦13层读者服务中心

邮　　编:100029

银行户名:社会科学文献出版社

开户银行:中国工商银行北京北太平庄支行

账　　号:0200010019200365434